Über dieses Buch Seit der Heimkampagne von 1969, deren Verdienst es war, daß die Öffentlichkeit über die zahlreichen Mißstände in der Praxis der Heimerziehung informiert wurde und daraufhin einige Reformen eingeleitet wurden, ist es um diesen Bereich der öffentlichen Erziehung verhältnismäßig still geworden. Das Anliegen dieses Buches ist es daher, die derzeit praktizierte Heimerziehung kritisch unter die Lupe zu nehmen und immer noch vorhandene Mißstände aufzudecken. Berichte ehemaliger Heimkinder und Heimerzieher zeugen davon, daß hier vieles im argen liegt. Dazu trägt auch die seit einigen Jahren propagierte Heilpädagogik bei, die aussondert, statt zu integrieren, wobei sie sich auf reichlich fragwürdige wissenschaftliche Konzepte beruft. Eine reale Möglichkeit, den Kindern und Jugendlichen zu helfen, bieten letztlich nur Alternativen wie Kleinstheime, Jugendwohngruppen oder vergleichbare Konzepte der offenen Jugendhilfe, über die hier ebenfalls berichtet wird.

Der Herausgeber Alexander Markus Homes, geb. 1959, ist selbst im Heim aufgewachsen. In seinem Buch ›Prügel vom lieben Gott‹ berichtet er über diese Zeit. Heute arbeitet er als Journalist.

Alexander Markus Homes (Hrsg.)

Heimerziehung –
Lebenshilfe oder Beugehaft?

Mit einem Vorwort
von Günter Wallraff

Fischer
Taschenbuch
Verlag

Quellennachweis

Texte
Leona Siebenschön: Wieviel Recht hat ein (Heim-)Kind? Zuerst veröffentlicht in päd. extra, 1982. © Leona Siebenschön
Ich hätte als Nonne nie im Heim arbeiten dürfen. © Alexander M. Homes
Almut Hielscher: Kinder im Knast. Zuerst veröffentlicht in: stern vom 14.7.83, S. 63 ff. © stern
Monika M. Metzner: Eine Chance für die Kinder der Sternschanze. Zuerst veröffentlicht in: Frankfurter Rundschau vom 17.12.83. © Monika M. Metzner
Bei allen übrigen Texten handelt es sich um Originalbeiträge, die für diesen Band geschrieben wurden.

Fotos
Seite 46: W. Steinweg/Hannoversche Allgemeine; Seite 158: R. Bald/ stern; Seiten 174, 175: J. Jonas.

Originalausgabe
Veröffentlicht im Fischer Taschenbuch Verlag GmbH,
Frankfurt am Main, Juli 1984
Umschlagentwurf: Jan Buchholz/Reni Hinsch
Umschlagfoto: Harro Wolter
© 1984 Fischer Taschenbuch Verlag GmbH, Frankfurt am Main
Gesamtherstellung: Clausen & Bosse, Leck
Printed in Germany
1080-ISBN-3-596-23063-2

Inhalt

5 Aussonderung von verhaltensauffälligen Heiminsassen

6 Alternativen zur Heimunterbringung

Anhang

Günter Wallraff

Vorwort

Mit vier Jahren kam Klaus B. ins Heim. Damit begann für ihn ein Leben ohne Eltern, ohne Menschen, zu denen er Vertrauen fassen konnte. Toben und herumtollen, all das, was Kinder gerne machen, paßte nicht in die Vorstellungen der Erzieher und war damit verboten. Ebenso der spielerische Umgang mit den Dingen, die kindliche Art und Weise, die Umwelt kennenzulernen und allmählich zu begreifen. Und für die tausend Fragen, mit denen sich Kinder normalerweise an ihre Mütter und Väter wenden und damit viel Geduld von ihnen abverlangen, gab es keinen Adressaten. Zwölf Jahre lang lebte Klaus B. hinter Mauern, in einer kinderfeindlichen, lieblosen Welt, wie sie sich Außenstehende, die in mehr oder weniger intakten Familien, mit Geschwistern, zumindest Spiel- und Schulfreunden groß geworden sind, kaum vorzustellen vermögen.
In dieser Zeit durchlief er neun Heime – oder besser: neun Kindergefängnisse. Und überall die gleichen Verhältnisse: ein von morgens bis abends durchreglementierter Tagesablauf; jahraus, jahrein die gleichen Aktivitäten: aufstehen, waschen, aufräumen, Suppe essen, Schule, Mittag, Mittagsruhe, Sport, Hausaufgaben, Schuhputz, Abendessen, eine ganze Stunde Freizeit, schlafen – ohne Rücksicht auf die Bedürfnisse und Wünsche der Kinder und auf ihre unterschiedlichen Eigenschaften. Wer »auffiel«, »aus der Reihe tanzte«, »störte«, wurde bestraft, und das bedeutete nicht selten körperliche Züchtigung. Anpassung an das Einerlei des Tagesablaufs und an die Vorstellungen und Forderungen der Erzieher war das oberste Gebot. Die Angst vor deren – oft sehr brutalen – Sanktionen wuchs sich zu einem allgemeinen Angstklima aus; allein daran muß eine kindliche Seele Schaden nehmen. Und dazu die Sache mit Gott: nichts von

Nächstenliebe und von »Lasset die Kindlein zu mir kommen!« Sondern Gott als ungnädiger, erbarmungslos unnachsichtiger Über-Direktor, der über die Einhaltung der Heimordnung wachte. Was den Kindern blieb, waren ihre Träume, regelrechte Knastträume, von Freiheit und einem Leben ohne Angst und Bestrafungen.

Nach seinen zwölf Jahren hinter Mauern kann Klaus B. seine traumatischen Erfahrungen dort nur im Rahmen einer Psychotherapie verarbeiten, unter anderem so:

»Oft zeichne ich einen der früheren Erzieher. Ich stelle ihn mir beim Zeichnen vor, hänge die Zeichnung an die Wand und schieße dann mit einer Luftdruckpistole auf ihn: Warum warst du so grausam zu mir und den vielen anderen Kindern? Warum mußten wir so große, unbeschreibliche Angst vor dir haben? Warum hast du uns geschlagen und mit vielen Strafen belegt? Warum hast du mich abgelehnt? – Ich schieße auf ihn, schieße und schieße … Dann bin ich auf einmal erleichtert und fühle mich frei.«

Nur wenige von denen, die ihre Kindheit und Jugend fernab gesellschaftlich normaler Entwicklungsmöglichkeiten verbringen mußten, gewinnen soviel Sprache, daß sie sich, wenigstens nachträglich, gegen ihre Heimvergangenheit zur Wehr setzen können. In der Regel bleiben sie sprachlos und sind aufgrund ihrer psychischen Defekte kaum in der Lage, sich in den Alltag draußen zu integrieren, nur unter großen Anstrengungen und, da es ihnen an überlebenswichtigen Verhaltensweisen wie selbstsicherem Auftreten mangelt, immensen Schwierigkeiten.

Heim-»Erziehung« bedeutet zuallererst Unterbringung. Kinder werden von den Jugendämtern in Heime eingewiesen, wenn sie von ihren Müttern abgelehnt, von ihren Eltern mißhandelt werden, wenn sie »verhaltensgestört« sind, geistig behindert, »lerngestört« oder »erziehungsunfähig«. Bei Jugendlichen kommen weitere Gründe hinzu: Aggressivität und kriminelle Defekte, »sexuelle Gefährdung« und Prostitution usw. Da sich niemand für die Kinder und Jugendlichen eingesetzt hat, sich niemand zuständig fühlt und niemand sie haben will, werden sie abgeschoben und, falls sie sich dagegen wehren oder zu erwarten ist, daß sie dies tun, in geschlossenen Einrichtungen untergebracht.

Innerhalb der Heime wird die Abschiebepraxis fortgesetzt: Anpassungsschwierige Kinder bzw. rebellierende Jugendliche werden vorübergehend eingesperrt, zumindest von »Vergünstigungen« wie Fernsehen und anderen beschränkten Freizeitbetätigungen ausgeschlossen. Sind sie für die Erzieher dauerhaft »auffällig«, werden sie an andere Heime verwiesen; ein Teil in geschlossene Anstalten, mit Gittern vor den Fenstern, Mauern um das Heimgelände; oder in psychiatrische bzw. »heilpädagogische« Einrichtungen.

Für Kinder, die in Sondereinrichtungen wie der Psychiatrie wegsortiert werden, ist dies sehr oft die Endstation ihres Lebens. Während in der Brutalität, die in »normalen« Heimen herrscht, sich noch eine Art pervertierter Zärtlichkeit ausdrückt, eine auf den Kopf gestellte Mitmenschlichkeit, werden die Kinder und Jugendlichen in der Psychiatrie, wie es heute gängige Praxis ist, mit entsprechenden Medikamenten nur noch »ruhiggestellt«. Vollgestopft mit Psychopharmaka wie »Truxal« und sich selbst überlassen, dämmern sie in überfüllten Räumen dahin, oft ohne Aussicht, jemals wieder ein menschenwürdiges Leben führen zu können. Etwa 20 Prozent der Kinder, die seit ihrem ersten oder zweiten Lebensjahr in Heimen aufwachsen, gelangen in die Kinderpsychiatrie. Ausschlaggebend für ihre Einweisung dorthin sind ärztliche Gutachten, die an Begriffen wie »organische Schädigungen«, »degenerierte Persönlichkeit« und an den Zustandsbildern der Psychopathen-Lehre des 19. Jahrhunderts orientiert sind. Der Arzt befindet lediglich über die »Einweisungsbedürftigkeit« – besondere wissenschaftliche Nachweise sind nicht nötig, Heilmaßnahmen nicht gefragt.

Noch schlimmer: die Behindertenheime, deren Bewohner, als geistig Behinderte juristisch und auch faktisch entmündigt, wie völlig hilflose Kleinkinder behandelt und nach den Bedürfnissen und Vorstellungen der Heime wie Versuchstiere abgerichtet werden. Schule oder sonst eine sinnvolle Tätigkeit gibt es für sie nicht; sie vegetieren unter der Aufsicht des Personals dahin.

Die Abschiebe- und Aussonderungspraxis der Heim-»Erziehung«, das spezifische Angstklima und die unnatürlichen und menschenunwürdigen Verhältnisse machen aus den Kindern und Jugendlichen seelische Krüppel. Aber Heime sind nicht nur eine Brutstätte für schwere Neurosen, sondern rufen auch vielerlei sexuelle Fehlentwicklungen hervor, unter denen die Betroffenen, da ihre Bedürfnisse in der Gesellschaft als pervers gelten, dann zu leiden haben. Die Tabuisierung der Sexualität, zumal der von Kindern, hat ihren Gipfel vor allem in konfessionellen Heimen.Denn das dort vorzugsweise angestellte kirchliche Personal hat schon »von Hause aus«, aus religiösen und sonstigen Gründen, ein negatives Verhältnis zum eigenen Körper und zu den eigenen sexuellen Bedürfnissen. Da sich diese aber nicht unterdrücken lassen, werden sie anders ausgelebt: Unter Mißachtung des Gebots der Nächstenliebe wird jede Form von Zärtlichkeit unterbunden und den Kindern jegliche Form »abartiger« Betätigung ausgeprügelt. Auch in dieser Hinsicht ist die Ultima ratio die psychiatrische Internierung.

Die Alternative, die dieses Buch in seinem Titel »Heimerziehung – Lebenshilfe oder Beugehaft« aufwirft, ist letztlich rhetorisch – angesichts der Berichte und Erfahrungen, die es dazu vermittelt. Schon aufgrund ihrer Strukturen können Heime nicht auf das Leben vorbereiten. Die Frage, die sich vielmehr stellt, lautet: Warum werden die geschilderten Zustände nicht geändert und die Unterbringung von Kindern und Jugendlichen in Heimen nicht abgeschafft? Den Fachleuten und zuständigen Behörden sind die Verhältnisse in den Heimen ebenso bekannt wie die Tatsache, daß diese menschlichen »Ausschuß« produzieren. Auch haben sie Kenntnisse von alternativen Klein- und Kleinstheimen, die abgelehnten Kindern und Jugendlichen ein Zuhause und eine familiäre Atmosphäre bieten, wie besonders der Bericht über die Einrichtung in Abentheuer zeigt. Offensichtlich fehlt es aber an Einsicht und an dem Willen, die fatalen Mechanismen einer lediglich bürokratischen Verwaltung von jungen Menschenleben zu überwinden. Und es steht zu befürchten, daß die eine und andere staatlich subventionierte Alternativeinrichtung, bevor dieses Buch seine Leser erreicht, den von oben verordneten Sparmaßnahmen zum Opfer gefallen sein wird.

Im Jahre 1969 rückte die Heimerziehung in den Blickpunkt der Öffentlichkeit. Die Rebellion von Heim-Jugendlichen und deren zeitweilige Zusammenarbeit mit einem kleinen Teil der Studentenbewegung zogen allgemeines Interesse auf sich. In der Folge gab es einige Reformansätze, vorzugsweise in SPD-regierten Bundesländern: offizielle Abschaffung der Prügelstrafe, Auflösung einiger Heime, Verkleinerung der Heimgruppen, Aufstockung des Personals usw. Dennoch gelangten auch in den 70er Jahren sogenannte Heimskandale an die Öffentlichkeit, Vorfälle also, die auf die Fortsetzung der alten Praktiken und auf die Fortdauer der menschenunwürdigen Zustände hinwiesen. Die Reformbedürftigkeit dieses gesellschaftlichen Bereichs ist nach wie vor gegeben. Sie steht aber zur Zeit nicht auf der Tagesordnung: Der Druck der Öffentlichkeit fehlt, und Fragen der Heimerziehung passen offenbar nicht in die gegenwärtige politische Landschaft.

Außenstehende, Nicht-Betroffene, Leser, die nie mit ehemaligen Heimkindern zu tun hatten, mögen glauben, daß die Welt innerhalb der Heimmauern mit unserer hier draußen nichts oder wenig gemeinsam hat. Aber was ist mit dem Heer der Jugendlichen, die entweder auf Ausbildungsplätze ohne berufliche Zukunft abgeschoben worden sind oder überhaupt keine Arbeit bekommen haben? Und mit den Behinderten, die zunächst unter normalen Bedingungen aufgewachsen sind, aber für die es verstärkt keine Arbeitsplätze gibt? Abgeschoben werden, nicht (mehr) gebraucht werden, ausgeschlossen werden von den Möglichkeiten, die Persönlichkeit zu entwickeln, betrifft nicht nur diejenigen, die einen Teil ihres Lebens bereits in Heimen vergeuden mußten. Die allerdings besonders.

1 Zur Geschichte der Heimerziehung

Peter H. Clausen

Geschichte der Heimerziehung

Die Praxis der heutigen Heimerziehung kann sich in vieler Hinsicht auf eine lange Tradition berufen. Gerade deshalb ist es aber auch besonders schwer, notwendige Reformen durchzuführen.

Auf den folgenden Seiten soll versucht werden, in einem kurzen Überblick über die Geschichte der Heimerziehung die Ursprünge dieser Traditionen kritisch zu betrachten. Die notwendige Kürze des Beitrags und die Absicht, auch für den Leser verständlich zu sein, der sich bisher mit diesem Thema noch nicht beschäftigt hat, bringen es mit sich, daß vieles nur angedeutet werden kann und einige Fragen offen bleiben.

1. Von den Ursprüngen zu Bismarck

Mittelalter

Die Ursprünge der Heimerziehung sind von der Entstehung der gesamten Anstaltspflege nicht zu trennen, die in die Zeit des Mittelalters (Feudalherrschaft) zurückgeht.[1] Das auf Agrarwirtschaft basierende Leben in dieser Zeit war durch klare ständische Sozialstrukturen gegliedert, die einen sozialen Aufstieg zwischen den Ständen undenkbar machten. Die katholische Kirche lieferte die ideologische Rechtfertigung dieses Systems. Der Mensch wurde in seinen Stand hineingeboren; das war gottgegebenes Schicksal – für Fürst wie Bettelmann. So war Armut auch nichts moralisch Negatives, kein Verschulden des Individuums – aber auch nichts Veränderbares.

Die Ärmsten der Armen waren auf Almosen angewiesen,

womit sie ihren gesellschaftlichen Zweck erfüllten: Sie gaben den Wohlhabenden Anlaß, in christlicher Nächstenliebe zu geben – und sei es als Buße für ihre Sünden. Zu diesen Ärmsten, die nicht selbständig betteln gehen konnten, gehörten vornehmlich Kranke, Alte und elternlose Kinder, für deren Pflege und Unterbringung in den Städten Hospitäler entstanden.

Eine gesonderte Heimpflege für Kinder gab es nicht. Sie war Bestandteil der allgemeinen Armenfürsorge; so waren die Findel- und Waisenhäuser (das erste entstand 1041) den Hospitälern angegliedert. Die hygienischen und sonstigen Lebensbedingungen der Kinder waren hier deutlich besser als in den Anstalten späterer Jahrhunderte (z. T. bis ins 19. Jahrhundert). Kinder, meist Säuglinge, deren Eltern sie nicht ernähren konnten oder die durch Seuchen, Kriege oder ähnliches ums Leben gekommen waren, wurden hier eingeliefert. Die Säuglinge wurden zunächst möglichst schnell einer Amme in Pflege gegeben und in einem Alter, in dem Kinder heute in die Schule kommen, wieder ins Waisenhaus aufgenommen, bis sie alt genug waren, um durch Betteln selbst für ihren Unterhalt zu sorgen.

Planvolle Erziehung – abgesehen von religiöser Unterweisung – fand nicht statt, da keine Notwendigkeit dafür bestand: Für ein gottgefälliges Leben mußten sie nur betteln können.

Die Entstehung der Zuchthäuser und Fürsorgeerziehung (1500–1700)

Im 15. Jahrhundert setzte ein tiefgreifender Wandel im Leben der Menschen ein. Es hatte der Prozeß eingesetzt, den Marx als »ursprüngliche Akkumulation« bezeichnete. Dieser Prozeß führte zum Auseinanderbrechen der bestehenden Sozialstrukturen und zu einer massenhaften Vertreibung der Menschen von Haus und Hof. Diese »Freisetzung« stand im Zusammenhang mit der Kapitalbildung in der Hand von »Kapitalisten« durch die Anhäufung von Profiten aus Handels- und Wuchergeschäften. Hauptursache waren aber vor allem die Entwicklung der Konkurrenz im

Handwerk, wodurch viele Handwerker ihre Selbständigkeit verloren, und die Umwandlung von Feldern in Weideland, das man zur Aufzucht von Schafen für die aufstrebende Textilmanufaktur benötigte, dadurch aber unzähligen Bauern ihre Existenzgrundlage entzog.

Um 1500 wurde vermehrt von großen Bettler- und Vagabundenplagen berichtet, gegen die in den Folgejahren mit einer Blutgesetzgebung wider die Vagabundage vorgegangen wurde.[2] Die Handwerker und Bauern, von Haus und Hof vertrieben, fanden keinen Brotverdienst mehr und wurden zumeist notgedrungen zu Bettlern oder Räubern; für dieses Schicksal drohten ihnen zudem noch härteste Strafen, z. T. wurden blutige Hetzjagden auf sie veranstaltet.

Armut wurde nicht mehr als gottgegeben betrachtet, sondern als subjektives sündhaftes Verschulden; weltliche Erwerbstätigkeit war moralisches Gebot und Beweis eines gottgefälligen Lebenswandels. Die christliche Sozialethik hatte sich unter dem Einfluß der Humanisten (bes. J. L. Vives 1492–1540) den veränderten gesellschaftlichen Bedingungen schleunigst angepaßt.

Das Almosenwesen trug die Sozialfürsorge längst nicht mehr; die Hospitäler waren aus der kirchlichen in die staatliche Verwaltung übergegangen; für die Armen und Vagabunden wurde eine prinzipielle Arbeitspflicht und – wenn nötig – Arbeitszwang postuliert.

In den westeuropäischen Ländern, die nicht zuletzt durch den Kolonialismus am fortschrittlichsten in der Entwicklung der neuen Wirtschaftsformen waren, entstanden schon ab der Mitte des 16. Jahrhunderts die ersten Zwangsarbeitsanstalten (z. B. das Londoner »Brideweil«), die von Anfang an einerseits »mit dem Armutsproblem fertig zu werden und zugleich die nötigen Arbeitskräfte für die aufblühenden frühkapitalistischen Manufakturen zu sichern«[3] hatten.

Im politischen zersplitterten Deutschland war die Manufakturwirtschaft aber bei weitem nicht so entwickelt, daß die Massen der freigesetzten Arbeitskräfte aufgenommen werden konnten.

Anders sah es nach dem 30jährigen Krieg aus, in dessen Verlauf Deutschland fast die Hälfte seiner Bevölkerung verlor und der aufstrebenden industriellen Wirtschaft nicht mehr genügend Arbeitskräfte zur Verfügung standen. In dieser Lage erfahren die Arbeits- und Zuchthäuser auch in Deutschland einen Aufschwung mit dem Ziel, die Vagabunden durch Arbeitszwang und Freiheitsentzug in den Produktionsprozeß zu integrieren.

Die Wiege der eigentlichen Fürsorgeerziehung war das Amsterdamer Zuchthaus, das um 1595 speziell für straffällige Jugendliche eingerichtet wurde; im allgemeinen fand aber keine Trennung zwischen Jugendlichen und Erwachsenen statt.

Die Konzentration der Arbeitskräfte an einem Ort in Arbeits- und Zuchthäusern begünstigte die Entstehung von Manufakturen, den Vorläufern der Fabriken.

Die Heimerziehung im aufblühenden Kapitalismus

Die zahlreichen Neugründungen von Waisenhäusern um 1700 unter dem Einfluß der Pietisten (Vorbild waren die »Hallischen Waisenhäuser« von August Hermann Francke) standen offen im ökonomischen Interesse der Gründer und der Obrigkeit und waren zumeist einer neugebauten Manufaktur angegliedert.[4] Bei einem Teil der Waisenhäuser agierten die Gründer zwar aus christlichen, humanitären Zielen heraus, aber der wirtschaftliche Druck zwang sie zumeist zu direkter Kooperation mit Manufakturen. In vielen Fällen ging die Planung dieser Einrichtung aber mit dem Wunsch der Fürsten einher, zur Geldbeschaffung neue Produktionszweige ins Land zu holen; so unterstand z. B. das Stuttgarter Waisenhaus »der Aufsicht des Kommerzienrates – also des Wirtschaftsministeriums«[5].

Was von der bürgerlichen Literatur als Durchsetzung des Erziehungsgedankens und Realisierung christlicher Humanität gefeiert wurde, ist die erstmalig in aller Deutlichkeit zutage tretende Funktion der Anstaltserziehung im Kapitalismus: die Disziplinierung der proletarischen Jugend und ihre Integration in den Produktionsprozeß[6].

Für die Masse der Kinder und Jugendlichen in den Waisenhäusern war dies Leben unter kärglichsten Bedingungen durch strenge Zucht, religiöse Unterweisung und harte

Arbeit gekennzeichnet; nur wenige, besonders »Begabte« konnten von der Armenschule auf die Lateinschule wechseln; wer sich der strengen Ordnung widersetzte oder seine Arbeit nicht ordentlich erfüllte, mußte mit drakonischen Strafen rechnen.

Nach einer Phase ökonomischer Blüte, die von brutaler Ausbeutung der Kinderarbeit und Profitgier der Anstaltsträger geprägt war, geriet die Anstaltserziehung um 1800 unter eine starke, humanistisch orientierte Kritik, die von den »Philanthropisten« (u. a. Pestalozzi) getragen wurde (»Waisenhausstreit«). Ihre Kritik bezog sich auf die katastrophalen Lebensbedingungen, die hohe Sterblichkeit von 25 Prozent[7] und die maßlose Profitgier der Betreiber. Diese Kritik führte zur Schließung vieler Anstalten, wobei letztlich ökonomische Gründe ausschlaggebend waren: Man hatte errechnet, daß eine Unterbringung in Pflegefamilien um ein Drittel billiger kam als im Waisenhaus.[8]

An ihre Stelle trat mit der Zeit die Gründung von »Rettungshäusern« (als bekanntestes das »Rauhe Haus« in Hamburg), die auf eine Vielfalt privater Initiativen exponierter Persönlichkeiten angewiesen waren[9], da der »liberale Rechtsstaat« – seiner gesellschaftlichen Funktion als »Nachtwächterstaat« entsprechend – kein Engagement in der Armenfürsorge aufbrachte[10].

Der Ursprung der privaten Fürsorgeverbände

Die Rettungshausbewegung breitete sich zu einer umfangreichen Reformbewegung aus, deren wesentliche Merkmale die Freiwilligkeit bei der Aufnahme, die Betonung eines familienähnlichen Milieus, die Ablehnung von Industriearbeit zugunsten von handwerklicher und landwirtschaftlicher Tätigkeit und die strikte Unabhängigkeit von staatlichen Einflüssen und Finanzen darstellten. Ihre humanistischen Ideale mußten aber letztlich an der gesellschaftlichen Realität scheitern (bedingt vor allem durch den ökonomischen Druck), so daß Kinderarbeit, Ausbeutung und Zwangsmaßnahmen »hinter dem Mantel der ›Wohltätigkeits-Anstalten‹«[11] weiterhin betrieben wurden.

Mitte des 19. Jahrhunderts war nicht viel von den Idealen übriggeblieben: Man war bereit, staatlich verordnete Zwangserziehung durchzuführen[12], nahm auch Industriearbeit an, und in die Heimerziehungsideologie kehrte Zucht und Ordnung zurück, wie der Anschauungswandel Wicherns dokumentierte[13]. So bewirkten die humanistischen Reformen auf Dauer wenig Änderung für das Leben der Kinder und Jugendlichen in den Heimen.

Die Entwicklungen im Bereich der Sozialfürsorge im 19. Jahrhundert stellten im wesentlichen eine bürgerliche Antwort auf das Erstarken der Arbeiterbewegung dar mit dem Ziel, das bestehende System zu stabilisieren. Die Spitzenverbände der Freien Wohlfahrtspflege, die sich in der zweiten Hälfte des 19. Jahrhunderts bildeten, um der Zersplitterung der privaten Initiativen entgegenzuwirken, sahen es als ihr wichtigstes Ziel an, dem »Gespenst« des Kommunismus mit christlich-humanitärer Missionstätigkeit entgegenzutreten[14].

Den Hintergrund des bürgerlichen Reformeifers dieser Zeit beschreiben Ahlheim u. a. folgendermaßen: »Nicht Aufklärung und Humanität, nicht die Durchsetzung des Erziehungsgedankens oder christliches Mitleid bewirkten die Veränderungen, sondern die materiellen Erfordernisse der frühkapitalistischen Epoche. Nach wie vor hatte die Arbeitserziehung (...) die Aufgabe, dem Kapitalismus arbeitswillige und gemäß dem Stand der Produktivkräfte qualifizierte Arbeitskräfte zuzuführen. Die Zwangsarbeitserziehung – später Fürsorgeerziehung genannt – hatte da einzusetzen, wo diese Eingliederung der Arbeitskraft in den Produktionsprozeß sich nicht reibungslos abspielte. Zum anderen hatte sie die Funktion, die Armenkassen zu entlasten (...). Vor allem aber die Angst vor dem erwachenden Selbstbewußtsein des Proletariats und den Anfängen der organisierten Arbeiterbewegung trieb das Bürgertum zu immer neuen Reformvorschlägen, die alles ändern sollten. So hat das Bürgertum, noch bevor das Proletariat seine Empörung in organisierte politische Gewalt umsetzen konnte und bevor der Staat umfangreiche Maßnahmen eingeleitet hatte, aus dem sicheren Gespür für die Bedrohlichkeit der Lage und die Bedrohtheit seiner eigenen Existenz strafend und erziehend private Initiativen zur ›Entspannung‹ der Situation und zur Erhaltung der Klassengesellschaft ergriffen«[15].

Diese privaten Initiativen des Bürgertums konnten auf Dauer nicht ausreichen, um den »sozialen Frieden« zu erhalten. Zudem führte das Primat der »bürgerlichen Freiheit« in allen Lebensbereichen zu brutalen Auswüchsen: z. B. nahm die Ausbeutung kindlicher Arbeitskraft Formen systematischer Ausrottung an[16], ließen Familien ihre Pflegekinder verhungern – bezogen aber weiterhin Kostgeld (Engelmacherei).

So waren zunehmend planvolle Interventionen des Staates unumgänglich; besonders als die Militärbehörden in Industrierevieren nicht mehr ausreichend gesunden Nachwuchs rekrutieren konnten[17], wurden ab der Mitte des 19. Jahrhunderts gegen den erbitterten Widerstand der Industrie die ersten Gesetze der Jugendhilfe und des Jugendstrafrechts durchgesetzt: Einschränkung der Kinderarbeit, Grundlagen zur Einweisung in Zwangserziehungsheime etc.

Besonders an der Bismarckschen Sozialgesetzgebung wird der Sinn der staatlichen Aktivitäten deutlich, den revolutionären Tendenzen der Arbeiterbewegung die »Sozialstaatillusion« entgegenzusetzen, das Trugbild eines Staates, der neutral über den gegensätzlichen Klasseninteressen schwebt. Die staatlichen Interventionen hatten zwar auch den Zweck, den Erhalt der Arbeitskraft sowie der Kaufkraft der Menschen abzusichern. In der Hauptsache aber erwiesen sie sich als äußerst wirksame Mittel, das bestehende Herrschaftssystem zu rechtfertigen und fundamentaler Kritik vorzubeugen, eine bis in unsere Zeit absolut erfolgreiche Strategie, wie man daran erkennen kann, daß Begriffe wie »soziales Netz« oder »soziale Marktwirtschaft« allgemein akzeptierte Glaubenssätze sind, die jede Form staatlicher Intervention legitimieren können.

2. Die Entwicklung im 20. Jahrhundert

Privatinitiative oder Staat

Die Zeit um 1900 war von einem »Tauziehen« um den staatlichen Einfluß im gesamten Bereich der Sozialfürsorge geprägt. Zwar war die Tatsache unstrittig, daß ein Überlassen der gesellschaftlichen Randbereiche dem freien Spiel der (Markt-)Kräfte nicht mehr möglich war, aber Ausmaß und Form der staatlichen Interventionen wurden sehr kontrovers diskutiert. Die Vertreter des konservativen Bürgertums, der Industrie und der Kirchen versuchten die staatlichen Einflüsse auf ein Minimum zu beschränken; auf der anderen Seite erstarkten die Kräfte der revolutionären, sozialistischen Arbeiterbewegung, die als klares Ziel die völlige Übernahme der Sozialfürsorge in kommunale Hände und die Beseitigung kirchlicher Einflüsse anstrebten: »Unsere Forderung geht also dahin, mit der bisherigen Form der Fürsorgeerziehung Schluß zu machen ... Zur Erfüllung dieser Aufgabe ist die Voraussetzung, alle noch in den Händen der kirchlichen Organisationen befindlichen Anstalten zu kommunalisieren. Es gilt, die 100 000 proletarischen Kinder und Jugendlichen aus den Fesseln dieser Fürsorgeerziehung zu befreien [18].«

Nachdem schon gegen Ende des 19. Jahrhunderts die Entwicklung in einigen Bereichen der Gesetzgebung in diese Richtung tendierte, so z. B. die Entscheidung über öffentliche Erziehungshilfe durch Vormundschaftsgerichte, die Einrichtung von Erziehungsbehörden und die ansatzweise Einführung der Amtsvormundschaft [19], stellte das BGB, das 1900 in Kraft trat, einen Rückschritt dar, indem es der Privatinitiative Vorrang gab, das »Besitzrecht der Eltern an ihren Kindern« uneingeschränkt in den Vordergrund stellte und die private Einzelvormundschaft festschreiben wollte.

Der Streit um das Verhältnis von privater und öffentlicher Fürsorge fand sein vorläufiges Ende durch die Verabschiedung des RJWG (Reichsjugendwohlfahrtsgesetz) im Jahr 1924 mit den Stimmen von SPD und Zentrum [20]. Durch dieses Gesetz wurde die tendenzielle Monopolstellung der »Freien Wohlfahrtsverbände« in der Sozialfürsorge festgeschrieben (Subsidiaritätsprinzip)[21]. Damit waren die Weichen gestellt für die Entwicklung der kommenden Jahrzehnte.

Weimarer Republik

Nachdem gegen Ende des 19. Jahrhunderts die Zersplitterung der privaten Initiativen durch Gründung der Wohlfahrtsverbände aufgehoben worden war[22], entwickelten sich nach der Jahrhundertwende erste Professionalisierungstendenzen, die zu einer Ablösung der ehrenamtlichen Armenpflege durch an speziellen Frauenschulen ausgebildete Fürsorgerinnen führte; diese Entwicklung ging wesentlich auf die Frauenemanzipationsbewegung zurück[23].

Aus der bürgerlichen Jugendbewegung entstanden einige Strömungen, die für die Heimerziehung von Bedeutung waren: Reformpädagogik, Landerziehungsheimbewegung und die anthroposophische Bewegung. Die hieraus entstehenden Reformheime, die z. T. in ihrer Konzeption grundsätzliche gesellschaftliche Lebens- und Strukturveränderungen vorwegnahmen und sich selbst auf eine »Insel« begaben, »bildeten eine verschwindende Minderheit in der Masse der Heime, in denen nach wie vor Kinderausbeutung und Kasernenzucht betrieben wurde«[24].

Eine konsequente Kritik der Fürsorgeerziehung und ihrer Funktion im Kapitalismus wurde in dieser Zeit von der Arbeiterbewegung und ihren Jugend- und Hilfsorganisationen geleistet[25]. Die von P. M. Lampel veröffentlichten Berichte von Fürsorgezöglingen und die detaillierten Darstellungen von O. Rühle geben ein eindrucksvolles Bild von den grauenvollen Lebensbedingungen in den vornehmlich kirchlichen Heimen. Otto Rühle über die Fürsorgeerziehung: »Was Erziehung sein sollte, ist Zwang, Vergeltung und Peinigung.«[26] Von seltenen Ausnahmen abgesehen, »herrscht jene Form der spezifisch christlichen Jugendfürsorge und Fürsorgeerziehung vor, bei der man durch das salbungsvolle Pathos der Predigten und Andachten und das Plärren der Lobgesänge mit stillem Schauder das Ächzen gequälter, abgerackerter Menschenwesen und das Sausen der Knute über striemenbedeckte Körper hört ...«[27].

Diese »unmenschlichen Lebensbedingungen (...) führten in der Zeit zwischen 1928 und 1932 zu einer Reihe schwerer Heimrevolten«[28]; gleichzeitig ging eine Welle der öffentlichen Empörung über die Zustände in der Heimerziehung durch das Deutsche Reich, die vor allem durch die Arbeiten des Schriftstellers P. M. Lampel ausgelöst wurden[29].

In der Folge der Revolten und der öffentlichen Diskussionen wurden einige Heime (die Spitze eines Eisbergs) geschlossen; der eine Teil der bürgerlichen Pädagogen nahm die Ereignisse zum Anlaß, Selbstkritik zu üben[30], während der andere Teil, besonders die Vertreter der kirchlichen Heimerziehung, sich zu einer Verteidigung bestehender Heimerziehung genötigt sahen[31].

Die sozialistischen Kritiker gingen in ihrer Analyse davon aus, daß die Aufhebung der Fürsorgeerziehung in der bestehenden Form nur mit der revolutionären Aufhebung der bürgerlichen Klassengesellschaft einhergehen könne. Der Kampf gegen die Fürsorgeerziehung hatte sich also dem gesamten proletarischen Kampf einzuordnen, ihre direkte Zielsetzung war der Aufbau von kommunistischen Jugendgruppen in den Heimen.

Faschismus

Mit der Machtergreifung Hitlers tritt ein vermeintlicher Bruch in der Geschichte der Jugendhilfe ein; zumindest scheint es auf den ersten Blick so zu sein, da die Literatur entweder bei 1933 aufhört[32] oder erst 1945 anfängt[33]. Was zunächst nur als ein Zeichen für eine »typisch deutsche« Gedächtnisschwäche erscheint, wirft in den wenigen auffindbaren Andeutungen allerdings einige Widersprüche und Fragen auf.

So schreiben Müller-Schöll/Priepke über die NS-Zeit: »die Erziehungsheime – von einigen staatlichen abgesehen – werden nach und nach geschlossen«.[34] Anschließend folgt eine Kritik der Massenerziehung in Anstalten, die für totalitäre Systeme typisch sei. (Man kann die unterschwellige Anspielung auf die Forderungen der Arbeiterbewegung der 20er Jahre deutlich heraushören!) Kein Wort über die Rolle der Kirche (die doch nämliches Geschäft seit Jahrhunderten betreibt!), während es an anderer Stelle heißt: »Auch während des Faschismus war in Deutschland die Wohlfahrt nicht Sache des Staates![34]«

Während die AWO (Arbeiterwohlfahrt) verboten wurde, blieben Innere Mission und Caritas organisatorisch unangetastet, von denen einzelne Gruppen dem Faschismus durchaus nahestanden[35].

Wenn man sich vor Augen führt, daß es die kirchlichen Träger waren, denen die Masse der in den 20er Jahren kritisierten Fürsorgeheime unterstanden[36], und daß es wiederum die kirchlichen Wohlfahrtsverbände waren, die nach 1945 als intakte und weiterhin angesehene Organisationen dastanden[37], in kurzer Zeit ihre alte Heimplatzzahl wieder erreichten[38] und außerdem die gleiche kritikwürdige Erziehungspraxis realisierten[39], dann erscheint es nicht verwunderlich, daß diese Phase deutscher Fürsorgegeschichte tunlichst verschwiegen wird.

Die ersten zwei Jahrzehnte Bundesrepublik

Nach dem Ende des 2. Weltkriegs stand die Heimerziehung in Deutschland vor einer katastrophalen Situation: Ein Großteil der Gebäude war zerstört, durch den Krieg waren Hunderttausende Kinder Waisen oder heimatlos geworden, die materielle Not und der Mangel an lebensnotwendigen Gütern waren eklatant.

Allein diese Bedingungen können aber nicht zwingend erklären, warum in der BRD nach 1945 eine Restauration der Fürsorgeerziehung einsetzte, die in Kürze die gleichen Verhältnisse schuf, wie sie in den 20er Jahren existiert hatten[40].

Bei dieser Neuauflage vermied man tunlichst, die Reformbewegung mit aufleben zu lassen; denn – so die damalige Auffassung – »als man nach dem 1. Weltkrieg glaubte, die Anstaltsordnung lockern zu müssen, um der Individualität weitesten Spielraum zu geben, stellten sich Krisen bedroh-

23

lichster Art ein, Massenentweichungen und Revolten, die uns noch in mahnender Erinnerung sind« …»So vertraute man lieber der Wiederauflage traditioneller deutscher Heimerziehung und ihrer Durchführung durch altbewährte Kräfte«[41].

Bei diesem Bestreben konnten sich die Wohlfahrtsverbände der Unterstützung der regierenden CDU gewiß sein[42]. Dies ist ein Zeichen mehr dafür, daß auch nach 1945 die gleichen gesellschaftlichen Kräfte herrschten, die die Arbeiterbewegung bekämpft und die Machtergreifung Hitlers geduldet bzw. unterstützt hatten.

Daß diese Sozialpolitik nicht die einhellige Zustimmung aller Beteiligten fand, läßt sich daran ablesen, daß schon Ende der 40er Jahre kritische Beiträge in der Fachpresse erschienen und vereinzelt versucht wurde, »die Chance der Ruine«[43] zu nutzen.

So gab es seit Anbeginn privat getragene Versuche, alternative Wege der Heimerziehung zu gehen, die aber unter ökonomischen Schwierigkeiten, fehlender Unterstützung und z. T. starken Anfeindungen durch etablierte Verbände und Fachleute zu leiden hatten[44].

Diese privaten Initiativen blieben aber ausgesprochene Randerscheinungen in der Jugendhilfe; der Großteil der Heimerziehung vegetierte unter kargen Bedingungen und ohne Interesse der Fach- und sonstigen Öffentlichkeit vor sich hin.

Das Nachkriegsdeutschland war bis in die 60er Jahre nur am »Wirtschaftswunder« interessiert; alles, was im »Schlagschatten der Leistungsgesellschaft«[45] lag, fand keine öffentliche Beachtung. Erst mit der ersten Rezession Ende der 60er Jahre, dem Verlust der Massenloyalität gegenüber dem System und dem Drohen einer Bildungskatastrophe (Sputnik-Schock) entwickelte sich eine breite Reformaktivität im Sozial- und Erziehungsbereich, in der auch das geeignete Klima für eine öffentliche Kritik der Heimerziehung entstand.

3. Sind die zentralen Probleme die gleichen geblieben?

Die Konzepte der Ersatzerziehung

Wenn man sich die Geschichte der Heimerziehung an-
schaut, kann man leicht feststellen, daß weder an deren
Grundstrukturen noch an den verschiedenen alternativen
Modellen der öffentlichen Ersatzerziehung sich wesent-
liches geändert hat bzw. sich grundlegend neue Erkenntnisse aufgetan haben.

Schon im Mittelalter war es Alltagswissen, daß eine An-
staltsunterbringung von Kleinstkindern zu schweren Schäden führt (Hospitalismus, hohe Säuglingssterblichkeit):
Von daher waren Konzepte, die heute unter Begriffen wie
»Pflegefamilie« und »Adoption« firmieren, schon im
12. Jahrhundert gang und gäbe.

Zum einen gab es die individuelle Vormundschaft, die von
ihren Rechten und Pflichten her einer Adoption vergleichbar war; Vormund wurde zumeist ein Handwerksmeister,
dessen Mündel in den gleichen Stand hineinwuchs.

Schwierig war lediglich die Lage derjenigen Waisen- und
Findelkinder, bei denen eine nichteheliche Herkunft denk-
bar war und sich daher für diese Kinder kein Vormund fand.
Hier sorgten die Waisen- und Findelhäuser für eine Unterbringung bei Ammen, die für die Dauer der Kleinkindphase
die Rolle von Pflegemüttern übernahmen.

Das Pflegekinderwesen hat so eine vielleicht noch längere
Geschichte als die Anstaltserziehung und zieht sich durch
die gesamte neuere Geschichte. Von staatlicher Seite besonders propagiert wurde es allerdings immer dann, wenn die
öffentlichen Mittel knapp waren und man sich darauf be-
sann, daß eine Unterbringung in Pflegefamilien billiger ist
als jede andere Form öffentlicher Jugendhilfe[46].

Der Grund hierfür ist in dem einkalkulierten Eigeninteresse
der Pflegefamilien zu sehen, das das Hauptproblem dieser
Form der Ersatzerziehung darstellt. Im vorigen Jahrhundert
waren dies vornehmlich ökonomische Interessen, entweder
an einem willkommenen Zubrot durch das Pflegegeld – was
häufig zur Folge hatte, daß Pflegekinder verhungerten oder
heimlich beseitigt wurden –, oder an einer billigen Arbeits-

kraft – was harte Kinderarbeit bedeutete. Diese Motivation begründete auch in den Jahren nach dem 2. Weltkrieg eine große Zahl von Pflegestellen – besonders in der Landwirtschaft[47].

Nicht weniger problematisch ist die derzeit eher anzutreffende Motivation, im Pflegekind einen Ersatz für fehlende eigene Kinder oder einen Spielkameraden für solche (als Alternative zum Haustier) zu suchen[48].

Eine relativ lange Tradition hat auch das Konzept der »familienanalogen Heimstruktur«, das zuerst von Wichern um 1830 im »Rauhen Haus« in Hamburg ansatzweise realisiert wurde. Dieses Konzept wurde durch die Reformpädagogik in den 20er Jahren und nach dem 2. Weltkrieg durch die Kinderdörfer und privaten Kleinstheime weitergetragen, aber einer Ausdehnung auf weite Bereiche der Heimerziehung stand bis heute die Unbeweglichkeit bestehender Organisationsstrukturen und deren in Beton gegossene Form entgegen.

Konzepte, die vom Anstaltscharakter der Heimerziehung positive pädagogische Einflüsse erwarteten, gibt es schon seit vielen Jahrhunderten; ihr Ursprung geht in die Geschichte des Altertums zurück und reicht über Klosterschulen, Arbeitshäuser und preußische Kadettenanstalten bis in die heutige Internatserziehung[49].

Sozialistische Pädagogen wie Makarenko sahen in der kollektiven Erziehung wesentliche Möglichkeiten zur Entwicklung einer klassenbewußten Persönlichkeit; auch die von der Arbeiterbewegung getragenen Kritiker der Zwangsfürsorgeerziehung in den 20er Jahren sahen es als ihr primäres Ziel an, ein aus der kollektiven Erfahrung von Unterdrükkung erwachsendes Klassenbewußtsein zu fördern.

Als einziges wirklich alternatives Konzept läßt sich lediglich das mit der 69er Heimkampagne entstandene Jugendwohnkollektiv bezeichnen, das auf Prinzipien wie Selbstorganisation und -verwaltung aufbaut (dies war ansatzweise auch in einigen Reformheimen der 20er Jahre enthalten).

Die Geschichte der Heimerziehung ist zugleich eine Geschichte ihrer Krisen. Die erste Krise betraf die gesamte Struktur der Armenpflege, wie sie im Mittelalter bestanden hatte. Die Veränderung der Lebensbedingungen führte zu einem völligen Wandel der Grundwerte, durch den die Findel- und Waisenhäuser in ihrer bisherigen Form in Frage gestellt waren. Während ein tugendhaftes, standesgemäßes Leben die bisherige Norm gewesen war, wurde jetzt Arbeit zum obersten moralischen Gebot und Wirtschaftlichkeit entscheidendes Kriterium für fürsorgerische Tätigkeit. So entstanden die Arbeitshäuser und die ersten Anstalten der Zwangserziehung.

Die zweite Krise zeigt sich in dem »Waisenhausstreit« Ende des 18. Jahrhunderts. Hierbei handelt es sich nicht um eine durch Wertewandel ausgelöste Krise; vielmehr geriet die Realität der Anstaltserziehung in eine Legitimationskrise, wurde sie an den zugrundeliegenden Werten gemessen. War die Konzentration der Arbeitskräfte in Zwangsarbeitsanstalten im Anfang der industriellen Entwicklung bereits ein wirtschaftlicher Gesichtspunkt an sich, so erwies sich die Zwangserziehung in staatlichen Anstalten letztlich als kostspielig. Hinzu kam, daß die hohe Sterblichkeit und die unmenschlichen Lebensbedingungen der Kinder eine Welle der öffentlichen Kritik und Empörung im humanistisch orientierten Bürgertum auslöste. In der Folge wurden viele Waisenhäuser aufgelöst, die Unterbringung in Pflegefamilien wurde gefördert, und unter dem Namen »Rettungshausbewegung« entstanden erstmals Institutionen der Heimerziehung, die gänzlich auf privater Initiative und Trägerschaft basierten.

Die dritte entscheidende Krise bahnte sich Ende des 19. Jahrhunderts an. Zunächst wurden Systemmängel durch ein Mehr an staatlichen Interventionen neben den privaten Initiativen gedeckt; aber die erstarkende Arbeiterbewegung stellte mit dem gesamten Gesellschaftssystem auch die Zwangsfürsorgeerziehung in Frage. In dieser Krise wurden erstmals die Werte und Normen, auf denen die Heimerziehung basiert, als Unterdrückungsmittel der herrschenden

Klasse kritisiert und die Abschaffung der Heimerziehung in der bestehenden Form gefordert.

Die in Legitimationsdruck geratene Gesellschaft mußte mehr Raum für alternative Entwicklungen lassen; so entstanden einerseits von der Reformpädagogik getragene Heime mit humanen Lebensbedingungen, und gleichzeitig wurden die Anstalten, die besonders starr an den alten Strukturen der Ausbeutung und Unterdrückung festhielten, von einer Welle von Heimrevolten überzogen.

Die durch Klassenkämpfe für sozialen Zündstoff sensibilisierte Öffentlichkeit reagierte heftig auf diese Kampagne, so daß ein Teil der Anstalten geschlossen werden mußte.

Der eigentliche Abschluß dieser Krise wurde durch den Faschismus verhindert, die soziale Entwicklung in Deutschland um Jahrzehnte zurückgeschraubt, deren Stufe erst wieder (annähernd) Ende der 60er Jahre erreicht war. Man kann daher die 69er Heimkampagne in gewissem Sinn als einen Schritt zur Vollendung der in den 20er Jahren begonnenen Heimrevolte bezeichnen.

Funktion der Heimerziehung und die Rolle der Kirche

Grundsätzlich hat Erziehung die Funktion, den Nachwuchs in die bestehende Gesellschaft einzupassen; sofern das im allgemeinen in der Familie geschieht, sichert Fürsorgeerziehung hier die Ränder ab, an denen die Familie diese Funktion nicht erfüllt. Die Kirche übernimmt dabei die Rolle, den Menschen gegenüber klarzustellen, warum und wie die jeweilige Struktur der Gesellschaft die richtige und »geheiligte« Umsetzung des göttlichen Willens durch von Menschen erlassene Regeln ist.

Im Mittelalter war die Gesellschaft in Stände gegliedert, in die der Mensch hineingeboren wurde; daher war die Aufgabe der Kirche relativ einfach: Gottes Wille zeigte sich darin, daß er dem einzelnen von Geburt an seine Lebensbestimmung mitgab, ein gottgefälliges, religiöses Leben war also im allgemeinen ein dem durch Herkunft erworbenen Stande entsprechendes.

Mit dem Aufkommen der kapitalistischen Gesellschaftsstruktur und der Industrialisierung wurden diese Aufgaben schwieriger. Ein gottgefälliges Leben zeigte sich nunmehr in dem, was der einzelne in seinem Leben erreichte und leistete – die angeborene Stellung verlor an moralischer Bedeutung. Entsprechend mehrten sich die Bereiche, in denen die Familie ihre Funktion nicht mehr erfüllte. Waren es früher nur Kinder, denen Eltern fehlten, die in der Heimerziehung aufgefangen werden mußten, kamen jetzt die hinzu, bei denen eine Einpassung in die bestehende Sozialstruktur zu mißlingen drohte, d. h., die sich nicht arbeitswillig und fügsam zeigten. Wenn – wie im 16. und 17. Jahrhundert durch Bettler, Vagabunden und Räuber – das gesamte gesellschaftliche Leben in Gefahr geriet, mußte die Gesellschaft zu harten Maßnahmen greifen.

In der Folgezeit geriet die Kirche in eine zunehmend mißliche Lage; denn die moralische Rechtfertigung des gesellschaftlichen Prinzips der weitgehenden Freiheit des einzelnen (vor allem im wirtschaftlichen Bereich) brachte sie immer mehr in Widerspruch zu anderen christlichen Grundwerten. Hohe Sterblichkeit und krankmachende Lebensbedingungen in den Erziehungsanstalten mußten hier zwangsläufig die eigenen Werte in Frage stellen. So ist die Basis der verschiedenen Wellen der Empörung über extreme Formen von Anstaltserziehung in den letzten Jahrhunderten immer eine karitativ-humanitäre gewesen.

In dieser Entwicklung hat die staatstragende Rolle der Kirche äußerst handfeste Formen angenommen: Einerseits konnte die Familie ihre Aufgaben als »Keimzelle des Staates« in weiten Bereichen immer weniger erfüllen, andererseits durfte der Staat nicht steuernd in den gesellschaftlichen Entwicklungsprozeß eingreifen. An dieser Stelle entfalteten kirchliche Kreise im 19. Jahrhundert privat getragene Aktivitäten, aus denen später die Caritas und Innere Mission (Diakonisches Werk) hervorgingen.

Diese Aktivitäten stellten einen klaren Ausdruck von staatstragender Exekutivgewalt dar; die von privaten Trägern durchgeführte Heimerziehung hatte Strafcharakter, denn sie mußte vor allem bewirken, daß die Masse der proletarischen Jugend, die in Unterdrückung und Ausbeutung lebte, sich bereitwillig in ihre Lebenslage einfand; d. h. Fürsorgeerziehung mußte bedrohlicher und unerträglicher sein als die ohnehin schon inhumane Lebenssituation der Mehrheit der Jugendlichen. Die Kirche führte also unter dem Vorwand des Beschützens vor moralischer und sittlicher Verwahrlosung das Geschäft der Bestrafung und Unterdrückung der proletarischen Jugend stellvertretend für den Staat bzw. die herrschende Klasse durch.

Ende des 19. Jahrhunderts entwickelte sich aus der Arbeiterbewegung eine Gegentendenz, die neben der Realisierung menschlicher Grundrechte vor allem die Verstaatlichung der gesamten Sozialfürsorge forderte. Der Streit dieser gegensätzlichen Prinzipien setzt sich bis in die heutige Sozialpolitik fort.

»Für die Arbeiterschaft gilt es, hunderttausend Verdammte zum Leben zurückzugewinnen und sie der proletarischen Kampffront gegen die Welt der Unterdrückung einzugliedern. Der heutige kapitalistische Staat wird auch unter verstärktem Druck der Arbeiterschaft alle Mittel anwenden, das System der Knechtung der Arbeiterkinder aufrechtzuerhalten ... Die Endlösung zur Befreiung aller Ausgebeuteten ist aber der Weg der sozialen Revolution«[50].

Die kirchlichen Institutionen konnten ihre staatstragende Monopolstellung, die sie einmal erworben hatten, durch sämtliche Krisen erhalten und festigen[51].

Sie sind sich ihrer Macht bewußt und zeigen sie ganz offen: »Wenn die Caritas streiken würde ... dann gäbe es gewiß eine Sondersitzung des Kabinetts in Bonn, die Länderparlamente würden alle anderen Tagesthemen liegen lassen, und die Verantwortlichen in den Gemeinden wüßten nicht ein noch aus. Kurzum ein allgemeiner Notzustand müßte ausgerufen werden ... Natürlich – die Caritas streikt nicht«[52].

Seit den 60er Jahren hat sich die Sanktionsfunktion der Heimerziehung auf eigene Randbereiche reduziert (z. B. Geschlossene Unterbringung), während ihr mehr und mehr Legitimationsfunktionen zufallen; d. h. unsere Gesellschaft bezeichnet sich als »Sozialstaat«, jeder wird optimal in seiner Entwicklung gefördert und in Krisensituationen aufgefangen. Gerade die Heimerziehung mußte das Bild abgeben, diesem Anspruch gerecht zu werden, womit der Nährboden für die Entstehung von »Modell- und Vorzeigeeinrichtungen« geschaffen war.

Anmerkungen

1 Vgl. zum folgenden Scherpner, H., Geschichte der Jugendfürsorge. Göttingen ²1979, S. 16 ff.

2 Gefesselte Jugend, Fürsorgeerziehung im Kapitalismus. Frankfurt 1971, S. 20 f.

3 Scherpner, a. a. O., S. 41.

4 Ebenda, S. 80 f.

5 Ebenda, S. 84

6 »Wenn man bedenkt, welche Verrohungs- und Verelendungserscheinungen der Dreißigjährige Krieg mit sich brachte, muß man die helfende Erziehungsarbeit des Pietismus – bei aller Kritik im einzelnen – als einen enormen Fortschritt der Anstaltserziehung würdigen … Neben die Tugenden Zucht und Fleiß tritt hier der Gedanke vom persönlichen heiligen Lebenswandel, der Erweckung des jungen Menschen zu seinem neuen zweiten Leben, dem Sein in Jesus. Ist seine Seele errettet, dann ordnet sich das übrige von selbst.« Vgl. Müller-Schöll, A./Priepke, M., Handlungsfeld: Heimerziehung. Tübingen 1982, S. 23.

7 Vgl. Kuczynski, J., Studien zur Geschichte der Lage des arbeitenden Kindes in Deutschland von 1700 bis zur Gegenwart. Berlin (DDR) 1968.

8 Scherpner, a. a. O., S. 94.

9 Zu nennen sind u. a. Wichern, v. Fellenberg, Wehrli, Falk, Zeller und Fröbel. Der pädagogische Einfluß der Philantropen, v. a. Pestalozzis, war allen gemein, aber der eigentliche geistige Träger der Rettungshausbewegung war die »Erweckungsbewegung«, eine christliche Reaktion gegen Rationalismus und Aufklärung. Vgl. Scherpner, a. a. O., S. 122.

10 Grundsätzlich galt das Prinzip der »freien Marktwirtschaft« für alle Lebensbereiche in der Blütezeit des Konkurrenzkapitalismus. Der »liberale Rechtsstaat« hatte lediglich die Aufgabe, die Interessen der herrschenden Klasse zu bewahren; staatliche Reglementierung und Initiative wären der freien Entfaltung der Wirtschaft nur hinderlich gewesen. Dies galt auch für die Armenfürsorge, deren Existenzberechtigung der englische Ökonom T. R. Malthus sogar grundsätzlich bestritt: Das Bevölkerungswachstum habe sich auf der Basis von Angebot und Nachfrage zu entwickeln; staatliche Unterstützung würde hier nur eine Verzerrung – und damit Überbevölkerung bewirken. Vgl. Gefesselte Jugend, a. a. O., S. 34.

11 Gefesselte Jugend, a. a. O., S. 37.

12 Die Unabhängigkeit von staatlicher Einflußnahme gründete sich auf die Befürchtung, daß die Rettungshäuser sonst für die Zöglinge Strafcharakter bekämen. Die Entfaltung eines ausgebauten Systems privater Initiative war aber letztlich die Voraussetzung für die Durchsetzung der Zwangserziehungsgesetze. Vgl. Scherpner, a. a. O., S. 155.

[13] Vgl. Müller-Schöll / Priepke, a. a. O., S. 27 f.

[14] »Angesichts der Ausbreitung eines atheistisch orientierten Kommunismus unter der besitzlosen Masse, die sich zu einer klassenbewußten Arbeiterschaft zu formieren begann, erkannte auch das offizielle Kirchentum (…) die Notwendigkeit christlicher Liebestätigkeit an.« (Scherpner, a. a. O., S. 148).

[15] Gefesselte Jugend, a. a. O., S. 42 f.

[16] »Die Jahre 1820 bis 1840 waren in Deutschland die Zeit der schlimmsten … Kinderausbeutung. Kinder von 6 Jahren wurden in elfstündiger Nachtarbeit beschäftigt oder arbeiteten … von früh 7 bis abends 8 Uhr (…). Damals genauso wie heute behauptete das Unternehmertum, die deutsche Industrie könne die Konkurrenz mit dem Auslande nicht aushalten, wenn die Kinderarbeit mit ihren billigen Löhnen verboten werde. (…)« Vgl. Rühle, O., Das proletarische Kind. München 1911, S. 131.

[17] »Erst als Ende der zwanziger Jahre von der Militärbehörde festgestellt worden war, daß die ›Fabrikgegenden ihr Kontingent zum Ersatz der Armee nicht mehr vollständig stellten‹, fanden die Leiden der ausgebeuteten Kinder an höchster Stelle ein geneigtes Ohr und endlich gesetzlichen Schutz. (…) Eine Überwachung (der Einhaltung der Gesetze) gab es nicht, die Behörden dachten gar nicht daran, den Unternehmern irgendwie unbequem zu werden.« Siehe Rühle, a. a. O., S. 131.

[18] Hoffmann-Gewinner, 1928. Zit. nach Gefesselte Jugend, a. a. O., S. 49 f.

[19] Vgl. Scherpner, a. a. O., S. 163 und 169 ff.

[20] Mit der Spaltung der Jugendhilfe von der Jugendgerichtsbarkeit durch zwei getrennte Gesetze, RJWG (Reichsjugendwohlfahrtsgesetz) und RJGG (Reichsjugendgerichtsgesetz), wurden gegen den Widerstand von USPD und KPD Bedingungen geschaffen, die noch heute ihre negative Wirkung haben: z. B. Abschiebung von »schwierigen Jugendlichen« aus der Jugendhilfe in den Jugendknast.

[21] Subsidiaritätsprinzip: Von der Kirche verbreitetes, die realen Verhältnisse im Kapitalismus verschleierndes, ideologisches Modell der Gesellschaft, demzufolge die Gesellschaft zwiebelförmig aufgebaut sei, im Kern die Kleinfamilie, drumherum schalenartig die nächstgrößeren sozialen Einheiten – außen dann der Staat. Die sozialen Aufgaben fallen dem Kern zu, erst wenn der versagt, tritt die nächste Schicht in Aktion usw. Der Staat kommt demnach zuletzt.

[22] Geburtenhilfe leistete dabei die staatliche Subventionspraxis, die damals wie heute am ehesten an repräsentative, regierungsnahe Verwaltungsspitzen Gelder fließen ließ.

[23] Die Hoffnung der Frauen, ihren politischen Einfluß durch berufliche Tätigkeit in diesen (kommunalen) Bereichen auszubauen, wurde aber letztlich enttäuscht, da das Berufsbild der Fürsorgerin eine Übererfüllung der gesellschaftlichen Rollenerwartung an die

Frau beinhaltete und so eine Festschreibung der Frau auf das Bild, von dem sie sich zu emanzipieren suchte, bewirkte.

[24] Gefesselte Jugend, a. a. O., S. 53.

[25] Internationale Arbeiter-Hilfe (IAH), Arbeitsgemeinschaft sozialpolitischer Organisationen (ARSO), Kommunistischer Jugendverband Deutschland (K.V.J.D.), P. M. Lampel, A. Brandt, Otto Rühle, S. Bernfeld.

[26] Rühle, a. a. O., S. 209.

[27] Ebenda, S. 226.

[28] Gefesselte Jugend, a. a. O., S. 54.

[29] Lampels Schauspiel, Revolte im Erziehungshaus, löste heftige Diskussionen im Anschluß an die Aufführungen aus.

[30] Weniger, E., Selbstkritik in der Fürsorgeerziehung, in: Die Erziehung, 4/1929, S. 714 f.

[31] So z. B. Fritz, A., Zur Fürsorgeerziehung der Inneren Mission, in: Die Erziehung, 5/1930, S. 351 ff. Fritz, der zwar die angeregte Diskussion begrüßt, aber Unverständnis gegenüber der Haltung von E. Weniger zeigt und die Verunsicherung in der Heimerziehung beklagt, bringt das dahinterstehende Menschenbild klar zum Ausdruck: das Großstadtproletariat wird als sittlich verwahrlost, die Aufrührer der Heimrevolte werden unter Verwendung von Kretschmers Typenlehre von den übrigen Heiminsassen abgesetzt – soziale Phänomene werden individualisiert. Demgegenüber hat der christliche Erzieher ein moralisches gottgefälliges Leben vorzustellen; er könne sich dabei auf die göttliche Gerechtigkeit und Gnade berufen, so daß er vom augenblicklichen Urteil der Menschen unabhängig sei.

[32] Vgl. Gefesselte Jugend, a. a. O.

[33] Vgl. Almstedt, M./Munkwitz, B., Ortsbestimmung der Heimerziehung. Weinheim/Basel 1982.

[34] Gefesselte Jugend, a. a. O., S. 206. Die NSV (Nationalsozialistische Volkswohlfahrt) war ein privatrechtlich organisierter Fürsorgeverband. Nur die Sorge für »Asoziale« und »Zigeuner« war den kommunalen Behörden überlassen.

[35] Gefesselte Jugend, a. a. O.

[36] Vgl. Rühle, a. a. O.

[37] Vgl. Gefesselte Jugend, a. a. O., S. 207.

[38] Vgl. Almstedt/Munkwitz, a. a. O., S. 18.

[39] Vgl. dazu die Berichte der »Delegation des britischen Innenministeriums«, 1949, die von Almstedt/Munkwitz zitiert werden, und andere Berichte (Almstedt/Munkwitz, a. a. O., S. 14 ff.).

[40] Ideologische Anknüpfung an Wertvorstellungen, die – wie Zucht und Ordnung, Arbeitserziehung etc.– genauso ins 19. Jahrhundert gepaßt hätten. Bedingungen: Großgruppen, unausgebildete Erzieher, Personalmangel, Unterbezahlung, niedriger sozialer Status.

[41] AFET, 1948, zit. nach Almstedt/Munkwitz, a. a. O., S. 17

[42] Gefesselte Jugend, a. a. O., S. 207.

[43] Mehringer, A., Heimkinder. Gesammelte Aufsätze zur Geschichte und Gegenwart der Heimerziehung. München 1976.

[44] Nur einige Beispiele: Mehringers Arbeit im Münchner Waisenhaus ab 1945 (vgl. Almstedt/Munkwitz, a. a. O., S. 19ff.); Gründung der SOS-Kinderdörfer ab 1950, bis 1970 11 Kinderdörfer (vgl. Führe, B. u. a., Verbundsysteme in der Heimerziehung. Frankfurt 1976); die Kinderhäuser im Rheinland, das erste 1954 (als Kleinstkinderheim), weitere 4 bis 1965, weitere 60 bis 1976 (vgl. Hochmair/Möllhof u. a., Kinderhäuser. Frankfurt 1976); verschiedene privat getragene kleine Heime im ganzen Bundesgebiet – meist DPWV-Mitglieder, wie z. B. der »Elternhaus Baumhof e. V.«, der 1953 gegründet wurde; der »Freundeskreis e. V. für Familienkinderheime« als erstes Verbundsystem für Kleinstheime ab 1960 (vgl. Führe, a. a. O., S. 48f.).

[45] Arendt, G., Schlagschatten der Leistungsgesellschaft. Probleme der Heimerziehung. Wuppertal-Barmen 1971.

[46] So im 19. Jahrhundert und in der Sozialpolitik der jüngsten Zeit

[47] Vgl. Blandow, J., Rollendiskrepanzen in der Pflegefamilie. München 1972, S. 60, 90ff. und 111.

[48] Ebenda.

[49] Müller-Schöll/Priepke, a. a. O., S. 21ff.

[50] August Brandt, 1929, zit. nach Gefesselte Jugend, a. a. O.

[51] Wie vorher gezeigt wurde, überstanden sie auch das Dritte Reich unbeschadet, wenn nicht sogar gestärkt, da die Konkurrenz (Arbeiterwohlfahrt, Reformpädagogik) ausgeschaltet worden war.

[52] Aus der Arbeit des deutschen Caritasverbandes, in: Der Zivildienst, H. 11/12/1980, S. 19ff.

Alexander M. Homes

Die Heimkampagne

»Die klassenbewußte Arbeiterschaft wird sich durch radikales Scheingebaren und durch Vertröstung auf zukünftige ›Reformen‹ nicht beirren lassen in dem Kampf um die Befreiung des proletarischen Fürsorgezöglings ... Die Endlösung zur Befreiung aller Ausgebeuteten ist aber der Weg der sozialen Revolution.« (August Brandt, 1929)

Die Heimkampagne oder auch Heimrevolte genannt, war gekennzeichnet durch Begriffe wie Widerstand, Gegenwehr, Befreiungs- und Ausbruchsversuche von Jugendlichen aus Erziehungsheimen in der Bundesrepublik Deutschland. Hinter dem Begriff »Heimkampagne« standen zahlreiche Versuche und Aktionen von betroffenen Jugendlichen, Erziehern, Sozialarbeitern und Studenten, gegen ein System zu kämpfen, unter dem sie – ob Jugendlicher oder Erwachsener – in verschiedener Weise gelitten hatten.

Heimkampagne: Das war der unerbittliche Kampf gegen den Heimterror, gegen unmenschliche Zustände in zahlreichen Heimen, gegen Unterdrückung und Ausbeutung, gegen Freiheitsberaubung und Diskriminierung.

Die Heimkampagne begann 1969 und endete schon 1970. Die Zustände in den Heimen dieses Landes, die nie an die Öffentlichkeit gelangten, die verschwiegen und verleugnet wurden, waren damals Gegenstand zahlreicher Auseinandersetzungen, verbunden mit Forderungen nach einer totalen Reform der Heime und der Heimerziehung.

Die Heimerziehung basiert auf einem Machtsystem, das dazu dient, junge Menschen durch die ihm innewohnenden Gesetze systemgerecht herzurichten. Dieser systemgerechte Zustand wird im Namen der Jugendwohlfahrtsgesetze, der Jugendhilfe und der freien Wohlfahrtspflege gutgeheißen.

1969 waren mehr als 100 000 Kinder und Jugendliche in den mehr als 3500 Heimen in der Bundesrepublik Deutschland untergebracht. Ihr Schicksal war bestimmt! Ihr Leben wurde programmiert, bestimmt, geregelt und verwaltet. Mit der Heimeinweisung begann für sie ein »Teufelskreis«, aus dem sie kaum entrinnen konnten. Waren sie erst einmal im Heim, unterstanden sie großen Organisationen, Verwaltungsfachleuten, Managern, Kaufleuten, Spezialisten (Psychologen, Pädagogen, Sozialarbeitern und Therapeuten), Nonnen, Priestern und Pfarrern.

Die Heimerziehung hat viele, viele Menschen zerstört, ihre Zukunft beendet, bevor sie eigentlich begonnen hat. Das Leben im Heim ist wirklichkeitsfremd, die Wirklichkeit bleibt draußen. Das Leben endet am Tor des Heimes! Das Innenleben eines jeden Heimes ist dunkel, kalt und menschenfeindlich. Entsprechend wachsen junge Menschen heran, von denen man behauptet, ihre »Verwahrlosung« habe die Unterbringung in einem Heim erst notwendig gemacht. Verschwiegen wird aber, daß durch das »Leben« im Heim die Menschen aufhören zu leben. Ulrike Marie Meinhof hat schon 1971 in ihrem Buch »Bambule« deutlich gemacht, warum es Heime überhaupt in diesem Land gibt:

»Heimerziehung, das ist der Büttel des Systems, der Rohrstock, mit dem den proletarischen Jugendlichen eingebleut wird, daß es keinen Zweck hat, sich zu wehren, keinen Zweck hat, etwas anderes zu wollen als lebenslänglich am Fließband zu stehen, an untergeordneter Stelle zu arbeiten, Befehlsempfänger zu sein und zu bleiben, das Maul zu halten. Fürsorgeerziehung ist öffentliche Erziehung, da können die Eltern nicht mehr reinreden, da macht der Staat, was er für richtig hält. Heimerziehung ist insofern ein exemplarischer Fall von Erziehung: An der Situation von Fürsorgezöglingen ist ablesbar, welche Erziehungsvorstellungen in einem Staat herrschend sind.«[1]

Im Frühjahr 1969 begann die Heimkampagne in Berlin, Hessen und Bayern, dann auch zögernd in anderen Bundesländern. Man stellte fest, daß die Lebensbedingungen der

Betroffenen verheerend waren: Das Heimleben war reglementiert durch Verbote, Strafen, (ökonomische) Ausbeutung, Ausgangssperre, Briefzensur, Bunker und Zellen, Tritte und Prügel. All das zusammengenommen machte die Realität in deutschen Heimen aus.

Im Juni 1969 organisierten sich einige aus Heimen entflohene Jugendliche zur »Kampfgruppe ehemaliger Fürsorgezöglinge«. Mit Studenten der APO (Außerparlamentarische Opposition) planten sie die »Soziale Aktion Staffelberg«. Staffelberg, ein Heim in Hessen, welches in den sechziger Jahren als »Musterheim« gelobt und 1961 als »Europas modernstes Heim« hochstilisiert wurde[2], war der Anfang der Heimrevolte. Mit dieser »Aktion Staffelberg« begann nicht nur die Heimkampagne: Durch diese Aktion änderte sich langsam die Heimlandschaft.

Ein Heimskandal folgte den anderen! Die Öffentlichkeit, die von den Heimen bisher keine Kenntnis genommen hatte, wurde aufgeschreckt. Man interessierte sich auf einmal für die zahlreichen jungen Menschen, die Tag und Nacht unter diesen schlimmen Zuständen in den Heimen zu leiden hatten.

So waren in Staffelberg zum Beispiel nicht nur Zucht und Ordnung als »pädagogische« Mittel sehr gefragt, sondern es gab auch Zellen (Karzer), um den Widerstand der »Aufsässigen« zu brechen.

Die Heimkampagne hatte begonnen. Es kam nun darauf an, die Lebenssituation der Betroffenen von Grund auf zu verbessern. Die Forderungen in Staffelberg lauteten daher: Aufstellung eines geheim gewählten, unabhängigen Heimrates, Öffentlichkeit der Erziehungskonferenzen, sofortiger Abbruch der Zellen (Karzer), Abschaffung der Prügelstrafe und anderer Strafen, Abschaffung der Postzensur, unkontrollierte Mädchenbesuche, freie Berufswahl, Abschaffung der Anstaltskleidung und kein Zwang zum Haarschneiden[3].

Eine Hausordnung des Erziehungsheims »Eichenhof« in Berlin, das inzwischen nicht mehr existiert, zeigt, unter was für Bedingungen junge Menschen aufwachsen mußten:

Hausordnung:
»Der Eichenhof ist ein Erziehungsheim des Landes Berlin, das Dich zur Erziehung aufgenommen hat.

Während Deines Aufenthaltes wirst Du im Eichenhof arbeiten und am Schulunterricht teilnehmen, wenn Du schulpflichtig bist. Die Art und Einteilung Deiner Beschäftigung wird vom Eichenhof entschieden.

Während Deines Aufenthaltes bist Du verpflichtet, die Hausordnung des Eichenhofes sowie die Anweisungen seiner Mitarbeiter zu befolgen.

Zur Hausordnung gehören alle Forderungen der Ordnung, die in einer Gemeinschaft selbstverständlich sind. Achte besonders auf folgende Anweisungen:

daß ›Schmöker‹, Kofferradio und alkoholische Getränke nicht in den Eichenhof mitgebracht werden,

daß in den Schlaf-, Klassen und Arbeitsräumen und auf den Fluren nicht geraucht wird, sondern nur im Tagesraum und im Hof auf der Bank am Waschhaus,

daß Mädchen unter 16 Jahren überhaupt nicht rauchen dürfen,

daß die Wände der Schlafräume nicht mit Bildern beklebt werden,

daß Du zur Arbeit die Arbeitskleidung des Eichenhofes anziehst und in den Taschen keine ›Groschenhefte‹, Zeitungen und Stielkämme trägst,

daß Du ordentlich angezogen bist,

daß Du Dich nicht in Krankenräumen, am Gartentor und Gartenzaun aufhältst oder auf die Treppe setzt, wenn Du eine Arbeitspause hast,

daß Du Dich während Deines Aufenthaltes im Eichenhof nicht tätowierst,

daß Du Dein Geld nicht verleihst und auch Deine Sachen nicht verborgst, mit anderen Mädchen tauschst oder an andere Mädchen verkaufst.

Du haftest auch für Deinen eigenen Besitz, wenn Du ihn nicht einem Mitarbeiter des Eichenhofes zur Verwahrung übergibst. Du erhältst in jeder Woche ein Taschengeld, das nach Deiner Arbeitsleistung und Führung bemessen wird.

Du wirst auch Urlaub erhalten. In der Regel jeden zweiten Sonntag, wenn Du Dich im Eichenhof eingelebt und gut geführt hast und Deine Eltern und das Jugendamt einverstanden sind. Der Termin Deiner Entlassung hängt von vielen verschiedenen Entscheidungen ab. Bedränge also nicht die Mitarbeiter des Eichenhofes mit Fragen nach dem Entlassungstermin. Du wirst voraussichtlich bei guter Führung von hier aus erst in ein Mädchenwohnheim (Koenigsallee) kommen, bevor Du nach Hause oder in ein eigenes Zimmer entlassen wirst.

Datum: Unterschrift:«

Die Heimleitung und der Landeswohlfahrtsverband (LWV), Träger des Heimes Staffelberg, lehnten Mädchenbesuche ab. Es wurde zunächst bestritten, daß Anstaltskleidung vorgeschrieben war und Postzensur sowie Prügelstrafen an der Tagesordnung waren. Zugeständnisse machte man jedoch hinsichtlich des Heimbeirates und der tariflichen Entlohnung. Der LWV wollte diese jedoch von eigenen Forderungen abhängig machen. Abschaffung der Zellen und der Prügelstrafe wurden zugesagt. Doch die Jugendlichen mißtrauten den Zusagen und Versprechungen des LWV, und dreißig von ihnen entschlossen sich zur Flucht! In Frankfurt angelangt, kamen sie bei den Studenten unter, die ihnen halfen, wo sie konnten. Sie beschafften Unterkünfte und Geld.

Doch damit begannen die eigentlichen Schwierigkeiten: Die Jugendlichen wurden polizeilich gesucht. Die Polizei, im Einvernehmen mit den zuständigen Behörden, setzte alle Mittel ein, um die Entflohenen aufzugreifen und sie in »ihr« Heim zurückzubringen. Doch das Heim hatte für die meisten kein Interesse mehr. Man fürchtete, sie könnten die anderen gegen die Heimleitung aufstacheln.

Die Jugendlichen, die gefaßt wurden, wußten, daß man sie in schlimmeren Heimen unterbringen würde, und flohen erneut nach Frankfurt. Sie waren in einer sehr schwierigen Situation, da sie keine Papiere und infolgedessen keine Möglichkeit hatten, sich legal außerhalb des Heimes zu bewegen; das hieß auch, daß sie keinen Arbeitsplatz bekamen.

Auch aus anderen Heimen in Hessen flohen bis zu achtzig Jugendliche nach Frankfurt. Die Studenten konnten jetzt erst recht nicht mehr wirkungsvoll helfen. Sie wurden durch die zahlreichen Entflohenen überfordert.

Die Heimkampagne breitete sich aus; sie wurde unkontrollierbar, griff auf andere Heime in anderen Bundesländern über. Ein kleiner Teil der Medien wachte auf und berichtete in zum Teil großer Aufmachung über diese bundesweit angelaufenen Aktionen.

Die Heime und deren Träger mußten reagieren: Sie hatten auf einmal begriffen, daß die »Aktion Staffelberg« keine Einzelaktion war, sondern daß in der Tat eine großangelegte und gutgeplante Kampagne gegen die Institution »Heim« anlief. Berichte über die verheerende Lebenssituation der

Heimkinder häuften sich. Es ging also darum, diese Heimkampagne zu stoppen, bevor sie noch größere Ausmaße annehmen konnte. Bei den Verantwortlichen herrschte die
Angst vor, es könnte all das an die Öffentlichkeit gelangen,
was man jahrelang gewußt, geduldet und gefördert hatte!
Man mußte etwas gegen diese Bewegung unternehmen und
versuchte, sie zu kriminalisieren. Man schaltete immer wieder die Polizei ein, um die Heimkampagne im Keim zu er-
sticken. Jugendliche wurden aufgegriffen und zurückgebracht; Studenten drohte man mit Strafverfahren.
Doch diese Einschüchterungsversuche schlugen in zahlreichen Fällen fehl. Der Kampf gegen die übliche Praxis der
Heimerziehung ging weiter. Immer wieder berichteten Zeitungen über die Situation in deutschen Heimen; immer wieder war dort zu lesen, daß hier endlich politisch gehandelt
werden müsse. Die Frankfurter Rundschau schrieb zum
Beispiel am 22. 11. 1969:
»Die Situation in den hessischen Fürsorgeheimen gebietet
nun endlich, daß sich die Parlamentarier aus ihrer Lethargie
erheben und einen Untersuchungsausschuß einsetzen –
selbst und gerade auf die Gefahr hin, daß sich als Motten-
kiste offenbart, was bislang als Schatzkästlein der hessischen
Sozialpolitik galt ... Die Widersprüche von Staffelberg,
Guxhagen und neuerdings Idstein können nicht ungeklärt
im Raum stehen bleiben ...«[4]
Die Verantwortlichen, die nun auch durch die Medien unter
Beschuß geraten waren, mußten endlich reagieren. Um die
Öffentlichkeit zu beruhigen, war ein Einlenken unumgänglich. Man versprach, die aktive Fahndung nach den aus den
Heimen entflohenen Jugendlichen abzubrechen, keine weiteren Strafanzeigen gegen Studenten zu stellen bzw. die bereits ergangenen zurückzunehmen und für die Entflohenen
Wohnungen bereitzustellen. Man war gezwungen, die Initiatoren der Heimkampagne zumindest als »ernstzuneh-
menden« Gesprächspartner zu akzeptieren. Für das Land
Hessen machte das Sozialministerium und der LWV Zugeständnisse. Natürlich verlangte man im Gegenzug bestimmte »Gegenleistungen«: Abbruch der Heimkampagne,
keine weitere Unterstützung und Solidarität für die entflohenen Jugendlichen.

Damit wollten die Behörden vor allem eines erreichen: den sofortigen Stop der Heimkampagne, da diese sich immer weiter ausbreitete. Die Jugendlichen aus den Heimen sollten von den Studenten und deren Freunden getrennt und somit isoliert werden. Einige Jugendliche fielen darauf rein und gaben den Kampf auf. Doch die meisten wußten, worauf das hinauslief. Die sich »gestellt« hatten, sich »freiwillig« ergaben, waren wieder in den Händen ihrer Peiniger! Sie waren fortan wieder abhängig von den Fürsorge- und Sozialbehörden. Und diese besaßen damit wieder die volle Verfügungsgewalt über die Betroffenen.

Durch die staatlichen Verfolgungen wurde die Heimkampagne zwar geschwächt, doch der Zusammenhalt, auch wenn schon etwas angeschlagen, zwischen den Jugendlichen und den Studenten funktionierte noch. Es blieb natürlich nicht aus, daß es Schwierigkeiten in einzelnen Gruppen gab.

Die Heime selbst propagierten sich als human. Sie fühlten sich zu Unrecht angegriffen und machten in den Heim-Kritikern Kommunisten aus. Mit allen Mitteln versuchten sie, die berechtigte Kritik abzuschwächen und als Verleumdungskampagne abzutun.

Dabei bekamen sie Schützenhilfe von den Kirchen und von konservativen Zeitungen wie »Bild«, die die Heimkampagne als eine von Kommunisten und Terroristen gesteuerte Aktion bezeichneten mit dem Ziel, den Rechtsstaat zu bekämpfen.

Im Oktober/November 1969 entstanden die vier von den Behörden versprochenen Wohnkollektive. Träger wurde der »Verein für Arbeits- und Erziehungshilfe Frankfurt«, der intensiv mit den Behörden zusammenarbeitete.

Die Zusammenarbeit zwischen den Kollektivberatern (den Studenten) und den Jugendlichen war keineswegs als gut zu bezeichnen. »Besondere Schwierigkeiten gab es bei der Reintegration der Jugendlichen in den Arbeitsprozeß. Das Leben in Studentenwohngemeinschaften und die Unsicherheit der letzten Zeit hatten Spuren hinterlassen. Nach vier bis sechs Monaten ohne Arbeit hatten sich die Jugendlichen zum großen Teil an das Leben der Studenten gewöhnt. Einige machten sich die Argumentationen der Studenten zu eigen. Sie benutzen die antiautoritären Phrasen, die gegen die Arbeitssituation im Kapitalismus gerichtet waren, immer mehr zur Ausrede, um nicht arbeiten zu müssen.«[5]

Die Schwierigkeiten häuften sich. Die Behörden warteten ab. Sie hofften natürlich, daß die Gruppen sich von innen her selbst zerstörten. Wenn die Bewegung sich auflösen und das Interesse der APO-Leute an den Jugendlichen schwinden würde, hätten sie wieder die Legitimation, die Jugendlichen in das altbewährte Erziehungssystem der Heime zurückzuführen. Damit wäre der Weg freigewesen zu sagen: Die APO hat aufgegeben und versagt! Und weiter: Es gibt keine Alternative zur Heimerziehung!

Im Februar 1970 wurde bereits eines der vier Wohnkollektive geschlossen. Der Verein als Träger und der damalige Frankfurter Jugendamtsleiter Herbert Faller rechtfertigten die Schließung mit der fadenscheinigen Begründung: Von den vier Wohnkollektiven wird das vierte geschlossen, »das über die geringste politische Organisation verfügte und außerdem mit zahlreichen ›Problemfällen‹ belegt war«[6].

Peter Brosch, ehemaliger Fürsorgezögling und Mitinitiator der Heimkampagne, beschreibt in seinem Buch über »Fürsorgeerziehung«, was aus denen geworden ist, die jetzt auf einmal auf der Straße standen:

»Nach drei Wochen landet der erste wegen Diebstahls im Knast. Piko begeht Selbstmord. Mit seiner plötzlich verordneten Selbständigkeit allein gelassen, schafft er es nicht, aus dem Teufelskreis auszubrechen und sich zu wehren. Und eine feste Gruppe, die ihn stützen könnte, gibt es nicht. Im Drogenrausch läuft er vor einen Zug. Ein anderer schneidet sich im Vollsuff die Pulsadern auf und verblutet. Ein weiterer schnappt völlig über und verfällt auf ständigen Trips dem Wahn, er sei Jesus. 1971 zieht er mit ein paar ›Jüngern‹ in ein altes Bauernhaus im Schwarzwald, und da schnitzen sie nun Heiligenfiguren. Zwei ziehen nach Berlin. Einer wird straffällig und bekommt zwei Jahre Gefängnis.«[7] In einem Rundfunkinterview 1979 sagte der damalige Jugendamtsleiter Herbert Faller auf die Frage hin, ob es stimmt, »daß ein Teil dieser Jugendlichen heute im Gefängnis sitze oder drogenabhängig ist?«

»Das ist mir von keinem einzigen bekannt, wobei ich sagen

müßte, daß ich nicht den Weg von jedem einzelnen verfolgen kann. Einige, die ich aus dieser Gruppe kenne, sind weder drogenabhängig noch im Gefängnis.«[8]

Die Heimkampagne ging ihrem Ende zu. Das falsche oder ganz fehlende Konzept der Studenten, ihre Sucht, sich zu produzieren und in den Mittelpunkt aller Kampfmaßnahmen zu stellen, ihr Verlangen, die Jugendlichen um sich zu scharen, das bewußte Verhindern von Kritik und Selbstkritik, die zum Teil politische Ausbeutung der Heim-Jugendlichen und ihr Mißbrauch der Jugendlichen für eigene politische Ziele waren mit ein Grund, daß diese Heimkampagne zum Scheitern verurteilt war.

Die Jugendlichen durchschauten die Rolle der Studenten und bekämpften ihre »Beschützer«. Sie distanzierten sich zum Teil immer mehr von ihren »Kampfgenossen« und stellten Forderungen an die Studenten. Sie wollten nicht weiter mit dem Wort »Heimkind« gebrandmarkt werden. Um ihre eigenen Vorstellungen besser durchsetzen zu können, bildeten sie ein »Lehrlingskomitee«, das aber letztlich ebenfalls zum Scheitern verurteilt war.

Rückblickend gesehen wurden die Jugendlichen zwar von den APO-Leuten aus ihrer Gefangenschaft befreit; nur war die von den Studenten vermittelte Freiheit eine Fiktion. Sie wurden in den Reihen ihrer »Befreier« zum Teil wieder isoliert und letztendlich aufgegeben. Grund dafür dürfte in erster Linie gewesen sein, daß sich die Studenten und Jugendlichen – bedingt durch die ihnen je eigene Situation – nicht auf eine gemeinsame politische Linie einigen konnten.

Die Studenten hatten erkannt, daß man die Jugendlichen für einen Kampf gegen das bestehende System nicht gewinnen konnte. Hatte demnach die APO die Jugendlichen vielleicht nur als Instrument für ihre eigenen politischen Ziele benutzt, ohne sich wirklich für die verheerende, aussichtslose Lage der Jugendlichen zu interessieren?

Im Februar 1970 trafen sich in Berlin 230 Leute aus der Heimbewegung. In der damaligen »Rote Presse Korrespondenz Nr. 54« wurde deutlich, wo in Zukunft der Zug hinfährt; daß es mit der Heimkampagne für immer vorbei sein wird, war ihnen klar und auch so gewollt. Man wollte anscheinend nicht mehr mit den Jugendlichen für humanere

Lebensbedingungen in den Heimen kämpfen. In dem folgenden Zitat wurde die Begründung geliefert:

»Der überwiegende Teil aller anwesenden Gruppen stimmt darüber überein, daß die strategischen Schwerpunkte der Bewegung in der Stadtarbeit, insbesondere proletarischen Erziehungsarbeit, der Betriebsarbeit und den Anstrengungen zum Aufbau einer proletarischen Organisation liegen müssen und nicht in der Weiterführung und dem Neubeginn punktueller Arbeit mit deklassierten Proletariern.«[9]

Die Heimkampagne hatte auf diese Weise den Gnadenstoß erhalten. Die Jugendlichen selbst wurden in Berlin nicht gefragt; sie wurden faktisch ausgeschlossen, obwohl es in erster Linie um sie ging. Zurück blieben die Studenten, die angetreten waren, die Proletarierkinder, die Knechte und Unterdrückten aus den Unterdrückungs- und Ausbeutungsanstalten herauszuholen. Haben sie aber mit ihrem Verhalten nicht gerade die betroffenen Jugendlichen an das kapitalistische System, das sie bekämpften, verraten und ausgeliefert?

Tatsache ist jedenfalls: Sie zogen sich zurück und verschanzten sich in ihren Universitäten, versteckten sich hinter der Wissenschaft und deren großen Theorien. Seit diesem Zeitpunkt in Berlin im Jahre 1970 sind sie nicht mehr groß in Erscheinung getreten. Mit der Heimerziehung setzten sie sich nicht mehr auseinander. Tatsache ist aber auch, daß ein großer Teil der Studenten, die einst die Heime ganz entschieden ablehnten und bekämpften, heute selbst in der Heimerziehung tätig sind. Sie stehen heute auf der anderen Seite, auf der Seite der Träger der Heime. Sie praktizieren heute das, was sie damals als Unterdrückung und Ausbeutung junger Menschen anprangerten.

Auch für die heutige Studentengeneration an den Universitäten und Fachhochschulen ist die Heimerziehung kein Thema. Sie reihen sich – gewollt oder ungewollt – in die Reihe derer ein, die sich nach der Heimkampagne in die Universitäten oder Fachhochschulen zurückzogen und schwiegen. Die damaligen Studenten wollten ihr revolutionäres Denken und Handeln den Heim-Jugendlichen aufschwatzen. Ihr Ziel: Aus den Ausgebeuteten politisch motivierte Kämpfer zu machen. Daß das nicht funktionierte, liegt auf der Hand. Ihnen war wichtig, was Bernfeld schon bei der Heim-Revolte 1929 erkannte: »Ein großer Teil von ihnen muß erst mit sehr wirksamen Mitteln beeinflußt werden, ehe er einem proletarischen Erziehungsziel gemäß wäre. Manche sind vielleicht für eine bewaffnete Aktion zu gebrauchen, aber ohne tiefgreifende Erziehung ist ihre breite Masse weder den geistigen noch den moralischen Anforderungen des Klassenkampfes gewachsen.«[10]

Nach der Heimkampagne hatte sich herausgestellt, daß »die Studenten die Schwierigkeiten der deklassierten Jugendlichen und die Probleme bei der Bildung des ›revolutionären Engagements‹ unterschätzt hatten. Die Vorstellung von der schnellen und wirkungsvollen Politisierbarkeit der Jugendlichen erwies sich bis auf wenige Ausnahmen als Illusion.«[11]

Die Heimkampagne war tot. Die Heime, die Jugendbehörden und die Kirchen konnten wieder aufatmen. Sie konnten ihr »Werk der christlichen Nächstenliebe« in gewohnter Weise fortsetzen. Das Althergebrachte war doch viel besser als das Neue; die alten Erziehungstraditionen waren einfacher zu handhaben.

Eine Lobby für die Heimkinder gibt es nicht mehr. Übrig blieb die Forderung nach einer Humanisierung der Heime. Entsprechende Reformen wurden angekündigt. So entwickelten die durch die Heimkampagne bedrängten Behörden und Kirchen eifrig »Reformvorschläge«, um ihre grundsätzliche Bereitschaft zur Veränderung ihrer Heime zu zeigen. Diese sahen u. a. so aus:

Integrierung der Wissenschaft und ständige Fortbildung des pädagogischen Personals im Bereich der Heimerziehung;
die Forderung nach Reduktion der Gruppengröße und Reform der Zusammenstellung der Gruppe muß verwirklicht werden;
stärkere Demokratisierung der Heime;
bessere Schulausbildung der Heimkinder;
bessere Berufsausbildung der Heimjugendlichen;
Verbesserung oder Neuorganisation der Heimfinanzierung.

In Hessen z. B. richtete der Hessische Sozialminister einen Heimbeirat ein, der konkrete, konstruktive Reformvor-

Mädchen aus dem »Birkenhof« besetzen am 12. 7. 78 das »Schweden-
heim« in Hannover. Nach Polizeieinsatz werden sie den Jugendbehörden übergeben.

schläge erarbeiten sollte. Der Minister selbst erklärte dazu:
»Schon seit längerer Zeit ist die Heimerziehung in unserem
Land als Instrument öffentlicher Erziehung kritisiert, gelegentlich geradezu in Frage gestellt worden. Die in der Öffentlichkeit – insbesondere von politischen Gruppen, politischen Körperschaften und Massenmedien – verstärkt über
die Situation der Heimerziehung geführte Diskussion, die
teilweise mit unmittelbaren Aktionen gegen einzelne Heime
aufmerksam gemacht hat, war für mich im Dezember 1969
der Anlaß zur Überprüfung der Heimsituation in Hessen.«[12]
Im Juli 1970 berief der Bundesminister für Jugend, Familie
und Gesundheit eine aus unabhängigen Sachverständigen
bestehende Kommission zur Reform des Jugendhilferechts.
Am 10. September 1970 legte der Berliner Senat einen
Heimbericht vor; andere Bundesländer folgten. Auch die
freien Wohlfahrtsverbände zogen nach, da sie natürlich den
staatlichen Behörden das Feld der »großen Reformen« nicht
allein überlassen wollten, die konfessionellen Verbände
schon gar nicht.

Alle versprachen selbstverständlich, aus der Heimkampagne zu lernen. Ein richtiger Konkurrenzkampf untereinander setzte ein. Wer hat die besten Reformvorschläge und -konzepte in der Tasche? Doch sämtliche »Reformen« führten keine wirkliche Veränderung der Heimerziehung herbei, von Humanisierung der Heime ganz zu schweigen.

Nur eines hat die Heimkampagne bewirkt: Die Erziehungswissenschaften haben für sich die Heimerziehung entdeckt und neue Theorien entwickelt. Ob sich aber dadurch die Erziehungspraxis in den Heimen wirklich verändert hat, darf bezweifelt werden.

Anmerkungen

[1] Meinhof, U. M., Bambule, Berlin o. J., S. 6
[2] Brosch, P., Fürsorgeerziehung, Frankfurt 1975, S. 43.
[3] Ebenda, S. 96 f.
[4] Frankfurter Rundschau, 22. 11. 1969, Nr. 271, S. 17
[5] Almstedt, M. / Munkwitz, B., Ortsbestimmung der Heimerziehung. Weinheim / Basel 1982, S. 35.
[6] Brosch, a. a. O., S. 150
[7] Ebenda.
[8] Ebenda, S. 155.
[9] Ebenda, S. 209
[10] Bernfeld, S., Die Schulgemeinde und ihre Funktion im Klassenkampf, Berlin 1928; Neuauflage in: Antiautoritäre Erziehung und Psychoanalyse 2, Frankfurt 1969, S. 461.
[11] Almstedt / Munkwitz, a. a. O., S. 37.
[12] Ebenda.

Gespräch mit Herbert Faller über die »Heimkampagne«

Herbert Faller war von 1965–81 Leiter des Jugendamtes Frankfurt am Main. In dieser Eigenschaft hat er die Heimkampagne unmittelbar verfolgen können. Er hat aber auch eine Rolle in dieser Heimbewegung gespielt.

Faller: Die Heimkampagne kam von außen auf das Jugendamt Frankfurt zu. Soweit ich es beurteilen kann, ging sie ursprünglich nicht von den Jugendlichen aus, sondern von einer Gruppe aus der Studentenbewegung. Sie hatte vor, auch die Jugendlichen in den Heimen in die Lage zu versetzen, daß sie für Selbstverwaltung eintreten, dafür kämpfen können. Dazu fuhren sie in einige größere Heime in Hessen und organisierten dort Zusammenkünfte, bei denen Studenten und Jugendliche mit Heimleitern und Erziehern diskutierten.

Wieder allein geblieben, war es aber für die Jugendlichen nicht möglich, Veränderungen zu erreichen. Dazu waren ihre Vorstellungen zu ungenau, die Kommunikationsschwierigkeiten zu groß und auch die Heime zu festgefügte Institutionen, die von Jugendlichen schwer zu verändern sind.

Der Erfolg der Kampagne war dann auch nicht, daß in den Heimen längerfristige Aktionen durchgeführt wurden, sondern daß die Jugendlichen wegliefen. Sie suchten nicht die Freiheit im Heim, sondern die Freiheit vom Heim.

Ein Teil der Jugendlichen kam nach Frankfurt zu den Studenten in der Erwartung, daß sie ihnen helfen könnten. Insgesamt hielten sich 30 bis 40 Jugendliche aus hessischen Heimen illegal in der Stadt auf.

Der Landeswohlfahrtsverband als Träger der Heimerziehung verhielt sich zwiespältig. Auf der einen Seite veranlaßte er eine polizeiliche Fahndung, auf der anderen Seite sah er sich kaum in der Lage, die große Gruppe wieder in seine Heime aufzunehmen. Sie war ja von den Studenten politisch aktiviert worden und hätte jetzt eine »Sprengladung« für die Heime bedeutet.

Die Jugendlichen befanden sich also in einer sehr schwierigen Situation. Und die Studenten waren trotz großer Anstrengungen natürlich nicht in der Lage, für längere Zeit Essen, Wohnung und Kleidung zu beschaffen. Deshalb kamen die Studenten zum Jugendamt Frankfurt, um zu erkunden, wie Abhilfe geschaffen werden könnte. Auch einige Jugendliche waren dabei, obwohl nach ihnen noch gefahndet wurde.

Im Jugendamt Frankfurt diskutierten wir damals gerade die Möglichkeit, Wohngruppen für Jugendliche und junge Erwachsene zu schaffen, um ihnen den Übergang vom Heim in die Gesellschaft zu erleichtern. Die Studenten und Jugendlichen stellten genau diese Forderung auf. Sie wollten Wohngruppen für die illegalen Jugendlichen in Frankfurt, in denen jeweils ein oder zwei Studenten als Berater tätig sein sollten. Für die Kosten sollten die für die Heimkosten verpflichteten Träger aufkommen, also Jugendamt oder LWV.

Mit Zustimmung des Dezernenten verhandelte ich über diese Frage mit dem LWV und dem Sozialministerium und erhielt die Einwilligung und die Kostenzusicherung unter der Voraussetzung, daß in jedem Einzelfall das zuständige Jugendamt seine Einwilligung erklärt und die Jugendlichen in den Wohngruppen sich nicht mehr an der Heimkampagne beteiligen.

Der LWV war natürlich daran interessiert, daß die Unruhen in den Heimen beendet wurden. Wenn er schon bereit war, einer anderweitigen Unterbringung der Jugendlichen zuzustimmen, wollte er wenigstens die Möglichkeit haben, die Erziehungsarbeit in seinen Heimen ruhig weiterzuführen.

Wir richteten die Wohngruppen unter Trägerschaft eines Vereins ein. Über die Beteiligung von Jugendlichen an weiteren Aktionen hatten wir aber natürlich keine Kontrolle.

War der LWV nicht auch deshalb an der Beendigung der Heimkampagne interessiert, weil er befürchten mußte, daß sie auf andere Heime übergreifen würde und damit weitere Mißstände aufgedeckt werden könnten?

Faller: Es wurde zwar viel von Mißständen geredet, aber wirkliche Skandale sind mir nicht bekannt geworden. Es muß auch gesagt werden, daß der LWV aus der Heimkampagne gelernt und damit begonnen hat, die vorherige Praxis zu überprüfen und zu überdenken. Er befand sich also in der schwierigen Situation, die Erziehungsarbeit aufrechtzuerhalten und gleichzeitig Verbesserungen vorzunehmen.
Auf diesem Hintergrund ist die bereits erwähnte Forderung zu sehen, daß die Jugendlichen sich nicht mehr an der Heimkampagne beteiligen sollten. Die Jugendlichen und die Studenten verstanden sich aber nicht nur als einzelne, die ihre Haut gerettet haben. Sie wollten solidarisch handeln mit den verbliebenen Jugendlichen und die Situation in den Heimen generell verändern.

Man hat damals dem LWV vorgeworfen, daß in seinen Heimen junge Menschen systematisch mißhandelt und in Zellen eingesperrt wurden. Hat er daraus Konsequenzen gezogen?

Faller: Nach meinem Wissen: Mißhandelt nein, geschlagen ja. Das hing zum Teil mit den unausgebildeten Erziehern zusammen. Damals gab es ja keine Arbeitslosigkeit unter Erziehern und Sozialarbeitern, sondern einen großen Mangel an ausgebildeten Kräften gerade in der Heimarbeit. Der LWV stellte deshalb arbeitslos gewordene Arbeiter und Angestellte ein, denen in einer Kurzausbildung einiges Grundwissen vermittelt wurde.
Wenn solche Männer mit den schwierigsten Jugendlichen konfrontiert wurden, liegt es nahe, daß sie nicht nur verbal, sondern auch körperlich reagierten, also schlugen.
Der LWV und das Land Hessen haben sich dann aber als erste Reformziele vorgenommen, kleinere Gruppen in den Heimen zu schaffen, alle geschlossenen Abteilungen aufzuheben und ausgebildete Erzieher zu werben.

Man kann sich natürlich fragen, warum es erst einer Heim-kampagne bedurfte, um den LWV zu bewegen, seine Heime einer kritischen Überprüfung zu unterziehen mit dem Ziel, Mißstände zu beseitigen und »Reformen« durchzuführen.

Faller: Man sollte bedenken, daß in solchen Institutionen wie dem LWV dauernd eine ganze Reihe von Problemen gelöst werden müssen. Ich bin davon überzeugt, daß es auch vor der Heimkampagne Diskussionen im LWV und bei an-deren Trägern gegeben hat. Die Heimkampagne hat aber bewirkt, daß die Situation in den Heimen als das vordring-lichste Problem erkannt wurde, und sie hat auf ganz be-stimmte Mängel hingewiesen.
Die Heimbewegung ist auch nicht alleine durch Mängel oder Mißstände entstanden. Sie gehörte zu einer großen Demo-kratisierungsbewegung, die eben zu diesem Zeitpunkt die Heimjugendlichen erreicht hat, vermittelt durch die Studen-tenbewegung.
Beteiligt war eine Gruppe um Ensslin, Proll und Baader. Sie war nicht so theoretisch-politisch ausgerichtet wie der SDS. Sie wollte aktiv helfen und glaubte, daß Veränderungen mit den Jugendlichen herbeizuführen seien, die am meisten be-nachteiligt sind. Der SDS hat sie heftig kritisiert, sie mach-ten nicht Politik, sondern Sozialpolitik.
Frau Ensslin und Herr Proll haben sich mit großer Hingabe für die Jugendlichen eingesetzt. Bei einer anderen Entwick-lung wären sie vielleicht wirkliche Erzieherpersönlichkeiten geworden.
Zum Schluß wäre zu sagen, daß die Heimkampagne in einer Zeit allgemeiner Reformen eingesetzt hat. Damals begannen die Ämter und die freien Träger die offenen Hilfen zu verstärken, d. h. die Möglichkeiten durch Erziehungsbei-stände, Erziehungsberatungsstellen usw. den Jugendlichen innerhalb der Familien zu helfen. Diese Entwicklung wurde sicher beschleunigt durch die Heimkampagne. Die Sozialar-beiter haben mehr als vorher gezögert, ein Kind oder einen Jugendlichen im Heim unterzubringen.
In den Heimen wurden – in Hessen und in Hamburg – die geschlossenen Abteilungen abgeschafft. Die Gruppen wur-den verkleinert und die Zahl der Psychologen, Sozialarbei-

ter und Erzieher verstärkt. In Hessen wurde auch die Heimaufsicht über die Heime des LWV dem Landesjugendamt übertragen, die vorher dem LWV selbst vorbehalten war. Einiges wurde also durch die öffentliche Kampagne in Bewegung gesetzt oder beschleunigt. Heute, in einer Zeit, in der finanzielle Mittel im sozialen Bereich eher gekürzt werden und konservative Haltungen sich breitmachen, würde eine ähnliche Kampagne vielleicht nur mit Repressionen beantwortet.

Gespräch mit Hans-Dieter Schink / Gesellschaft für Sozialwaisen e. V.

Hans-Dieter Schink, Ex-Franziskaner, wurde 1980 aus seinem Orden ausgestoßen, weil er scharfe Kritik an der Heimerziehung übte. Er gründete 1970 die »Gesellschaft für Sozialwaisen e. V.« (GESO) mit Sitz in Münster (Westfalen). 1973 wurde die GESO als Träger der freien Jugendhilfe anerkannt, und 1977 erhielt Schink die »Theodor-Heuss-Medaille«.

Der nun folgende Bericht ist eine Zusammenfassung eines längeren Gespräches, welches der Herausgeber mit Schink geführt hat.

Die GESO hat sich darauf »spezialisiert«, verlassenen Kindern zu helfen, indem sie nach geeigneten Personen und Familien sucht, bei denen die Kinder leben können. Es handelt sich hierbei in fast allen Fällen um Kinder, die zuvor in deutschen Heimen gelebt haben. Die GESO »vermittelt« also Kinder, darunter auch »Problem-Kinder«, an Familien und auch an einzelne Personen. Im Jahre 1972 gründete daher die GESO eine »Adoptions- und Pflegekinderzentrale«, die bei der Suche nach geeigneten Pflege- oder Adoptionseltern hilft. Sie stellt in Form eines Katalogs monatlich die Angaben aller bei ihr erfaßten Eltern sämtlichen Vermittlungsdiensten in der Bundesrepublik zur Verfügung, die dadurch in die Lage versetzt werden, auch Eltern für Kinder zu finden, die sie sonst in ihrem Bereich nicht vermitteln könnten. Die Arbeit hat inzwischen dermaßen an Umfang zugenommen, daß sie nur mit Hilfe elektronischer Datenverarbeitung bewältigt werden kann. Durch diesen modernen Vermittlungsaustausch, so Schink, können jährlich mehr als 200 meist 8–12jähriger Schulkinder oder behinderte Kleinkinder ein neues Elternhaus finden. »Ein Teil dieser Kinder wäre sonst mit Sicherheit ins Heim gekommen, hätte meine Vermittlungszentrale nicht vorgebeugt.« Schink meint, daß man Kinder nicht den »Weißkittel-Therapeuten« im Heim überlassen sollte, da dort den elementaren Bedürfnissen wie »Familie, Emotionalität und Geborgenheit« nicht Rechnung getragen wird. Bei der Gründung spielte die Tatsache eine wichtige Rolle, so Schink, »daß die Kinder nicht Kinder der Heime und der Versorgungsbürokratie sind, sondern unser aller Kinder: Kinder der Gesellschaft!« Man wollte und will für die Rechte der ausgestoßenen, verlassenen Kinder einstehen und für sie eine Lobby aufbauen.

In den vergangenen sechs Jahren haben 550 Kinder ein Zuhause gefunden. Dieser Erfolg, so Schink, hatte auch seine »Schattenseite«: »Die Konsequenz unserer Arbeit war, daß es immer mehr Konfrontationen mit den Behörden gab. Vor allem die Heime selbst rebellierten. Sie glaubten, daß wir das Heimsystem sprengen könnten. Sie hatten Angst, wir könnten ihnen viele, ja alle Kinder wegnehmen.« Schink weiß, daß viele benachteiligte Kinder schnell in die »sozialbürokratischen Apparaturen unseres Staates abwandern und Opfer von Gesetzen, Vorschriften und Verwaltungen werden«. Deshalb, so Schink weiter, »sind wir bemüht, Irrwege in der Bürokratie aufzudecken, Auswege vorzuschlagen und konkret zu helfen«.

Die GESO ist bei den Jugendfürsorgeverbänden schlecht angeschrieben. Sie sehen in der GESO einen Gegner, den es zu bekämpfen gilt. Ein Grund dafür ist, daß die GESO den Jugendämtern immer wieder vorgehalten hat, daß sie Kinder einfach zu schnell in Heime abschieben. Aber es gibt Ausnahmen: In den 11 Bundesländern arbeiten insgesamt 279 Jugendämter mit der GESO zusammen.

Die GESO hat sich neben der Vermittlungsarbeit die Aufgabe gestellt, die Öffentlichkeit über die Situation der Heimkinder aufzuklären, sie sozusagen mit einer Welt zu konfrontieren, über die man sonst kaum etwas erfährt. »Es ist wichtig«, so Schink, »der Öffentlichkeit klarzumachen, daß es eine sehr schlechte Lösung ist, wenn Kinder weiterhin in Heime abgeschoben werden.« Nach Schinks Auffassung wird heute trotz der allgemeinen Kosteneinsparungen im Sozialbereich von den freien Wohlfahrtsverbänden versucht, Finanzmittel in der gleichen Höhe wie bisher zu bekommen, »obwohl dieser Bedarf in diesem Ausmaß gar nicht mehr vorhanden ist«. Er ist der Meinung, daß diese Verbände alles in Bewegung setzten, um ihre Heime nicht aufgeben zu müssen. »Das ganze ist mittlerweile insofern zu einer Perversion geworden, als die Kinder dort systematisch kaputtgemacht werden, wenn sie trotz mittlerweile besseren Wissens immer noch in die Mammutanstalten eingewiesen werden.«

Schink glaubt, daß im Grunde ein richtiger Kampf um die Kinder losgegangen ist. »Man streitet um jedes Kind, das man kriegen kann.« Er wirft den Heimen vor, daß sie Kinder nur als »Kassenfüller« betrachten. Und er wirft den Verbänden und ihren Befürwortern weiter vor, »Verrat an den Kindern« zu begehen. Da allein schon durch den Geburtenrückgang nicht mehr so viele Kinder in Heime eingewiesen werden und aufgrund der aktuellen Kosteneinsparungen im Sozialbereich ebenfalls mit einem Rückgang der Heimeinweisungen zu rechnen ist, behauptet Schink, daß nicht nur um jedes einzelne Kind gekämpft wird, sondern er wirft den Verbänden und Heimen auch »Korruption« vor: »Es werden Gutachten so hergerichtet«, daß Kinder auf jeden Fall einen Heimplatz brauchen. Heime biedern sich förmlich durch entsprechende Prospekte bei den Jugendämtern an: »daß sie am fortschrittlichsten sind, daß sie noch einen Heimplatz haben, daß das Kind bei ihnen am besten aufgehoben ist, ja, daß es in dem Heim die beste Therapie und Heilung erfährt!«

Dafür nennt Schink ein Beispiel: »Wir hatten vor kurzem einen Fall, wo sich ein Heim für Behinderte und ein Heim für schwer Erziehbare um einen 12jährigen Jungen stritten. Beide wollten den Jungen, bei beiden war ein Platz freigeworden, und beide umwarben das zuständige Jugendamt. Als sich das Jugendamt für das Heim für schwer Erziehbare entschied, verlangte das andere Heim ein Gutachten, das ihre These untermauern sollte, daß es sich bei dem Jungen um ein behindertes Kind handle. Und es erreichte durch das Gutachten, daß das Kind in ihre Einrichtung kam.«

Die GESO meint, daß dem ein Ende gemacht werden muß, indem die Bevölkerung einfach nicht mehr zuläßt, daß dieser »Kuhhandel« von den »Wohlfahrtsmultis«, wie Schink die Verbände und Träger der Heime bezeichnet, weiter betrieben wird. »Wir brauchen die Heime nicht! Wir brauchen keine Kasernen, keine Anstalten …!« Und Schink führt weiter aus: »Wir wollen, daß diese Kästen, daß diese psychisch krankmachenden Apparaturen aus Bausteinen und Gittern, Türen und Schlössern zerstört werden!« In den Heimen, so Schink, »spielen die christlichen Ideale keine Rolle mehr. Heime sind behördenähnliche Einrichtungen: Sie sind Handlanger der Behörden, die dem zuständigen Sachbearbeiter die Frage abnehmen, wie sie die Kinder am besten sozialisieren. Rein ins Heim, Akte zu, ins Regal, fertig aus!«

Die GESO setzt sich auch mit der pädagogischen Praxis der Heime auseinander: »Man sagt, es gebe eine Heimpädagogik und eine Heilpädagogik. Dies ist nicht möglich. Das kann gar nicht sein, denn die fundamentale Erkenntnis der Pädagogik ist, je behinderter oder schwieriger ein Kind, um so intensiver und größer muß die Hilfe sein.« In den Heimen wird genau das Gegenteil praktiziert. »Je schwieriger und notbeladener die Kinder sind, desto mehr werden sie zusammengepfercht, eingeschlossen, ghettoisiert.«

Die Heilpädagogischen Heime werden von der GESO besonders stark kritisiert. Sie wirft ihnen vor, daß sie Etikettenschwindel betreiben, da sie in Wirklichkeit nicht besser sind als andere Heime, die nicht diese Bezeichnung tragen. Die heilpädagogisch ausgerichteten Heime seien lediglich an dem wesentlich höheren Pflegesatz interessiert.

In diesem Zusammenhang sei darauf hingewiesen, daß sich auch in der Heimerziehung eine »Wende« abzeichnet. Da bekannt ist, daß die derzeitige Bundesregierung im sozialen Bereich – schaut man sich den Haushaltsplan an – drastische Einsparungen vornimmt, müssen die freien Wohlfahrtsverbände im Bereich der Heimerziehung umdenken: Sie wollen nur noch für die Unterbringung jener Menschen aufkommen, die laut Gutachten eines Arztes, Psychiaters oder

Psychologen in ihrem Verhalten von der Norm abweichen, da damit die Auszahlung höherer Pflegesätze verbunden ist. Die Konsequenz: Die Heime rüsten z. T. um; aus Heimen für verhaltensgestörte Kinder werden »Heilpädagogische Anstalten«!

Schink sagt über die Heilpädagogik: »Die Heilpädagogik ist ein Schwindel! Es werden Spezialanstalten für Millionen DM gebaut und mit dem größten Luxus ausgestattet; es werden Spezialisten eingestellt, die die Kinder therapieren, und das nennt man Heilpädagogik. Die Kinder werden durch die Heilpädagogik zu exotischen heilpädagogischen Objekten degradiert!«

Auch für die dort tätigen Fachleute hat die GESO kein gutes Wort übrig: »Und da gibt es tatsächlich Fachleute, also Spezialisten, die Kinder als verhaltensgestört, als schwererziehbar, als behindert, als praktisch bildbar oder als lernbehindert abstempeln. Da wird ein Vokabular gebraucht, um Kinder entsprechend einstufen zu können und sie dann den entsprechenden Spezialeinrichtungen zuzuführen. Mit diesen Begriffen hält man Kinder über Jahre hinweg in den Anstalten fest! Die Kinder müssen für die Reproduktion der Heime herhalten!«

Die Heime haben in der Gesellschaft die Funktion, die Erziehung der jungen Menschen zu übernehmen, die in der Familie nicht »erzogen« werden können. Doch Schink unterstellt den Heimen, den Kindern nicht wirklich helfen zu wollen.

Die Heime und deren Träger sind seiner Meinung nach nur an den hohen Pflegesätzen und anderen Zuschüssen von Bund und Ländern interessiert. Sie bekommen automatisch hohe Zuschüsse, da der Staat von ihrer Hilfe abhängig ist. In diesem Zusammenhang ist es wichtig zu erwähnen, daß die konfessionellen Träger fast 80 % (!) der etwa 3500 (!) Heime unterhalten. Aus dieser Tatsache kann man den Schluß ziehen, daß der Staat kein sichtbares Interesse daran hat, selbst Heime zu unterhalten; dies überläßt er den freien Wohlfahrtsverbänden. Dadurch wird der Staat in gewisser Weise erpreßbar, wie folgendes Zitat des Caritasverbandes aus dem Jahre 1980 beweist, in dem er seine Monopolstellung betont: »Wenn die Caritas streiken würde ... dann gäbe es gewiß eine Sondersitzung des Kabinetts in Bonn, die Länderparlamente würden alle anderen Tagesthemen liegen lassen und die Verantwortlichen in den Gemeinden wüßten nicht ein noch aus. Kurzum ein allgemeiner Notstand müßte ausgerufen werden (...) Natürlich – die Caritas streikt nicht.«

Die GESO will über diese massiven Widersprüche innerhalb der Jugendhilfe aufklären helfen. »Die Heuchelei dieser Verbände muß deutlich gemacht werden. Daß von Not geredet wird, während man nur seine eigenen Konten im Auge hat. Daß man sagt, wir brauchen Heime, während man in Wirklichkeit die Absicherung der eigenen Kapitalanlagen meint. Daß man sagt, Heime sind wichtig, um Kriminalität zu vermeiden, während dort in Wirklichkeit Kriminalität gezüchtet wird; sie sind bekanntlich Brutstätten der Kriminalität!«

Was will die GESO ändern? Wie sieht sie die Zukunft der Heimerziehung? Dazu Schink: »Das Geld muß den Verbänden und ihren Heimen verweigert werden, damit das Weiterleben dieser Wirtschaftskonzerne gestoppt wird; wir müssen die Bevölkerung mit den wirklichen Tatsachen konfrontieren: Ein Heimplatz kostet z. B. bis zu 8000 DM (Höchstsatz: 265 DM täglich) im Monat. Würde man ein Kind in einer Familie oder bei alleinstehenden Personen unterbringen, würde viel weniger Geld ausreichen.«

Bei uns kommt eine Summe
von 3000 Straftaten zusammen!

Gespräch mit einem Heimleiter

Herr Hermann, Sie sind Leiter der Einrichtung »Heimstatt Bischoff-Ferdinand« in Wiesbaden-Dotzheim. In Ihrer Einrichtung leben bis zu 60 männliche Kinder und Jugendliche.

Hermann: Wir sind eine Schüler- und Lehrlingseinrichtung. Die Kinder und Jugendlichen sind zwischen 12 und 21 Jahre alt. Sie sind aufgrund verschiedener staatlicher Maßnahmen hier eingewiesen worden, d. h. also im Rahmen der örtlichen Unterbringung der freiwilligen Erziehungshilfe, der Fürsorgeerziehung, der Bewährungshilfe und der Gefängnisnachsorge. Die Jungen leben hier in Wohngruppen mit jeweils zehn Plätzen. Sie werden im Schnitt von drei Mitarbeitern betreut, die entweder eine Ausbildung als Erzieher oder Dipl.-Pädagoge haben. Zusätzlich sind in der Einrichtung eine hauptamtliche Lehrkraft und zwei Lehrkräfte, die von einer Berufsschule abgestellt sind, sowie ein Psychotherapeut.

Woher kommen diese jungen Menschen?

Hermann: Das ist ganz unterschiedlich. Wenn ich vom derzeitigen Belegungsstand (20.5.83) ausgehe, so kommt etwa ein Drittel der Jugendlichen aus dem Strafvollzug, ein weiterer recht großer Prozentsatz aus anderen Heimen und ein kleinerer Anteil aus Familien, wobei unter letzteren durchaus einige schon andere Heime durchlaufen haben.

Für mich wäre interessant zu erfahren, wieviele Heime diese jungen Menschen durchlaufen haben, bevor sie in Ihrer Einrichtung unterkamen. Können Sie einen Durchschnitt angeben?

Hermann: Es gibt Jugendliche bei uns, die – wenn sie aus Familien kommen – noch gar keine Heime durchlaufen haben; es gibt aber auch eine ganze Reihe von Jugendlichen, die sich hier bei uns bereits in der 17. (!) Einrichtung befinden.

Nun gibt es bei Ihnen auch Jugendliche und Kinder, die vorher in einer Psychiatrie waren.

Hermann: Das ist richtig, die Anfragen aus den Psychiatrien nehmen zunehmend zu, weil offensichtlich ein Teil der schwierigen Jugendlichen auf diese Weise – ich möchte einmal sagen – abgeschoben werden!

Ihr Heim ist demnach ein Auffanglager für aufgegebene junge Menschen? Bringt das nicht große Schwierigkeiten mit sich? Können Sie und Ihre Einrichtung überhaupt wirkungsvoll helfen, sozusagen das wettmachen, was andere Heime bei den Betroffenen vermurkst haben?

Hermann: Zunächst einmal zu den Schwierigkeiten, mit denen wir zu tun haben. Viele von ihnen haben große Schwierigkeiten, mit der Schule bis hin zur Verweigerung oder mit ihren Lehrstellen bis hin zur Arbeitsverweigerung. Dazu gesellen sich oftmals Probleme im Hinblick auf den Alkoholkonsum, und in letzter Zeit kann man davon ausgehen, daß eigentlich jeder bereits Drogenerfahrung in Form von Haschisch gemacht hat.
Fast alle Jugendlichen sind schon mehr oder minder mit dem Gesetz in Konflikt geraten.
Ich gehe davon aus, daß zum jetzigen Zeitpunkt bei uns in der Einrichtung eine Summe von etwa 3000 (!) Straftaten bei allen zusammenkommt, wobei natürlich die Dunkelziffer nicht meßbar ist. Betroffen davon sind etwa 90 Prozent (!) der Jungen, wobei die durchschnittliche Anzahl der Straftaten bei etwa 20 (!) liegen dürfte.

Aber wie kann man ihnen helfen? Diese Zahlen sprechen doch eine eigene Sprache, sie sprechen für sich!

Hermann: Ich glaube, zunächst einmal wird es wichtig sein, ihnen eine freundliche Umgebung zu bieten, nach Möglichkeit ein eigenes Zimmer. Darüber hinaus ist es wichtig, den einzelnen einfach zur Ruhe kommen zu lassen, d. h. nicht vom ersten Tag an mit Forderungen an ihn heranzutreten, die für ihn wieder nicht zu bewältigen scheinen, sondern ihm einfach mal die Möglichkeit und die Zeit zu geben, für sich selbst etwas zu machen, zu tun, was er selbst mag und ihm Spaß macht.

Ganz allmählich sollte man dazu übergehen, ihm zu vermitteln und klarzumachen, daß er sich hier einfügen, hier leben muß. Man muß ihn wieder auf die Schiene bringen, die hinterher für ihn gesellschaftlich notwendig ist.

Das Stigma »Heimkind« verfolgt den Betroffenen eine lange Zeit, manchmal sogar sein ganzes Leben lang. Wie gehen Sie das denn an? Bedenkt man, daß doch der größte Teil der Öffentlichkeit ein Negativ-Bild von Heimen und »Heim-Kindern« hat.

Hermann: Dieses Stigma ist zunächst einmal nicht abbaubar, sondern mit diesem Stigma muß der einzelne erst einmal leben. Das muß man so annehmen, wie es ist. Man kann nur versuchen, ihm im Laufe der Zeit ein gewisses Selbstwertgefühl zu vermitteln, das ihn davon freimacht, sich an irgendwelchen Stigmata zu orientieren.

Aus was für Familien kommen diese jungen Menschen überhaupt?

Hermann: Insofern sie direkt aus Familien kommen, sind ihre familiären Verhältnisse meist ungeordnet. Sei es bedingt durch Scheidung, sei es dadurch bedingt, daß es sich um halbe Familien handelt. Weitere Gründe sind Alkoholismus, Tablettensucht, Arbeitslosigkeit oder Prostitution.

Nun gibt es bei Ihnen Jugendliche, die auf den Strich gehen, die Drogen nehmen oder alkoholabhängig sind. Wie gehen Sie damit um?

Hermann: Zunächst einmal sind das Probleme, die die Jugendlichen mitbringen. Unsere Bemühungen laufen selbstverständlich darauf hinaus, daß sie allmählich lernen, mit sich selbst klarzukommen, damit sie auf diese Mittel nicht mehr zurückzugreifen brauchen. Insgesamt ist das für den Ablauf belastend, aber wiederum nicht so sehr, daß man sagen müßte: Diese Probleme seien auf Dauer nicht regulierbar. Und wenn wir zu einem Jungen Ja sagen, dann beinhaltet das auch die Konsequenz, das mitzutragen und zu akzeptieren.

Ist Ihre Einrichtung nicht in gewisser Weise Endstation für die Jugendlichen nach einer langen Odyssee durch Heime in der Bundesrepublik Deutschland?

Hermann: Wenn Sie das unter dem Aspekt sehen, daß ein Teil dieser Jugendlichen hier in der 17. Einrichtung ist, so ist das mit Sicherheit richtig. Ebenfalls richtig ist, daß ich mich als Leiter dieser Einrichtung darum bemühe, sie als Endstation zu nutzen. Das heißt, daß ich mich nach Möglichkeit dagegen wehre, einen Jugendlichen wieder vor die Tür zu setzen, ihn abzuschieben oder gar in die Mühle der Justiz geraten zu lassen. Meine Vorstellung bei der Aufnahme eines jungen Menschen ist also, daß ich beabsichtige, ihn hier zu tragen mit all den Dingen, die er mitbringt.

Sie gaben vorhin an, daß 90 Prozent der hier untergebrachten Jugendlichen und Kinder vorbestraft sind bzw. Strafverfahren gegen sie bei der Justiz anhängig sind und daß die meisten eine langjährige Heimkarriere hinter sich haben. Nun ist ja bekannt, daß die meisten Gefängnisinsassen in Deutschland ehemalige Heim-Kinder sind. Man spricht von mehr als 70 Prozent. Stimmen Sie dem zu, daß gerade durch die Heimerziehung dieser Zustand geschaffen wurde und weiterhin geschaffen wird?

Hermann: Zunächst einmal möchte ich sagen, daß die Basis eines Menschen schon angeknackst ist, bevor Heimerziehung einsetzt. Schließlich ist es ja nicht üblich, im Heim zu leben. Das Übliche ist, in einer intakten Familie aufzuwachsen. Wenn die familiären Verhältnisse nicht den Bedürfnissen der Kinder entsprechend sind, sind sie schon zum Zeitpunkt der Einweisung ins Heim zerstört.

Hinzu kommt, daß wir gerade von der Psychologie her wissen, daß die ersten zwei Lebensjahre, die eigentlich entscheidenden Jahre für das weitere Leben sind. In diesem Zeitraum finden nicht unerhebliche Prägungen statt, also lange bevor die Heimerziehung einsetzt. Daß natürlich auch innerhalb der Heimerziehung eine ganze Reihe von Dingen nicht funktioniert, ist unbestritten, wobei das weniger am System der Heimerziehung liegt, sondern an der Zahl der Menschen, mit denen der einzelne Jugendliche zu tun hat. Das Hauptproblem dürfte wohl die relativ hohe Personalfluktuation in den Heimen gewesen sein, die es verhindern, daß der einzelne Junge starke und zuverlässige Bindungen aufbauen konnte. Dadurch ist er in eine Vereinsamung hineingeraten, die letztendlich mitverantwortlich ist für all das, was hinterher schiefläuft.

Versuchen Sie mit dieser Argumentation nicht, die Heimerziehung von der Schuld reinzuwaschen, daß sie die Verantwortung für systematische psychische und physische Zerstörung vieler junger Menschen trägt, wenn Sie auf die Theorie S. Freuds zurückgreifen, daß die ersten 2–3 Jahre die wichtigsten Jahre eines Menschen sind, in denen festgelegt wird, wie ein Mensch später mal wird?

Herr Hermann, sind nicht doch gerade die Jahre im Heim die entscheidendsten Jahre? Sie selbst haben es doch anhand Ihrer Einrichtung eindeutig belegt. Ich denke da konkret an die 90 Prozent der jungen Menschen, die »kriminell« wurden und deshalb mit dem Gesetzgeber in Konflikt geraten sind. Ich denke an die vielen, die vor der Einweisung in Ihr Heim in Nervenheilanstalten waren.

Hermann: Zweifelsohne prägen diese Jahre im Heim! Für mich gibt es aber *die* Heimerziehung nicht ... Für viele Jugendliche sind viele Dinge gravierend falsch gelaufen: Das steht ohne Zweifel fest! Wobei letztendlich die Schuldfrage immer nur individuell – wenn überhaupt – beantwortet werden könnte. Die Schuld nur der Heimerziehung zuzuschreiben, wäre aber zu einfach.

Glauben Sie, daß sich die Lebenssituation der Heimkinder seit der Heimkampagne wirklich verbessert hat?

Hermann: Die Lebensbedingungen der Jugendlichen haben sich formal außerordentlich verbessert. Wenn Sie davon ausgehen, daß früher 20 in einem Schlafsaal untergebracht waren und heute jeder sein eigenes Zimmer hat; daß es regelmäßig Taschengeld gibt, das relativ hoch ist; daß man sich seine Kleidung selbst kaufen und aussuchen darf; daß das Essen – ich bekomme z. B. in dieser Einrichtung das gleiche Essen – viel besser ist als früher.
Aber wenn Sie das meinen, was man mit dem Begriff »Seele« bezeichnen kann, so muß man vermutlich davon ausgehen, daß die Vereinsamung zugenommen hat! – Wir können das menschliche Problem nicht technisch, sondern nur menschlich lösen.

In den letzten Jahren ist eine Vielzahl von Fällen bekanntgeworden, daß Kinder in Heimen – vorwiegend in konfessionellen Heimen – aufs brutalste mißhandelt worden sind. Wie stehen Sie denn als Leiter eines konfessionellen Heimes dazu?

Hermann: Ich halte das für außerordentlich unglückliche Entgleisungen, die vermutlich überall auftreten, wo Menschen miteinander zu tun haben. Sie sind nicht wünschenswert, aber das Problem der körperlichen Mißhandlung sehe ich als das kleinere Übel an. Seitdem die Prügelstrafe offiziell verboten ist und wohl kaum noch Anwendung findet, besteht heute das größere Problem der psychischen Bestrafung, die sehr viel subtiler und sehr viel schlimmer ist.

Ihre Einrichtung ist ein Schüler- und Lehrlingsheim, also keine heilpädagogische Einrichtung. Andere Institutionen und Behörden sind an Sie herangetreten mit der Bitte, Ihr Heim als »Heilpädagogische Einrichtung« anerkennen zu lassen. Sie haben jedoch abgelehnt. Warum eigentlich, bedenkt man die Tatsache, daß Ihre Einrichtung – unter dem Gesichtspunkt der momentanen schlechten wirtschaftlichen Lage, die sich auch ganz massiv auf den sozialpolitischen Bereich auswirkt – den doppelten Pflegesatz pro Klientel erhalten hätte?

Hermann: Sehr viele Einrichtungen haben in der Vergangenheit versucht, sich das Mäntelchen der Heil- oder Sonderpädagogik anzuziehen, weil damit höhere Pflegesätze verbunden sind. Ich persönlich bin der Meinung, daß jedes Heim so viel oder so wenig Heil- oder Sonderpädagogik betreibt wie seine Mitarbeiter, die im Heim tätig sind. Ich halte den Begriff der Heilpädagogik eigentlich für ein Schwindeletikett, mit dem man nach außen hin etwas zu verkaufen versucht, was wahrscheinlich nach innen gar nicht stimmt. Oder anders gesagt, daß die Heime, die nicht diese Bezeichnung führen, auch nicht anders sind als die, die sich so nennen.
Es ist bekannt, daß wir Jugendliche aufnehmen, die anderswo nicht mehr angenommen werden, und dennoch relativ gute Erfolge mit ihnen erzielen. Aus diesem Grund ist man vor Jahren an mich herangetreten mit der Frage, ob ich nicht bereit wäre, einen Teil des Heimes als geschlossene Einrichtung zu führen. Ich habe das seinerzeit abgelehnt. Ich lehne es auch nach wie vor ab, weil ich Erziehung in einem geschlossenen Umfeld für nicht möglich halte. Erziehung kann nur auf persönlicher innerer Freiheit basieren, letzten Endes wird man nur Werte und Normen akzeptieren, wenn sie von einem Menschen vermittelt werden, den man gern hat. Und Liebe läßt sich nun mal im geschlossenen Bereich nicht erzeugen.
Ich habe deswegen auch Schwierigkeiten mit dem Begriff »Therapie«, weil Therapie für mich Zuwendung oder persönliche, zwischenmenschliche Beziehung außer acht läßt, und gerade darauf kommt es doch im wesentlichen an. Therapie allein halte ich von vornherein für zum Scheitern verurteilt.

Grundsätzlich bin ich der Meinung, daß in bestimmten Situationen ein Medikament hilfreich sein kann. Aber man darf Medikamente oder Therapie-Arten nicht lediglich dazu verwenden, jemanden ruhigzustellen. Das wäre ein Verbrechen!

Welche Heime, die staatlichen oder die konfessionellen, sind Ihrer Meinung nach die besseren?

Hermann: Ich halte die konfessionellen Einrichtungen für die besseren, und zwar mit Abstand. Ich glaube, daß Sozialarbeit bei zum Teil stark im Leben angeschlagenen Menschen *nur* auf dem Hintergrund des Verständnisses der Bibel – nicht unbedingt, wie es die Amtskirche versteht, sondern auf der Basis des Evangeliums – auf Dauer zu leisten ist.

Leona Siebenschön

Wieviel Recht hat ein (Heim-)Kind?

Die Geschichte einer Heimeinweisung: Mario, ein Fall in
den Akten der Ämter, ein Schicksal im Vollzug der Behörden, verhandelt und verloren.
Im Januar 1983 wurde Mario fünfzehn Jahre alt. Sein Leben
bislang – der Leidensweg eines unmündigen Menschen.
Zwischen Interesse und Desinteresse erwachsener Zuständigkeiten aufgerieben, mehr verhandelt als betreut. Ein Fall
in den Akten der Ämter. Ein Schicksal im Vollzug der Bürokratie. Wer fragt danach, was ein Mensch braucht? In den
Akten wird der Fall eingeordnet: »aus zerrütteten Verhältnissen stammend«. Vier Jahre verlebt das Kind im Heim.
Dann die Aussicht, so etwas wie Eltern zu bekommen, Pflegeeltern. Die Zeit, um das Defizit der ersten vier Jahre vielleicht auszugleichen, diese Zeit fehlt. Mario besucht tagsüber städtische Kindertagesstätten, immer wieder wech-
selnde, immer wieder eine neue Umgebung. Überall fühlt
man sich mit dem schwierigen Kind überfordert. Überall
wird der Junge zurückgestoßen, der seine Verlassenheit und
Vernachlässigung nicht nur selbstzerstörerisch in sich hin-
einnimmt, sondern auch aggressiv nach außen kehrt. Überfordert fühlen sich dann auch die Lehrer. Im dritten Schul-
jahr hat Mario bereits fünf verschiedene Schulen besucht.
Er kommt auf eine Sonderschule.
Die Pflegeeltern, gleichfalls überfordert, erhoffen sich nach
fünf Jahren fehlgelaufener Versuche, nach neun Jahren
ständig wechselnder Einflüsse und Anforderungen, nun den
entscheidenden Wandel von einer alternativen Einrichtung.
Sie schließen sich der Eltern-Initiative zur Gründung eines
Kinderhauses an. Erklärtes Ziel der Kinderhaus-Leute:
Kinder zu befähigen, Entscheidungen, die sie betreffen, mit
zu fällen und zu verantworten.

Drei Jahre lang gehörte Mario zum Kinderhaus. Zum erstenmal fühlt er sich angenommen. Aber er gerät auch zunehmend in die Kontroverse gegensätzlicher Einstellungen, die sich je länger um so weniger vereinbaren lassen.

Das Kinderhaus will jede mögliche Hilfestellung und emotionale Zuneigung und Sicherheit geben: Auch wenn er »etwas ausgefressen« hatte, haben wir ihm diese Sicherheit nicht entzogen.

Die Pflegeeltern halten sich an Prinzipien und stellen Bedingungen; sie versprechen, den Jungen vielleicht zu adoptieren, vorausgesetzt, er benehme sich willfährig. Die Hose, die er morgens zum Anziehen bekommt, soll er (lebhaft und ungestüm, wie er ist) abends ebenso heil und sauber wieder mit nach Hause bringen, weil es »seine beste« Hose ist. Kaputtmachen oder verlieren darf er nichts; passiert es ihm doch, wird der Schadenbetrag vom Taschengeld abgezogen. Und dann sind die Pflegeeltern enttäuscht, wenn Mario klaut.

Die Betreuer im Kinderhaus sind betroffen: machtlos zusehen, wie ein Kind psychisch unter Druck gesetzt wird. Die Kinderhaus-Leute solidarisieren sich mit dem Jungen, arrangieren Elterngespräche, konsultieren einen Arzt, einen Psychologen. Die Pflegemutter boykottiert alle Maßnahmen, die Mario helfen sollen. Der Bruch ist unvermeidlich. Mario wird abgemeldet.

Die alternative Einrichtung, zuvor als letzte Rettung erachtet im Umgang mit diesem »schwierigen« Kind, von dem sich alle staatlich Verantwortlichen überfordert fühlen, wird nun prompt unpädagogischer Maßnahmen und unlauterer Absichten bezichtigt. Die Fürsorgestelle verbittet sich eine Einmischung in die Familienverhältnisse. In Konfliktsituationen läuft Mario zunächst immer wieder ins Kinderhaus, offenbar weil er sich dort verstanden und angenommen fühlt. Dann reißt auch dieser Kontakt ab. Erst knapp zwei Jahre später taucht Mario dort wieder auf.

Zwei der Kinderhaus-Frauen, an die sich Mario in seiner Bedrängnis besonders wandte, die sich auch nach der Abmeldung noch für ihn verantwortlich fühlen, bitten den zuständigen Sozialarbeiter um Rat, wie sie sich verhalten sollen, wenn Mario ins Kinderhaus kommt. Sie erfahren, die

Pflegeeltern sähen sich nicht mehr in der Lage, den mittlerweile dreizehnjährigen Jungen zu betreuen. Er soll wieder in ein Heim. Inzwischen war Mario »zu Hause« ausgerissen, aufgegriffen und in ein Übergangsheim eingeliefert worden. Dort soll er bis zur endgültigen Heimeinlieferung bleiben. Aber nachdem er dort von größeren Jugendlichen erpreßt und verprügelt worden war, flüchtete er und trieb sich herum, nahm aber immer wieder Kontakt zu den Kinderhaus-Frauen auf. Die bemühen sich um eine vorläufige Genehmigung, Mario betreuen zu dürfen. Gleichzeitig kümmern sie sich um einen Platz in einem alternativen Jugendhof, den sie kennen und von dem sie wissen, daß Mario hier wenigstens einen Teil seiner Probleme mit Hilfe therapeutischer Mittel würde bewältigen können. Sie wollen mit ihm hingehen, damit er sich selbst überzeugen und entscheiden kann.

Streit um die Heimeinweisung

Die Pflegeeltern sind dagegen. Der zuständige Sozialarbeiter interveniert. Das Jugendamt schaltet sich ein. Die Polizei wird alarmiert und dem Kinderhaus angedroht, für alle Fahndungskosten aufkommen zu müssen. Ein gutes Dutzend Erwachsener, die von Staats wegen für Mario zuständig sind, telefonieren auf das heftigste kreuz und quer, wollen die SACHE prüfen, wollen den FALL bedenken, entscheiden schließlich ohne Rücksprache und Anhörung, der Junge sollte (unbesehen auf Gegenseitigkeit) in ein Heim übergeführt werden. Mario hat Angst vor diesem fremden Heim. Eine Kinderhaus-Frau bittet den Kinderschutzbund, ihren Antrag auf Pflegschaft für Mario zu unterstützen: Er hat erzählt, daß ihn mal ein Mann mit aufs Zimmer genommen hat; und er machte Andeutungen, daß es wohl zu sexuellen Handlungen gekommen sei. Ich wollte die Übergangszeit bis zur Heimeinweisung dringend gesetzlich absichern. Außerdem wäre Mario dann 14 Jahre gewesen und hätte ein Recht auf Anhörung gehabt.

Die Übergangszeit dauert fast einen Monat. Vorweihnachtszeit. Mario will weder zu den Pflegeeltern noch in ein

Heim, das er nicht kennt. Die Erwachsenen streiten sich (telefonisch) über die Qualität in Frage kommender Heime, die Kinderhaus-Frau wird von verschiedenen Beamten (telefonisch) unter Druck gesetzt, sie solle »das Kind endlich zuführen«. Unter den verschiedenen Zuständigen scheint der Informationsaustausch nicht zu funktionieren. Der eine Beamte kennt die Adresse des Heims nicht, die der andre zu geben verweigert und der dritte aus Versehen mitteilt.

Die Situation spitzt sich zu. Inzwischen hat die zuständige Behörde Marios Einweisungspapiere und Unterlagen an ein Heim geschickt, das allen Beteiligten unbekannt ist. Die Kinderhaus-Frau besucht das Heim und erfährt, daß es dort keine therapeutische Betreuung, dafür aber einen beträchtlichen personellen Engpaß gibt. In dem von der Kinderhaus-Frau vorgeschlagenen Jugendhof hätte Mario nicht nur therapeutisch geholfen, sondern vorübergehend auch Einzelunterricht zuteil werden können, um ihm wenigstens jetzt noch – nach seinem 14jährigen Hin- und Hergeschobenwerden – emotional Rückhalt zu geben, seine Schulangst wenigstens etwas zu mildern.

Aktendenken

Die Kinderhaus-Frau versucht weiterhin, die Zuständigen zu bewegen, den besser geeigneten Jugendhof zu bevorzugen. Die Entscheidungsträger schalten auf stur und verschanzen sich hinter angeblichen Mißverständnissen. Zuständigkeiten, Aktendenken, Recht haben und behalten – das alles ist wichtiger als der Mensch. Mario soll nun endlich Ende Dezember dem Heim und über Weihnachten den Pflegeeltern zugeführt werden.

Mario hat Angst und klammert sich an die für ihn einzig zuverlässige Vertrauensperson.

Und da wohl alle Verantwortlichen – vom Jugendamt Lübeck über Rechtsabteilung und Erziehungssachgebiet – mit »so einem Kind« wieder einmal überfordert wären, wird der Kinderhaus-Frau ausnahmsweise erlaubt, den Jungen über Weihnachten bei sich zu behalten, solange wolle man die »Fahndung« einstellen. Ohne diese Möglichkeit hätte das

Jugendamt Lübeck den Jungen während der Weihnachtstage zwangsweise in das Heim eingeliefert, in dem er verprügelt worden war.

Nur unter der Zusicherung, daß die Kinderhaus-Frau ihn später doch noch in den Jugendhof bringen und sich inzwischen um seine Vormundschaft bemühen werde, war Mario am 28. Dezember bereit, mit ihr in das Nordsee-Heim zu gehen. Dort schließen sich die Tore hinter ihm!

Den Jungen dort zu besuchen, wird der Kinderhaus-Frau untersagt. Briefe werden einbehalten, Telefonate nicht weitergeleitet. Die einzige persönliche Beziehung, die Mario hatte, wird von Amts wegen abgeschnitten. Jeder Kontakt ist verboten. Laut Auskunft der Heimleitung geht es dem Jungen gut. Die Kinderhaus-Frau hat Mario nicht wieder gesehen. Ihr Antrag auf Vormundschaft wurde abgelehnt. Im Januar 1983 wurde Mario fünfzehn Jahre alt.

Die Kinderhaus-Frau, die täglich mit ähnlichen Schicksalen konfrontiert wird und zu tun hat:

»Für Menschen wie Mario sollte es so etwas wie ein Haus für geschlagene Kinder geben, ähnlich den Frauenhäusern, wo Kinder in ihrer Not Unterstützung, Hilfe, Beratung und Schutz finden können!«

3   Betroffene Erzieher berichten

Ich hätte als Nonne nie in einem Heim arbeiten dürfen!

Nonne B. hat viele Jahre in einem katholischen Heim als Erzieherin gearbeitet. Das folgende Interview hat der Herausgeber mit ihr geführt.

Nonne B.: Ich bin als Einzelkind in einer streng religiösen Familie aufgewachsen. Mit Gleichaltrigen kam ich eigentlich kaum in Kontakt, da meine Eltern nicht wollten, daß ich mich mit anderen Kindern abgebe. Es war ein behütetes Leben. Als ich erwachsen war, wollten meine Eltern, daß ich Nonne werde; also trat ich in einen Orden ein. Ich selbst dachte damals, daß ich als Nonne jungen Menschen helfen kann.

Sie haben viele Jahre in einem Kinderheim gearbeitet. Wie war diese Zeit?

Nonne B.: Ich habe als junge Nonne Heime gesehen, in denen kleine Kinder untergebracht waren, ausgestoßen und alleingelassen. Ich war damals erschüttert, und ich schwor bei Gott, daß ich diesen Kindern helfen wollte. Sie sollten sich im Heim wohlfühlen, das Heim sollte für sie ein Zuhause sein. Ich wollte ihnen helfen, im Namen Gottes, im Namen der christlichen Nächstenliebe.
Bei meinen Besuchen in katholischen Heimen habe ich Nonnen und weltliche Erzieher erlebt, die eine große Kälte ausstrahlten. Sie machten fast alle irgendwie einen brutalen Eindruck auf mich, der einen in Angst versetzen konnte.
Ich sprach damals mit ihnen, bevor ich selbst im Heim arbeitete. Sie redeten alle von Nächstenliebe, aber ich hatte den

Eindruck, daß sie davon nur redeten und gerade das Gegenteil von dem praktizierten: Sie schlugen aus nichtigen Anlässen auf kleine Kinder ein oder verhängten Strafen. Sie waren einfach sehr autoritär, und was mir besonders auffiel: Sie waren fast alle nicht in der Lage, Kinder wirklich zu lieben!

Als ich dann selbst im Heim arbeitete, wollte ich nicht dieselben Fehler machen. Ich wollte wohl auch autoritär sein, aber niemals wollte ich den Kindern mit Gewalt begegnen. Doch schon bald hatte ich meinen Vorsatz aufgegeben.

Ich verhielt mich den Kindern gegenüber ebenso wie die anderen Nonnen. Auch ich fing an, Kinder zu schlagen, zu bestrafen, sie mit Sanktionen zu belegen. Und ich wußte – wie alle Nonnen und Erzieher auch –, daß die Kinder sich nicht wehren konnten. Sie waren uns, unseren Launen, unserer Macht hilflos ausgeliefert! Wir haben alle bei den Kindern eine große Angst verbreitet. Die Angst beherrschte ihre Seele und ihren kleinen Körper und ihr junges Leben. Ich hatte geglaubt, diese Mittel einsetzen zu dürfen, weil ich mit der ganzen Situation nicht mehr fertig wurde.

Wir konnten nicht anders; wir hatten einfach keine anderen Möglichkeiten, ihnen zu helfen, wir hatten ja auch keine pädagogische Ausbildung. Wir dachten: Wenn wir die Kinder einer strengen religiösen Erziehung unterwerfen, so wäre das tatsächlich die beste Hilfe, die man ihnen zuteil werden lassen kann. Doch ich muß sagen: Ich war wie alle anderen Nonnen und Erzieher einem großen Irrglauben, ja einem Wahnsinn verfallen. Wir alle glaubten, daß das die beste Erziehung ist. Wir dachten uns nichts dabei, die Kinder streng anzufassen, auch mal zuzuschlagen, sie zu irgend etwas zu zwingen. Wir haben den Kindern immer wieder gesagt, daß wir sie im Namen von Jesus Christus erziehen und ihnen helfen wollen. Doch in Wirklichkeit haben wir – auch wenn diese Erkenntnis schmerzlich ist! – gegen diese christlichen Grundsätze verstoßen! Wir sind nicht auf die Kinder zugegangen wie Menschen, sondern wir haben sie innerlich irgendwie abgelehnt. Das wurde aus unserer Handlungsweise ganz deutlich.

Wie sah diese religiöse Pädagogik im einzelnen aus?

Nonne B.: Das Heim, in dem ich arbeitete, war ein katholisches Heim. Gott war das Fundament der Erziehung!
Die Gespräche mit den Kindern, unser Handeln und Auftreten war immer vom christlichen Glauben bestimmt. Durch die Drohung mit Gott hatten wir die Kinder unter Kontrolle, auch ihre Gedanken und Gefühle. Ist das nicht das Ziel jeder konfessionellen Erziehung, jedes konfessionellen Heimes?

Sie berichten, daß Sie die Kinder geschlagen und bestraft haben. Nennen Sie doch bitte einmal Beispiele.

Nonne B.: Ich träume heute noch von diesen Heimkindern. Aber es sind keine schönen Träume, keine schönen Erlebnisse, die da wach werden. Erst vor kurzem hatte ich wieder einen dieser Träume: Ich sah wieder, wie ich einen etwa sieben Jahre alten Jungen bei der Selbstbefriedigung erwischte. Ich war außer mir und stellte ihn zur Rede. Doch das Kind begriff nichts. Meine Wut wurde immer größer, und ich zog ihn an den Haaren in den Duschraum. Dort habe ich kaltes Wasser in eine Wanne einlaufen lassen und den Jungen mit Gewalt dort hinein gezerrt und ihn viele Male untergetaucht. Ich sah – wie damals in der Wirklichkeit –, wie er sich zu wehren versuchte; ich hörte ihn wieder schreien. Es kostete eine ganze Menge Kraft, diesen kleinen, zierlichen Körper wieder und wieder unterzutauchen. Ich merkte, wie die Kraft des Jungen nachließ. Sein Gesicht lief blau an, und dennoch machte ich weiter. Der Junge bekam kaum noch Luft, als ich endlich von ihm abließ.
Ich erinnere mich an einen anderen Traum, der ebenfalls ein wirkliches Erlebnis in Form von schrecklichen Bildern für mich lebendig werden ließ. Ein Kind schrie, weil es von einem anderen Kind geschlagen wurde. Ich konnte diese Schreie nicht mehr ertragen, brüllte es an. Doch das Kind schrie weiter. Ich faßte ihn am Kopf und schlug ihn mehrmals gegen die Wand. Auf einmal hatte ich Blut an den Händen, und ich erschrak. Ich sah das Kind an. Das Kind zitterte am ganzen Körper und lief davon.
Es sind schreckliche Szenen, ich weiß! Doch was hilft das denn heute noch den Betroffenen – nichts!

Sie sagen, daß Sie sich nicht anders zu helfen wußten. Das verstehe ich nicht ganz.

Nonne B.: Wir waren alle, die Nonnen wie die Erzieher, nicht pädagogisch ausgebildet. Damals gab es das ja nicht. Wir gingen in die Heime, ohne wirklich genau zu wissen, was auf uns zukommt. Wir wußten nicht, daß wir besser fahren, wenn in der Erziehung auf autoritäres Verhalten weitgehend verzichtet wird. Wir hatten uns eigentlich nie Gedanken darüber gemacht, wie die Kinder darauf reagieren. Ich habe nicht begriffen oder damals nicht begreifen wollen, daß das Kind möglicherweise innerlich geschrien und gelitten hat. Dieses Nachdenken hilft natürlich den Betroffenen nicht mehr, das ist geschehen. Wir haben viele Fehler gemacht. Es war für die Kinder teilweise eine furchtbare, grauenhafte Zeit; es war ein großes Vergehen ihnen und Gott gegenüber.
Ein Kind sagte einmal zu mir: »Der liebe Gott wird Sie für alles, was Sie uns angetan haben, sehr schwer bestrafen.« Damals ballte ich meine Hand zu einer Faust zusammen und schlug dem Kind ins Gesicht. Heute weiß ich, was das Kind mir mitteilen wollte!

Sie sagen, daß Sie damals nicht begriffen haben, was es für ein Kind heißt, ständig unter Angst aufwachsen zu müssen. Wissen Sie heute wirklich, was es für ein Kind heißt, nicht geliebt, sondern gehaßt zu werden?

Nonne B.: Ich bin nicht sicher, ob ich wirklich weiß, was es für ein Kind bedeutet, überhaupt in einem Heim leben zu müssen und dann noch unter solchen schlimmen Bedingungen. Ich kann es, wenn überhaupt, nur erahnen. Daß wir die Kinder zu keinem Zeitpunkt geliebt, sondern gehaßt haben, stimmt so nicht ganz. Ich jedenfalls habe sie trotz allem geliebt. Ich habe versucht, in christlicher Nächstenliebe zu handeln. Ich kann mir nichts anderes vorwerfen als das, überhaupt in einem Heim gearbeitet zu haben. Vielleicht war das aber keine Liebe, sondern doch Haß. Und wenn mir heute Kinder von damals in meinen Träumen begegnen, weiß ich: Sie müssen sehr viel unter unserer Gewalt gelitten haben!

Wissen Sie, was aus diesen Kindern geworden ist?

Nonne B.: Ich weiß heute nur von ein paar wenigen, wo sie leben: Ich glaube, vier sitzen im Gefängnis, drei sind in einer Nervenheilanstalt, drei sind heute Mönche, und von vieren weiß ich, daß sie arbeiten.
Ich bin mir heute sicher: Die konfessionellen Heime sind die schlimmsten Heime für Kinder!

Wir sind immer den Weg des geringsten Widerstandes gegangen

Beate S., Erzieherin, berichtet in einem Gespräch über ihre Tätigkeit in einem Behinderten-Ghetto.

Ich habe in einem Heim für behinderte Menschen gearbeitet, und zwar als Praktikantin.

Meine persönliche Absicht war zunächst einmal, daß ich Behinderte kennenlernen wollte. Ich hatte vorher mit Behinderten nichts zu tun gehabt. In meiner Familie war ein behinderter Onkel, das war meine einzige Erfahrung. Ziele in bezug auf das Heim hatte ich anfangs nicht; das hat sich erst im Laufe meiner dortigen Tätigkeit ergeben, als ich gemerkt hatte, daß es dort Mißstände gab, gegen die ich ankämpfen wollte. Dadurch entwickelte ich dann bestimmte Vorstellungen. Große Veränderungswünsche hatte ich aber nicht. Eigentlich wollte ich einfach nur diesen Bereich kennenlernen. Eine Rolle spielte natürlich, daß ich eine Praktikumsstelle brauchte.

Die erste Zeit arbeitete ich in einer Gruppe mit sehr stark geistig behinderten Mädchen. Da hatte ich erst mal sehr viele pflegerische Arbeiten zu übernehmen und konnte recht wenig erzieherische Tätigkeiten ausüben.

In dieser Gruppe machte ich die Erfahrung, daß den Kindern viele Tabletten verabreicht wurden, um sie ruhig zu stellen. Da war z. B. ein Kind, das als epileptisch galt, aber während der gesamten Zeit, in der ich dort war, nie einen Anfall hatte. Es bekam trotzdem ständig diese Tabletten. Wenn ein Test gemacht wurde, wurde immer wieder gesagt: Es ist zwar besser geworden, aber wir können die Tabletten noch nicht absetzen. Ein anderes Kind gehörte in meinen

Augen überhaupt nicht in diese Gruppe. Trotz Gesprächen mit meinen Kollegen konnte ich aber nicht erreichen, daß es in eine andere Gruppe kam. Solche für mich negativen Erlebnisse hatte ich immer wieder, und sie prägten natürlich meine Einstellung zum Heim generell.

Als ich später in eine Jungengruppe versetzt wurde, konnte ich andere Erfahrungen machen. Ich merkte, daß ich mit diesen Kindern, die lernbehindert waren, mehr anfangen konnte, daß sie mich auch ganz anders forderten.

In diesem Heim gab es auch eine Reihe von Verboten, z. B., daß man bei Dunkelheit nicht mehr spazieren gehen durfte. Diese und andere Verbote waren erst mal da, und ich mußte damit umgehen. Ich überlegte mir, aus welchen Gründen es sie gab. Es war durchaus so, daß ich wußte, daß ich damit eine Verantwortung übernehme. Schließlich war ein Verbot meistens auf irgendwelche Vorfälle zurückzuführen, und ich mußte nun abwägen, war dieses Verbot reine Schikane oder verbarg sich dahinter nicht eher die Angst der Erziehungsleitung oder meine Angst. Verbote sprach ich also auch oft genug aus, vor allem, wenn ich nicht mehr weiter wußte. Meist aus Selbstschutz, das gestand ich mir auch ein. Mein Verhalten erschien mir auch ganz natürlich, weil ich mittlerweile glaubte, meine Position als Erzieherin in der Gruppe verteidigen zu müssen. Gefährlich war es immer dann für mich, wenn ich gemerkt hatte, daß ich Verbote nur benutzte, um es mir leichter zu machen! Ich ging in solchen Fällen auch einer Diskussion aus dem Weg, gerade in der zweiten Gruppe, wo die Kinder die Verbote nicht einfach hinnahmen. Mir selbst war aber klar, daß Verbote sehr fragwürdig sind, ob sie von der Heimleitung oder von mir selbst ausgesprochen werden.

In dieser Einrichtung gab und gibt es »Beruhigungszellen«, die benutzt wurden, wenn Kinder gekollert haben. Diese »Beruhigungszimmer« wurden von außen verriegelt. Die Kinder wurden also isoliert, und zwar mit der Begründung, daß sie erst einmal zur Ruhe kommen müßten. Die Gruppe wie auch die Erzieher hätten sie in diesem Moment nur unter Druck gesetzt. Sie sollten wieder zu sich selbst finden, sich beruhigen.

Für mich war das insofern fragwürdig, als diese Kinder total isoliert waren und von sich aus nicht die Möglichkeit hatten, diese Isolation zu brechen. Wenn die Kinder also allein rausgekonnt hätten, nachdem sie meinten, sich beruhigt zu haben, dann hätte ich das eventuell noch tolerieren können. – Sie waren aber auf die Erzieher und den Arzt angewiesen. Wenn die sagten, die Kinder haben sich beruhigt, erst dann kamen sie wieder raus.

Ich fand es wichtig, daß Kinder, die in irgendeiner Weise durchdrehen oder gekollert haben, ihre Ruhe finden. Aber ich hielt es für gefährlich, sie nur aus dem Grund einzusperren, weil diese Maßnahme für uns Erzieher der leichtere Weg war. Hinzu kam, daß es in der Gruppe oft zu wenig Personal gab. Wenn bei mir ein Kind gekollert hatte, mußte ich mich damit auseinandersetzen. Die anderen Kinder kamen dadurch zu kurz, da ich mich nicht mehr um sie kümmern konnte.

Wenn in einer Einrichtung solche »Beruhigungszellen« vorhanden sind, ist es leider schwierig, darüber zu reden. Sie werden einfach benutzt, weil sie da sind. Die Erfahrung hat zwar gezeigt, daß die Kinder in den »Beruhigungszellen« auch weiter gekollert und sie total demoliert haben. Die damit verbundene Absicht wurde also nicht einmal erreicht, eher das Gegenteil. Darüber fanden wohl viele Diskussionen mit der Leitung und den Kollegen statt, doch es wurde nie versucht, eine andere Lösung zu finden. Wir gingen im Grunde den Weg des geringsten Widerstandes.

Wie ich selbst reagiert hätte, wenn man mich als Kind oder jetzt als Erzieherin in diesen Zellen untergebracht hätte, darüber kann ich nur Spekulationen anstellen. In meiner eigenen Erziehung habe ich so etwas nicht erlebt. Wir sind weder eingesperrt worden, noch gab es Drohungen in dieser Richtung. Ich kann mich daher nur schwer in solch eine Lage versetzen. Ich weiß nicht, was ich getan hätte. Es kann sein, daß ich auch um mich geschlagen, geschrien und getreten hätte. Es kann aber auch sein, daß ich mich einfach hingesetzt und geweint hätte. Vielleicht hätte ich gedacht: Jetzt läßt du das über dich ergehen! Wahrscheinlich hätte ich mich auch gefragt – wie die Kinder es getan haben –, warum sitze ich hier eigentlich? Ich würde mich in einer solchen Situation ungerecht behandelt fühlen, würde also denken: Du hast einen Grund gehabt, warum du Krach geschlagen hast und jetzt sitzt du hier, keiner versteht dich, keiner hat dich mehr lieb! – Vermutlich haben die Kinder ähnliche Gedanken, fragen sich auch: Warum sitze ich hier? – Warum muß ich das allein mit mir ausmachen? – Natürlich werden sie es als Strafe empfunden haben.

Manchmal schien es aber für die Kinder auch ein Erfolg zu sein, da reinzukommen. Damit wurde so eine Art Image innerhalb der Gruppe aufgebaut: Ich war in der Zelle, ich habe geklaut …! Es kam auch vor, daß andere Kinder auf das Dach stiegen und Ziegel abdeckten, um Kontakt zu demjenigen zu bekommen, der gerade einsitzen mußte. Es gab schon Kinder, die damit sehr locker umgingen und diese Strafe genau wie jede andere einfach hinnahmen.

Trotzdem glaube ich, daß in den Kindern etwas kaputtgegangen ist! Das will ich gar nicht bestreiten!

Bei uns wurden auch Medikamente verabreicht, um die Kinder zu beruhigen. Ich zählte die Pillen ab, legte sie den Kindern auf den Tellerrand oder gab sie ihnen direkt in die Hand. Ich war eigentlich gegen diese Medikamente, da ich wußte, daß sie nichts bringen, sondern die Probleme nur verdecken würden.

Noch etwas anderes fällt mir dabei ein: Im Heim wurde alles abgeschlossen, vom Medizinschrank bis zur letzten Zimmertür. Und wir hatten den Schlüsselbund. Einmal sagte ein Kind zu uns Erziehern: »Ich werde Gefängniswärter und habe einen noch viel dickeren Schlüsselbund als ihr!«

Als ich das hörte, habe ich innerlich gegrinst und gedacht: Meine Güte, du wirst auch nie begreifen, daß wir dich hier nicht einsperren wollen – wir wollten es auch nicht! Damit schob ich diese Bemerkung erst einmal weit weg von mir, um weiterarbeiten zu können, sonst hätte ich mich selber fertiggemacht. Aber es war ein Einsperren! Die Kinder mußten sich einfach eingesperrt gefühlt haben, sonst wäre der Wunsch zum Weglaufen nicht dagewesen.

Ich habe zwar darüber nachgedacht, aber nie versucht, mit anderen Leuten darüber zu reden, um das zu verarbeiten und gar was dagegen zu tun. Mir wäre das damals auch zuviel geworden.

In dieser Anstalt leben zwischen 700 und 800 »Behinderte«, getrennt nach Kindern, Frauen und Männern. Wieviele dort für immer bleiben, kann ich nicht genau sagen. Bei den Kindern ist es so, daß die meisten in den jeweiligen anderen Bereich übersiedeln, daß also die wenigsten mit einer Entlassung rechnen können. Ein Grund dafür ist vielleicht, daß sie kein Elternhaus mehr haben.

Zusammenfassend möchte ich sagen, daß ich mir während meines Studiums überlegt habe, ob ich noch einmal in einem Heim arbeiten möchte. Ich kann nicht abstreiten, daß ich während der Zeit dort etwas gelernt habe, also Erfahrungen gesammelt habe, die mir nützlich sind. Es ist ja nicht nur alles schlecht gewesen. Allein die Erfahrungen mit den Kindern bringen einen weiter – mich zumindest. Und selbst durch all die negativen Erfahrungen habe ich dazugelernt und daraus Konsequenzen gezogen. Heute weiß ich, daß ich Fehler gemacht habe, die ich mir eingestehen muß. Zum Teil bin ich einfach selbst schuld daran gewesen, bedingt durch unzulängliche Ausbildung oder Nichtwissen. Ich weiß aber auch, daß ich wissentlich Fehler gemacht habe. Ich habe mich angepaßt, weil ich nicht anders konnte, weil ich den vorhandenen Strukturen verhaftet war. Mittlerweile ist mir klar, daß die Arbeit in einem Heim für mich als Sozialarbeiterin nicht mehr in Frage kommt.

Ich wollte reformieren und blieb damit stecken

Marianne P. arbeitete in den Jahren '79 und '80 in einem Heim für Jugendliche. Sie hat die Heimkampagne aktiv mitgemacht. Sie beschreibt ihre Zeit, die der Heimkampagne und die Zeit im Heim.

Mir war mit 14 schon klar, daß ich Pädagogik studieren wollte. Ich wollte die Welt verändern, die Ungerechtigkeiten abschaffen. Und während des Studiums ist mein Interesse auf die Heimerziehung und deren historischen Hintergrund gelenkt worden. Das hat mich interessiert, geschichtlich. Und zu dieser Zeit war auch gerade die Heimkampagne in Frankfurt. Es kamen Heim-Jugendliche in die Uni, mit denen wir diskutiert haben.

Ich fand es wichtig, daß die Heimerziehung reformiert wird, und ich wollte mithelfen, die schier aussichtslose Situation der Heim-Kinder von Grund auf zu verbessern. Mir war klar, daß das nur in den Institutionen zu realisieren ist. Doch sehr viel später stellte ich fest, daß man kaum etwas verändern konnte.

Durch zahlreiche Gespräche mit betroffenen Jugendlichen ist mir klargeworden, daß die Heimbedingungen für sie katastrophal waren. Ich fand es ungerecht, wie sie dort leben müssen. Sie wurden in den Heimen ausgebeutet, auch sexuell! Korruption und andere Grausamkeiten bestimmten den Heimalltag. Ich fand es unwürdig, daß in sozialen Institutionen so etwas passiert und daß das legal ist und war. Ein Leben in Freiheit und Selbständigkeit war in den Heimen selbst jedoch nicht zu realisieren. Die Unterdrückung, Ausbeutung und Bevormundung konnte ich nicht verhindern; sie war auch weiterhin Lebensrealität im Heim.

Mir war das am Anfang in der Härte nicht aufgefallen. Ich hatte erst einmal persönlich Schwierigkeiten, Fuß zu fassen, mit den Jugendlichen in Kontakt zu kommen und die Struktur dieses Heimes zu durchschauen. Mir war erst einmal nur aufgefallen, daß die Betroffenen in ihrem Handlungsspielraum eingeschränkt waren, z. B. durch Ausgangsverbot. Sie durften sich nur zu bestimmten Zeiten draußen aufhalten. Fußball durften sie spielen, doch sah man das nicht gerne.

Es tauchten immer wieder Schwierigkeiten unter den Erziehern auf, die teilweise nicht begreifen wollten, daß die Jugendlichen Freiräume brauchten. Ich merkte schon bald, daß Sachen wie Unterdrückung auch in meiner Funktion als Erzieherin aufgetreten waren. Eigentlich wollte ich alles ändern, reformieren und hatte dazu große Pläne ausgearbeitet. Ich wollte ihnen neue Wege aufzeigen, wie sie ihre Freiheit sinnvoller gestalten könnten. Dabei brachte ich eigene Erfahrungen aus meiner Kindheit mit ein und versuchte, neue Regeln aufzustellen. Doch all das war nur schwer durchsetzbar, weil noch Erzieher vom alten Schlag da waren. Erzieher, die meinten, daß die Jugendlichen nicht wie Du und Ich sind, daß sie eine Stufe niedriger als wir Erzieher stehen. Dadurch wurde vieles kaputtgemacht. Die von uns Neulingen eingebrachten Reformvorschläge wurden von den anderen Erziehern boykottiert. Wir, die Neulinge, die frisch von der Uni kamen, wir waren bestimmten Regeln der Heimleitung unterworfen.

Da ich selbst auch im Heim wohnte, kam in mir das Gefühl der Ohnmacht hoch. Eingesperrt zu sein, in einem Ghetto zu leben, auf der einen Seite die Jugendlichen, auf der anderen Seite wir, die Erzieher. Allein das Heim – außerhalb der Stadt gelegen – bewirkte, daß man sich in seinen Handlungen eingeschränkt, eingesperrt und Regeln unterworfen fühlte.

Bei den Jugendlichen führte es dazu, daß sie oft abgehauen sind. Sie waren oft aggressiv, randalierten oder verhielten sich provokativ. Schon allein durch das enge Zusammenleben in diesem Ghetto außerhalb der Stadt – verbunden durch Tabus, Verbote und Gebote – riefen Aggressionen bei den Jugendlichen hervor. Mir war klar, in welcher Lebenssituation sich die Jugendlichen befanden – doch was sollte ich tun?

Ein Teil der Jugendlichen brachte mir Sympathie entgegen, manche hatten auch Sehnsucht nach Körperkontakt. Sie wollten in den Arm genommen werden, wollten einen Gutenachtkuß. Ich wußte aber nicht, als was sie mich einstuften: War ich für sie die Ersatz-Mutter oder die Erzieherin, sahen sie mich als Freundin oder verbanden sie auch Sexualität mit mir. Auf jeden Fall hatten sie ein unheimlich großes Verlangen nach Wärme, Zärtlichkeit und Freundschaft.

Meine größten Schwierigkeiten hatte ich durch ältere Kollegen, die eine ganz andere Einstellung den Jugendlichen gegenüber hatten als ich. Disziplin und Ordnung standen bei ihnen an erster Stelle. Das Leben wurde teilweise nicht nur von oben bestimmt, also von der Heimleitung, sondern auch durch althergebrachte Sitten und Gebräuche (Strenge, Zucht, Ordnung, Disziplin, Gehorsam, Enthaltsamkeit und Keuschheit).

Die Abhängigkeit der Jugendlichen von den Erziehern spielte eine große, pädagogisch wichtige Rolle: Wenn wir schlecht gelaunt waren, konnten wir die Jugendlichen verdammen, beschimpfen oder auch ignorieren. Sie waren abhängig von unseren Launen. Unsere Rechte als Erzieher, als Autoritätsperson, erlaubten uns, sie zu schikanieren und zu unterdrücken. Wir Erzieher haben uns oft so verhalten. Wir haben oft unsere Macht zur Geltung gebracht, schon aus Angst, unser Gesicht als Autoritätsperson zu verlieren.

Von Sanktionen wie Taschengeldentzug, Fernsehverbot, Ausgehverbot, Heimfahrverbot und auch Liebesentzug machten wir häufig Gebrauch. Geprügelt wurde nicht so oft. Wenn aber ein Jugendlicher einen Erzieher schlägt, kommt er in ein anderes Heim. Wenn jemand randalierte, kam er auch schon mal in die Psychiatrie, ein Jugendlicher z. B., weil er »untragbar« für uns wurde.

Ich selbst war recht autoritär, aber verhängte nie so idiotische Strafen. Ich schrie aber rum, wenn mir was nicht paßte. Ich wollte, daß die Regeln, die neuen Regeln, die auch ich einführte, beachtet werden. Sie mußten sich eben nach unseren Regeln verhalten: Leistung, Anpassungsbereitschaft usw. Wir hielten immer wieder unseren Daumen drauf, wenn jemand gegen diese Regeln verstoßen hatte.

Dem Heim war eine Schule für Verhaltensgestörte angegliedert, da die meisten Jugendlichen dort aufgrund von Schulschwierigkeiten eingewiesen worden waren: Schule ist aber für denjenigen, der wenig Interesse am Lernen hat und eher über handwerkliches Können verfügt, etwas Unangenehmes. Die Lehrer sind auf diese Probleme nicht eingegangen. Wenn einer im Unterricht störte, bekam er Strafarbeiten auf. Ich fand das idiotisch. Mir selbst kam es auch darauf an, daß die Jugendlichen den Abschluß schaffen. Denn im Hinterkopf war bei mir immer noch politisches Denken nach dem Motto: Wissen ist Macht! Und gerade Arbeiterjugendliche müssen die Möglichkeit bekommen, etwas zu lernen, müssen einen Berufsausbildungsplatz haben, um ihr Leben besser gestalten zu können.

Ich versuchte, die Jugendlichen für ein Leben draußen fit zu machen, daß sie zumindest mit der Unterdrückung und Ausbeutung, die es überall gibt, besser umgehen können. Was hätte ich denn sonst noch machen sollen? Ich konnte doch nicht mit den Jugendlichen über ihre Situation reden, ihnen vor Augen halten, daß sie Gefangene eines Systems sind. Damit hätte ich meine Funktion als Erzieherin in Frage stellen müssen. Ich hätte meinen Beruf aufs Spiel gesetzt, mich überflüssig gemacht, wenn ich ihnen gesagt hätte: Brecht aus den Heimen aus! Organisiert euer Leben selbst!

Von Anfang an hatte ich nur das eine Ziel: die Heimerziehung als solche zu reformieren, die Lebensbedingungen für die Jugendlichen zu verbessern. Während ich dort arbeitete, ist mir aber klargeworden, daß das nicht ging, weil die Strukturen festgefahren waren. Ich konnte dagegen nicht angehen, genausowenig wie die anderen Kollegen. Bei mir kam noch die Angst dazu, so zu werden wie die anderen Erzieher. Das war wohl mit ein Grund, der mich um meine Ziele, eine Reform der Heimerziehung, brachte.

Ich glaube im übrigen, daß viele Erzieher deswegen Mist bauen, um überleben zu können.

Das finde ich natürlich nicht richtig, aber in einem Fall habe ich auch so gehandelt. Ich bin mit dafür verantwortlich, daß ein Junge in die Psychiatrie eingeliefert wurde. Nur, weil ich mit ihm nicht zurechtkam. Durch meine Unfähigkeit und die Tatsache, daß er nicht mehr da war, habe ich mein Überleben als Erzieherin gesichert. Dieser Junge wollte sich nicht an die von mir und anderen Kollegen neu eingebrachten Regeln halten. Er war deshalb für das Heim »untragbar« geworden.

Durch seine Weigerung entwickelte ich unheimliche Aggressionen ihm gegenüber. Ich lehnte ihn ab und forderte, daß er gehen müßte. Ich wollte in der Gruppe Ruhe, und der Junge störte.

Zuerst hatte ich keine großen Schuldgefühle gegenüber diesem Jungen, schließlich hatte ich hin und her überlegt und mit anderen Leuten darüber diskutiert. Ich hatte für meine Forderung, daß er gehen muß, viele vernünftige Gründe: Die Gruppe fiel seinetwegen auseinander, die anderen Jugendlichen hätten womöglich auch rebelliert. Damit wäre es mit der Gruppenatmosphäre aus gewesen. Erst im nachhinein muß ich sagen, daß ich das Problem von mir weggeschoben habe. Heute habe ich Schuldgefühle. Ich habe versagt, da ich mit der Situation nicht zurechtkam und es den Jungen ausbaden ließ.

Ich wollte reformieren und blieb damit stecken!

Dieter N. Schué

Ich bin Erzieher

Mein Arbeitsplatz ist das Internat.
Ich lebe in einem Haus zusammen mit sieben 11jährigen,
acht 12jährigen, vier 13jährigen und fünf 14jährigen Jungen.
Ich bewohne ein Einzimmer-Appartement, die Jungen bewohnen Viererzimmer. Ich bin Hausvater für 24 Schüler der
Unterstufe des Gymnasiums. Wir sind eine große Familie.
Dreiunddreißig Erziehungsberechtigte – neun Elternpaare,
fünfzehn Elternteile – haben mir ihre erziehungsbedürftigen
Kinder anvertraut. Laut Dienstvertrag bin ich verpflichtet,
sie zu erziehen. Täglich! Vom Wecken bis zum Einschlafen.
Mit geeigneten Maßnahmen.
Mein Leben ist von früh bis spät eine Latte von geeigneten
erzieherischen Maßnahmen. Mein Leben ist von früh bis
spät eine einzige ununterbrochene erzieherische Maßnahme. Ich bin nicht ich.
Ich bin Erzieher.
Ich greife in das Leben der Kinder ein, um es zu richten. Es
gibt immer etwas zu richten. Nie sind die Kinder so, wie sie
sein sollen. Sie haben eigentlich noch gar kein eigenes
Leben: Ihr Leben besteht aus einer Kette von Eingriffen
ihres Erziehers.
Morgens um halb sieben greife ich in ihren Schlaf ein. Ihr
Schlaf hat keine Chance, von sich aus zu Ende zu gehen, ich
unterbreche ihn willkürlich. Statt die Kinder aufwachen zu
lassen, wecke ich sie. Bis eben noch sollten sie schlafen.
Jetzt sollen sie aufstehen. Ich weiß, was gut für sie ist.
Ich bin Erzieher.
Um viertel nach sieben greife ich in ihre Verdauung ein. Sie
sollen hopphopp hoch vom Frühstückstisch und marsch-

marsch ins Haus und zackzack die Betten machen und avanti die Schulmappe packen und loslos in die Schule. Statt mir zu erzählen, was sie geträumt haben.

Am Vormittag mache ich die Eingriffe nicht selbst. Das besorgen die Putzfrauen und die Lehrer. Die Putzfrauen greifen in ihre Privatsphäre ein, bringen ihre Zimmer in heillose Ordnung. Die Lehrer greifen in alles ein, was sich regt, ihre Gedanken, ihre Gliedmaßen. Sie sollen nicht denken, was sie wollen. Sie sollen nicht tun, was sie wollen. Wo kämen wir da hin. Besser stillhalten, geistig und körperlich, und vertrauensvoll warten, bis man weitergereicht wird, von Eingriff zu Eingriff.

Ab Mittag greife ich verstärkt ein. Die Schule hat sie aufgeregt. Ich muß sie dämpfen.

Wieso hast du dein Bett nicht gemacht? Was fällt dir ein, den Papierkorb nicht zu leeren? Was muß ich da von deinem Mathelehrer hören? Komm um drei mal zu mir!

Sie sollen lernen, daß sie Schüler sind. Und nichts sonst. Sie sollen lernen, daß sie lernen müssen. In der Schule sollen sie lernen, daß sie selber schuld sind, wenn sie nichts lernen. Bei Tisch sollen sie lernen, daß sie selber schuld sind, wenn es ihnen nicht schmeckt. In der Freizeit sollen sie lernen, daß sie zu dumm sind, ihre Freizeit sinnvoll auszufüllen. Sie sollen es lernen, daß sie es nicht lernen.

Wenn sie über den Rasen auf mich zukommen, sage ich: Wenn du noch einmal über den Rasen läufst, kriegst du Arrest. Anstatt: Hallo, wie geht's dir!

Wenn sie abends um halb neun mit Gitarre und Wolldecke vom Fluß zurückkommen, sage ich: Schon wieder zehn Minuten zu spät! Anstatt: Schön, daß ihr wieder da seid, wie war's?

Denn ich bin Erzieher.

Ich achte darauf, daß sie nicht zu sich selber kommen. Das würde ja an Unzucht grenzen. Ich halte auf Zucht.

Wenn sie abends um neun auf den Viererzimmern zusammenhocken und schwatzen, trete ich dazwischen, greife ich ein, trenne ich: los, ihr hattet den ganzen Tag Zeit zum Quatschen, jetzt sollt ihr schlafen! Ich trenne die Jungen voneinander. Ich trenne die Jungen von sich selber. Ich zerteile und herrsche.

Ich bin Erzieher.

Ich erziehe die Jungen zu etwas. Ich entziehe ihnen ihr Leben, ihre Ideen, ihre Gefühle, ihre Wünsche, ihre Lernlust. Ich entziehe ihnen die Liebe.

Ich bin Erzieher.

Mein Arbeitsplatz ist das Internat. Mein Arbeitsmaterial sind elf- bis 14jährige Schulkinder. Mein Arbeitsprodukt ist Angst, Feindseligkeit, Gleichgültigkeit, Skrupellosigkeit, Resignation und Revolte.

Ich sehe mir das an und frage mich:

Was ist nur los mit der heutigen Jugend?

Ich wollte für sie ein Partner, ein Freund sein

*Bernd H., Erzieher, arbeitete von 1979 bis 1983 mit einer klei-
nen Unterbrechung in einem heilpädagogischen Kinderheim.
Er berichtet über diese Zeit.*

Ich war schockiert, als ich im Kinderheim anfing zu arbeiten.
Die Räume der Gruppe, in der ich arbeiten sollte, waren
verdreckt, der Ölputz war teilweise schon ab. Als Einrichtung dienten alte Möbel vom Sperrmüll, die Betten waren
provisorisch zusammengezimmert. Die ganze Atmosphäre
war kalt und ungemütlich. Für mich fehlte da eine Wärme,
eine emotionale Wärme. Diese Gruppe drückte nichts aus.
Ich hätte mich als Kind hier nicht wohl fühlen können. Wenn
ich abends durch die Gruppe ging, überlief mich ein kalter
Schauer. Das war alles so unwirklich, so kalt und dunkel. Ich
konnte mir einfach nicht vorstellen, daß man da gerne als
Kind groß wird.
Die Kinder wollten vor allem wissen, wie lange ich bleibe.
Das habe ich damals nicht verstanden. Heute verstehe ich
das. Sie haben mich viel gefragt: wo ich herkomme, was ich
gemacht habe, was ich von ihnen will. Sie wollten einfach
wissen, mit wem sie es nun zu tun haben. Sie wollten wissen,
wer ich bin. Zu viele hatten dort gearbeitet und waren gegangen. Und immer wieder haben sie mich gefragt: Wie
lange bleibst du denn bei uns?
Das Heim selbst bestätigte meine negative Vorstellung, die
ich von früheren Heimen hatte. Ich war ziemlich enttäuscht,
daß es auch hier nicht anders war. Ich wollte selbst die starre
Atmosphäre ändern, doch die Jugendlichen machten nicht
mit. Sie hatten einfach keine Lust, etwas an ihrer Lebenssituation zu verändern. Sie hatten keine Erwartungen mehr.

Für neue Ideen, für Veränderungen waren sie nicht zu haben; sie sind von ihnen nicht mehr angenommen worden.

Der Heimleiter sagte mir, als ich im Heim meine Arbeit anfing: Die Kinder und Jugendlichen seien total verwahrlost und aggressiv, und diese Gruppe sei die schlimmste im Heim. Sie seien kriminell und würden saufen; sie hätten kein soziales Verhalten.

Ich hatte aber einen ganz anderen Eindruck. Es war bei weitem nicht so schlimm, wie der Heimleiter mich glauben machen wollte. Was die Kinder und Jugendlichen nicht konnten, war, Gefühle zu zeigen und diese auch auszuleben. Sie waren einfach nicht offen. Sie lebten so, wie sie sich fühlten. Sie tranken teilweise Alkohol.

Ich selbst wollte von Anfang an nicht als der typische Erzieher auftreten, sondern als Mensch! Die Erzieher, die dort arbeiteten, habe ich als ziemlich emotionslos empfunden. Sie haben nie ausgedrückt, was sie im Moment fühlen. Mit mir haben die Kinder rumgebalgt. Das war für sie die einzige Möglichkeit, Körperkontakt aufzunehmen. Mein Ziel war, zu den Kindern eine Beziehung aufzubauen, die nicht aus dem »Arbeitsverhältnis« heraus entsteht, sondern eine Beziehung, aufgebaut zwischen Menschen! Ich wollte für sie ein Partner, ein Freund sein, kein Erzieher! Ich wollte mit ihnen viel zusammen machen, mit ihnen einfach zusammenleben. Doch die Realität zeigte, daß das nicht geht. Mit solch einer Einstellung kann man in einem Heim einfach nicht arbeiten.

Die Beziehung zwischen den Erziehern empfand ich als ein reines Arbeitsverhältnis. Es gab keinen persönlichen Kontakt. Mehrere Erzieher hatten bereits gekündigt, weil sie voller Frust waren. Mit den anderen Erziehern konnte ich keine Beziehung aufnehmen. Ich stand allein da. Ich wußte nicht, wie es weitergehen sollte.

Ich fühlte, daß ich eine große Verantwortung auf mich geladen hatte, als ich den Kindern sagte: Ich bleibe noch! Ich wußte nicht, wie lange ich es dort aushalten würde. Die ganze Situation im Heim war einfach unerträglich. Einerseits wollte auch ich gehen, andererseits wollte ich die Kinder nicht allein lassen. Ich war einer von ihnen und war aber auch gleichzeitig einer der Erziehenden.

Die Kinder mußten zu bestimmten Zeiten aufstehen, sich waschen, essen, Schränke und Zimmer aufräumen; alles war dort geregelt durch Bestimmungen von oben, von der Heimleitung. Die Regeln selbst konnten nur mit starkem Druck durchgesetzt werden.

Ich habe mich dabei eigentlich immer unwohl gefühlt, wenn ich zum Beispiel darauf bestehen mußte, daß sie abends um neun Uhr ins Bett gehen. Das sah ich zwar nicht ein, aber es mußte so gemacht werden, sonst wäre die ganze Gruppe zusammengebrochen. Die Kinder waren es aber gewohnt, daß alles von außen her geregelt wurde. Die Regeln bestanden seit vielen Jahren, und sie wurden nie hinterfragt, ob sie überhaupt einen Sinn hatten. Die neuen Erzieher übernahmen sie einfach ungefragt.

Wenn diese Regeln nicht eingehalten wurden, wurde mit Verboten reagiert: Fernsehverbot, Ausgehverbot, Taschengeldentzug. Wer abends nicht zum Essen da war, bekam einfach nichts mehr; die Küche wurde geschlossen. Der Betroffene konnte dann hungrig ins Bett gehen. Die Reaktion der Kinder war dann, daß sie abends abgehauen sind.

Ich fand es schwachsinnig, daß man alles nicht freier handhaben konnte. Aber ich habe das mit durchgezogen! Ich dachte: Als Zivildienstleistender kannst du sowieso nichts ändern! Ich mußte den Dienst ja so machen, wie man mir das vorgeschrieben hatte.

Die Kinder kannten die Regeln schon seit Jahren, und sie haben sich überhaupt nicht dagegen gewehrt. Wenn sie sich nicht davonmachten, dann nur, weil sie keine Lust hatten. Sie hatten nicht erkannt, daß diese Regeln schwachsinnig sind; sie haben sich nicht mit Worten gewehrt, wenn sie früh ins Bett mußten, sondern hauten ab, liefen ein paar Stunden herum, kamen dann wieder und gingen ins Bett. Sie kamen wieder, da brauchten wir keine Angst zu haben; schließlich wußten sie ja nicht, wohin sie sonst gehen sollten.

Eine richtige Gegenwehr gegen diese Unterdrückung kam von ihnen nicht. Doch irgendwann, als ein autoritärer Erzieher bei uns anfing zu arbeiten, haben sie sich gewehrt: Sie rissen die Gardinen vom Fenster, schmissen die Möbel um: Sie randalierten! Auf einmal wurde die Situation für die Kinder noch härter: Es wurde auch mal zugeschlagen von den Erziehern. Die Kinder wurden dann so mürbe gemacht, bis sie sich den Regeln wieder freiwillig unterworfen haben.

Heute habe ich ein schlechtes Gewissen. Ich war ein Mitläufer, da ich nicht immer die Partei der Kinder ergriffen habe. Heute ist mir die Ohnmacht der Kinder bewußt. Ich habe damals immer auf der Seite der Erzieher gestanden, weil ich dachte, daß sich der Zusammenhalt seitens der Erzieher auf die Kinder positiv auswirkt. Sie würden dann wissen, wo sie dran sind, und von seiten der Erzieher würde keine Unsicherheit gegenüber den Kindern aufkommen. Heute weiß ich: Es wäre besser und notwendig gewesen, auf der Seite der Kinder zu stehen, ohne Einschränkung, und mit ihnen gemeinsam gegen diese Regeln anzukämpfen! Heute würde ich solche Regeln nicht mehr durchziehen!

Ich selbst hatte auch nicht gefragt, wie die Kinder zu diesen Regeln stehen. Warum sie diesen Aufstand machen. Damals dachten die Erzieher: Wir müssen hart durchgreifen, weil die Kinder »verwahrlost« sind.

Was mich sehr schockiert hat, ist, obwohl wir ja den Erziehungsauftrag zu erfüllen hatten, daß »extrem« schwierige Kinder einfach so abgeschoben werden. Ein Junge und ein Mädchen sind in eine Psychiatrische Klinik gekommen, weil die Erzieher mit ihnen nicht klargekommen sind. Es wurde nicht der Versuch unternommen, sie in einer anderen Gruppe unterzubringen, um zu sehen, wie sie sich da entwickeln. Sie sind einfach von der Heimleitung abgeschoben worden. Und als sie einige Zeit später wiederkamen, drohte man ihnen immer wieder: Wenn ihr euch nicht besser verhaltet, dann kommt ihr zurück in die Psychiatrie!

Dort hatten sie Psychopharmaka bekommen, um sie ruhigzustellen. Den Jungen habe ich zum Beispiel vorher als sehr lebhaft empfunden. Als er wiederkam, war er total aufgeschwemmt. Er starrte nur noch aus dem Fenster, hatte nur noch langsame Bewegungsabläufe; er hatte überhaupt keine Energie mehr.

Den Jungen hatte man übrigens unter dem Vorwand in die Psychiatrie gebracht, daß man ihm sagte, man wolle mit ihm zusammen ein Lagerfeuer machen. Und bei dem Mädchen sagte die Heilpädagogin: Ich will mit dir deine Schule anschauen. Doch der Weg führte nicht in die Schule, sondern in die Nervenheilanstalt.

Als das Mädchen einmal von dort abgehauen und zu uns gekommen war, wurde die Polizei geholt, die sie wieder zurückbrachte. Der Junge war zehn Jahre alt, das Mädchen dreizehn Jahre.

Dieses Heim ist heute ein Heilpädagogisches Heim. Therapie ist großgeschrieben. Nach dem Motto: Welche Verhaltensstörungen hat das Kind! Dann wird ein Plan aufgestellt, und die Kinder werden mit therapeutischen Methoden großgezogen. Hier werden die neuesten pädagogischen Erkenntnisse, die auf dem Markt sind, angewendet. Unser Heim ist sozusagen spezialisiert auf verhaltensgestörte Kinder und Jugendliche. Ich persönlich habe das Gefühl, daß Kinder, die in Heimen großwerden müssen, nicht als Kinder bzw. Menschen angesehen werden, sondern als Objekte, an denen man neue wissenschaftliche Erkenntnisse ausprobieren kann. Und daß nur derjenige was wert ist, der Pädagogik studiert hat. Ich wurde gekündigt.

Der Grund meiner Kündigung war folgender: Der Leiter sagte mir, ich solle endlich mal andere Kollegen und Arbeitsfelder kennenlernen. Er sagte mir dann weiter, daß er sich mit Biogenetik beschäftigt habe und daher an meinen Beinen feststellen könne, daß ich seelische Probleme habe, die aus meiner Kindheit herrühren würden. Ich könne keine Gefühle zeigen; dennoch bestünde die Gefahr, daß ich die Kinder und Mitarbeiter sexuell verführen könne. Homosexuelle könne er im Heim nicht gebrauchen! Und ich solle nur die Hände von »seinen« Kindern lassen!

Der Heimleiter versuchte, mich mit diesen Anspielungen fertigzumachen. Er wollte erreichen, daß ich von selbst kündige. Nur: Diesen Gefallen wollte ich ihm nicht tun!

Ich habe mittlerweile keine Lust mehr, in einem Heim zu arbeiten. Ich möchte was Eigenes aufmachen, etwas, wo ich wirklich mit Kindern zusammenleben kann; wo nicht so viel Wert auf Therapie und Pädagogik gelegt wird; wo Kinder nicht verwaltet und bevormundet werden. Ich plane es zusammen mit Kollegen; wir alle wollen es anders und besser machen, als wir es in der Heimerziehung erlebt haben.

4   Ehemalige Heimkinder berichten

Er kannte nur das »Heim-Leben«

Für Klaus B. begann das Leben im Heim mit vier Jahren und endete mit seinem sechzehnten Lebensjahr. In diesen zwölf Jahren hat er neun Heime durchlaufen bzw. kennengelernt. Keine Seltenheit für ein Heimkind.

Mit vier Jahren begann meine Heimkarriere in Mannheim. Zwei Jahre später kam ich in ein Schifferheim nach Holland, dann wieder nach Deutschland, in ein Kinderheim. Hier fangen meine Erinnerungen an, lebendig zu werden. Ich merkte auf einmal, wie fremd mir das Heimleben war, obwohl ich schon ein paar Jahre in Heimen lebte. Das ist schlimm: Du wirst hin und her gereicht, von einem Heim ins andere. Und immer wieder mußt du dich an andere Leute gewöhnen, mußt mit ihnen unter einem Dach zusammenleben, mußt mit ihnen eine lange Zeit auskommen. Niemand fragt dich, ob du das überhaupt willst.
Das Heim in N. war ein Erziehungsheim. Ich hatte oft Heimweh, wollte nur noch zurück nach Hause, zurück zu »meinen« Eltern, obwohl ich mich an sie nicht mehr erinnern konnte, sie mir fremd waren. Die Heime gefielen mir nicht. Ich kann mich noch erinnern, daß es Pflicht war, morgens zwei Teller Suppe zu essen, Haferflocken- oder Schokoladensuppe. Davon mußten wir zwei Teller essen, ob wir konnten oder nicht, ob wir wollten oder nicht. Und abends bekamen wir nur eine Tasse Tee, weil es einige Bettnässer gab.
Die Erzieher waren reine Sadisten. Sie waren streng. Man konnte sich nicht frei bewegen. Man mußte sich allem anpassen, wenn man nicht Gefahr laufen wollte, mit Sanktionen belegt zu werden. Wir bekamen immer wieder neuen Druck zu spüren, und wir hatten Angst.

Abends wurden die Unterhosen kontrolliert, weil einige in die Hosen machten. Jene, bei denen das der Fall war, wurden vom Erzieher immer mit einem Kochlöffel auf den nackten Hintern geschlagen. Mit dieser »Erziehungsmethode« hofften die Erzieher, den Bettnässern helfen zu können, nicht mehr ins Bett oder in die Hose zu machen. Es gab noch eine brutalere Methode: Sie schleiften die Jungen mit Gewalt auf die Mädchenstockwerke; dort mußten die Jungen die Hose runterziehen, und die Mädchen durften bzw. mußten mit einem Kochlöffel auf den nackten Hintern der Jungen schlagen. – Ich hielt das für eine brutale Quälerei.

Sonntags mußten wir zur Kirche gehen, beichten, uns beim lieben Gott für den »Ungehorsam« entschuldigen und vor ihm Rechenschaft ablegen für unsere Sünden.

Irgendwann kam ich in ein Heim für Diabetiker, da ich selbst Diabetiker bin. Auch hier war es nicht besser als in den anderen Heimen. Wenn man z. B. nicht in die Kirche wollte, wurde das Taschengeld gestrichen. Wenn man rauchte, gab es Ausgangssperre oder Fernsehverbot.

Der Tagesablauf war schlimm: Um halb sieben mußten wir aufstehen, um halb acht gab es Frühstück, um acht Uhr ging es in die Schule. Nach dem Mittagessen mußten wir eine Stunde ruhen, danach war es Pflicht, Sport zu treiben. Im Anschluß daran mußten wir die Hausaufgaben machen. Wenn man keine Hausaufgaben zu machen hatte, mußte man warten, bis die anderen fertig waren. Abends mußten wir unsere Schuhe putzen, dann hatten wir höchstens eine Stunde Freizeit. Nach dem Abendessen kam der Arzt und machte seine Visite. Das Licht wurde gelöscht, und wir mußten schlafen. Reden war verboten! Jeden Tag dasselbe. Zwei Jahre habe ich das mitgemacht: Ich wollte und konnte nicht mehr! Das hielt ja kein Mensch aus.

Die Jugendlichen wurden alle unterdrückt. Wir hatten Angst, den Erziehern zu widersprechen. Die Jugendlichen hatten auch untereinander Angst, da es einige gab, die andere verpetzt hatten, um bei den Erziehern gut zu stehen.

Im Heim konnte man nicht frei heraus reden; man konnte nichts allein machen, weder selbständig denken noch handeln.

Auch ich hatte Angst! Es reichte aus, daß ein Erzieher bzw. Erwachsener an mir vorbeilief, um mich vor Angst zusammenzucken zu lassen, auch wenn ich ein »reines Gewissen« hatte.

Wir wurden sehr streng gehalten. Sie haben nur Wert darauf gelegt, daß alles so läuft, wie sie es haben wollten – wie im Knast! Sie mußten aber so handeln, da sie sonst vom Heimleiter Druck zu spüren bekommen hätten.

Um meine Angst zu bekämpfen, flüchtete ich mich oft in eine Traumwelt. Ich stellte mir intensiv vor, wie es wäre, frei zu sein, auch wenn ich nicht wußte, was das ist: Freiheit! Um meine Träume zu verwirklichen, haute ich oft ab, irgendwohin, einfach weg, weg von dem Heim. Ich hatte dann ein Gefühl von »Freiheit«. Es war schön: Niemand war da, der dir weh tat.

Inzwischen habe ich zu meinen Eltern wieder einen sehr guten Kontakt. Mein Vater trinkt nicht mehr wie früher, und ich habe das Gefühl, daß er sich heute mehr um mich kümmert. Ich habe auch keine Haßgefühle mehr ihnen gegenüber. Ich bin richtig froh, daß wir uns jetzt verstehen, und hoffe, daß wir mal wieder zusammenleben können.

Zur Zeit lebe ich in einem Kinderhaus. Die erste Zeit dort war komisch, da ich ja nur die Heimerzieher kannte. Mir war aber bald klar, daß die Erzieher hier anders waren. Ich hatte anfangs wahnsinnige Komplexe und Ängste. Ich begriff erst nach und nach, daß das hier was ganz anderes war als die Heime, die ich kannte. Ich fühlte mich einfach freier! Heute kann ich über meine Probleme oder auch Schwierigkeiten mit den Betreuern oder auch mit den anderen Jugendlichen reden.

Die Angst vor den Erziehern konnte ich nur langsam abbauen. Man akzeptierte mich hier, wie ich bin. Hier im Kinderhaus kann man alles rauslassen, was man denkt und fühlt. Hier gibt es keine strengen Regeln und Gesetze. Das alles ist für mich zuerst sehr seltsam gewesen, was nicht verwunderlich ist, wenn man jahrelang in Heimen großgeworden ist.

Ich mache heute jede Woche eine Therapiestunde mit. Wir reden über mich. Oft kommen dann meine verdrängten Aggressionen gegen »meine« einstigen Erzieher hoch. Ich hasse sie! Ich habe Wut auf sie! Sie lehrten mich das Hassen.

Wir reden über alles; oft zeichne ich einen der früheren Erzieher. Ich stelle ihn mir beim Zeichnen vor, hänge die Zeichnung an die Wand und schieße dann mit einer Luftdruckpistole auf ihn: Warum warst du so grausam zu mir und den vielen anderen Kindern? Warum mußten wir so große, unbeschreibliche Angst vor dir haben? Warum hast du uns geschlagen und mit vielen Strafen belegt? Warum hast du mich abgelehnt? – Ich schieße auf ihn, schieße und schieße ... Dann bin ich auf einmal erleichtert und fühle mich frei.

Alle Kinder und Jugendlichen, die in Heimen leben müssen, tun mir leid. Ich habe mit vielen von ihnen jahrelang zusammenleben müssen. Ich weiß nicht, was aus ihnen geworden ist. Das Heim ist ein Knast! Ich wünsche mir, daß schon sehr bald der Tag kommen wird, wo die Heime leerstehen und die Kinder und Jugendlichen irgendwo ein wirkliches Zuhause gefunden haben.

Vor kurzem hatte ich mal wieder einen von meinen vielen Träumen. Ich war wieder im Heim, aber in meinem Traum war das Heim noch viel schlimmer. Es war ein richtiges Gefängnis geworden, aber es war doch ein Heim, eines von den vielen, in denen ich leben mußte. Im Traum sah ich nicht nur das Heim, das wie ein Gefängnis war, nein, ich sah das Heim, und das Heim war eine Gaskammer! Ich weiß noch, daß ich im Traum geschrien und geweint habe. Ich weiß noch, wie ich aufgewacht bin, ich war fertig, ich zitterte und ich schwamm in meinem eigenen Schweiß.

Ich liebe nur einen Menschen wirklich, meine Oma

Gerd S. war nur eine kurze Zeit im Heim. Zusammen kommt er auf zwei Jahre. Er lebte die ersten Jahre in seiner Familie, bis dann irgendwann das Jugendamt kam und ihn abholte. Der Weg führte direkt in ein Heim.

Wenn meine Eltern mich geschlagen hatten, kam in mir immer Wut auf, Wut auf meine Eltern und Geschwister, deren Schläge ich ebenfalls abbekam. Sie wußten, daß ich ungerecht behandelt wurde. Lange Zeit habe ich die Wut unterdrückt, bis ich wieder einmal von meiner Mutter mit einem Gürtel geschlagen wurde. Da habe ich einfach zurückgeschlagen. Seitdem hat sie mich nicht mehr geschlagen.

Mein Stiefvater sitzt zur Zeit im Knast, und mein richtiger Vater ist arbeitslos, da seine Firma Pleite gemacht hat. Er hat die ganze Zeit für uns Unterhalt gezahlt, aber jetzt kann er das nicht mehr. Das Kindergeld, das meine Mutter bekommt, reicht nicht aus, um uns Kinder alle zu ernähren.

Ich bin oft von zu Hause abgehauen, weil ich es wegen der Schläge nicht ausgehalten habe. Irgendwann hat sich das Jugendamt eingeschaltet und die Vormundschaft für uns Kinder übernommen. Von meinen Eltern wurde außerdem gefordert, die Wohnung zu renovieren und anzubauen, da sonst kein Platz für uns Kinder da sei. Da dafür aber kein Geld vorhanden war, machte das Jugendamt seine Drohung wahr, mich als ältesten in ein Heim zu bringen.

Zuerst wehrte ich mich dagegen, daß man mich ins Heim brachte. Doch irgendwann war ich auch froh, nicht mehr bei meiner Familie leben zu müssen. Ich wollte aber nicht von meinen Geschwistern getrennt werden, da ich auf einmal

Angst hatte, sie nie mehr wiederzusehen, Angst, daß ich sie nach Jahren nicht mehr wiedererkennen könnte. Eigentlich wollte ich also doch wieder zurück nach Hause, nur sollte alles anders sein als früher: ohne Prügel, ohne Hausarrest und ohne Strafen. Das wäre schön.

Ich hatte noch eine Oma, die war lieb zu mir. Von ihr habe ich das an Liebe, Wärme und Zuneigung bekommen, was ich weder von meinen Eltern noch im Heim jemals bekommen habe. Mein Opa ist irgendwann gestorben. Ich wünschte mir, er würde noch leben, da er oft eingegriffen hat, wenn ich Schläge bekam. Wer weiß, ob ich heute noch leben würde, wenn er nicht gewesen wäre. Daß uns unsere Eltern schlugen, geschah bestimmt aus Haß auf uns Kinder. Es gibt viele Momente, in denen ich meine Eltern hasse. Ich liebe nur einen Menschen wirklich, meine Oma.

Als ich ins Heim kam, wußte ich schon, daß ich es dort nicht lange aushalten würde. Ich bin oft abgehauen und hatte dann natürlich Schwierigkeiten mit den Erziehern.

Der Heimleiter hatte mich zu Beginn meines Aufenthaltes persönlich begrüßt und mir Prospekte über das Heim gezeigt. Er wollte mir damit das Heim schmackhaft machen und malte mir das Heimleben bunt aus. Als ich das erste Mal abgehauen war, holten sie die Polizei, die mich daheim gefunden hatte und wieder zurückbrachte.

Im Heim hielt ich mich gerne bei den größeren Jungen auf, weil ich den Jüngeren nicht zeigen wollte, daß ich stärker war als sie. Den Kleinen half ich aber immer, wenn es notwendig war. Ich habe sie beschützt. Ich wollte sie nicht unterdrücken, wie meine Eltern mich unterdrückt hatten. Ich wollte ihnen das geben, was mir meine Eltern nicht gegeben hatten. Ich wollte ihnen ein Freund sein, wollte, daß sie vor mir keine Angst haben, Angst, unter der ich seit jeher leiden mußte.

Mit den Erziehern bin ich nicht klargekommen. Nur mit wenigen hat man reden können. Unter ihnen waren auch welche, die ihre Macht den Neulingen gegenüber demonstrieren wollten. Auch einige ältere Jungen meinten, die Neulinge unterdrücken zu können. Viele Erzieher haben uns gar nicht ernstgenommen. Sie taten so, als existierten wir gar nicht.

Ich machte immer das,
was man von mir verlangte

Felizitas B. war bis zu ihrem 18. Lebensjahr in einem Heim. Sie schildert diese Zeit aus ihrer Sicht.

Ich bin mit ungefähr dreieinhalb Jahren ins Heim gekommen. Warum, weiß ich nicht genau, darüber hat man mir nie etwas erzählt. Ich denke, daß es vorwiegend finanzielle Gründe waren, weil wir eine kinderreiche Familie waren. Wir lebten – wie man so schön sagt – in asozialen Verhältnissen. Mein Vater war Alkoholiker. Es war nie genug zum Essen da; auch für die Kleidung reichte es nicht. Zeitweise wohnten wir sogar in einer Holzhütte, zwischen Äckern und Wäldern. Als jemand vom Jugendamt vorbeikam, hat man mich und meine Geschwister ins Heim gesteckt.
Im ersten Jahr habe ich in einer Gruppe gewohnt, daran kann ich micht nicht mehr genau erinnern. Als ich in eine andere Gruppe kam, war dort eine Erzieherin, die ich zehn Jahre lang hatte. Ich fühlte mich im Heim sehr eingeengt – wie in einem Gefängnis! Meine Geschwister, die alle in demselben Heim waren, wurden häufig bestraft, weil sie gegen die Vorschriften verstießen. Da habe ich mir gedacht, daß es besser ist, wenn ich mich mehr oder weniger anpasse. Dennoch habe ich ständig unter Angst gelebt, jede Minute, da ich immer damit gerechnet habe, auch bestraft zu werden. Das passierte schon bei Kleinigkeiten. Wir wurden verprügelt, mit allen Mitteln: mit einem Handfeger, wenn man Fingernägel gekaut hat, mit Kochlöffeln oder anderen Gegenständen. Das stand nie im Verhältnis zu dem, was man gemacht hat. Sie hatten total das Maß verloren. Wenn man uns schlug, haben wir geweint. Dar-

aufhin wurden wir noch mehr geschlagen, damit wir aufhörten zu weinen. Auch wenn meine Schwester geschlagen wurde, habe ich immer innerlich mitgeweint. Sie durfte ja nicht weinen. Und später war mir das mit dem Schlagen ganz egal: Man konnte mich schlagen, soviel man wollte, ich habe nur noch gelacht. Und das war der Erzieherin auch nicht recht. Die Strafe habe ich erduldet: Ich machte immer das, was man von mir verlangte!

Die Nonne in unserer Gruppe war eine ruhige Frau. Sie hat uns nie geschlagen, aber sie hat uns auch nie in den Arm genommen. Wenn wir von der Erzieherin geschlagen wurden, hat die Nonne zugeschaut und geschwiegen! Sie hat sehr selten was dagegen gesagt. Als einer mal keine Möhren und kein Fleisch essen wollte, wurde er an seinem Stuhl festgebunden, um ihm das Essen reinzustopfen.

Meine Erzieherin habe ich nur als brutale Frau erlebt. Je mehr sie mich geschlagen hat, um so mehr habe ich sie gehaßt. Irgendwann einmal sagte ich mir: Sie ist sehr einsam. Sie leidet Tag für Tag, und damit ist sie für ihr ganzes Leben bestraft genug.

Wir mußten dreimal in der Woche in die Kirche gehen: zum Schulgottesdienst, Gruppengottesdienst und Sonntagsgottesdienst. Als Kind fand ich das nicht schlimm. Erst als ich zwölf war und wir immer wieder beichten mußten, ob und wie oft wir uns selbst befriedigt haben, bekam ich Angst vor meinem eigenen Gott! Ich hatte Angst, er würde mich bestrafen, weil ich mich jeden Abend selbst befriedigte. Zeitweise hatten wir jedoch einen anständigen Kaplan, der mir sagte, daß man es machen sollte, aber nicht zu oft. Er wurde schließlich strafversetzt, weil er zu offen war.

Bis zu meinem sechzehnten Lebensjahr wollte ich selbst Nonne werden, weil ich der Meinung war, daß man nur so den Menschen helfen kann. In diesem Alter wurde meine Einstellung der Kirche gegenüber kritischer, und ich bin seitdem nicht mehr in die Kirche gegangen.

Ich lehne die Kirche ab, weil sie die Menschen unterdrückt. Ständig soll man demütig sein, immer in Keuschheit leben. Davon habe ich genug! Ich habe meine ganze Kindheit in Demut und Keuschheit leben müssen: Ich will nicht mehr!

Ich glaube an einen Gott, daß man ihn in der Natur erleben kann, für kurze Zeit, daß man das aber als Mensch nicht erfassen kann. Die Kirche lehne ich deshalb ab, weil sie die Zehn Gebote zur Unterdrückung benutzt, weil sie jede sexuelle Regung, ob Küssen oder Streicheln ablehnt. Ständig wird von Nächstenliebe und Liebe geredet, und was passiert: Man wird geschlagen!

Schlimm war es, daß wir im Heim nichts selbst entscheiden durften. Alles wurde bestimmt und befohlen: anziehen, waschen, rausgehen, ob wir wollten oder nicht. Dauernd mußten wir bitte sagen, sogar um auf die Toilette gehen zu dürfen. Alle Entscheidungen wurden für uns getroffen, wir hatten nichts zu sagen. Selbst in der Freizeit durften wir nicht das tun, was wir wollten. Das alles hat mich später daran gehindert, selbständig zu werden.

Im Heim habe ich mich nie zu Hause gefühlt, da die Erzieher alle sehr streng waren. Ich verhalte mich daher heute auch ziemlich angepaßt und kann mich gegenüber starken Persönlichkeiten nicht durchsetzen. Die Heimerziehung hat mich auch anderweitig geprägt: Ich konnte zuerst weder mit Geld umgehen, noch mit der Freiheit überhaupt etwas anfangen; ich fühle mich heute noch oft allein und habe große Schwierigkeiten, Kontakte zu knüpfen.

Schwierigkeiten habe ich auch mit der Sexualität. Ich habe schon Hemmungen, mich vor anderen Menschen auszuziehen, egal ob das Frauen oder Männer sind, da das im Heim verboten war. Ich kann wohl über Sexualität reden, kann sie jedoch selbst nicht so richtig erleben.

Alles das hat dazu geführt, daß ich die Institution »Heim« ablehne und immer noch Haßgefühle spüre, vor allem gegenüber meiner damaligen Erzieherin.

Dennoch wollte ich schon früher Sozialpädagogin werden. Ich sprach damals mit einer Freundin im Heim darüber, die zu mir sagte: Wir? Wir können so was doch nicht! Ich aber wollte Sozialpädagogik studieren, um eine bessere Position zu bekommen, um Veränderungen in der Heimerziehung durchzusetzen.

Ob ich was verändern kann, weiß ich nicht. Ich weiß noch nicht einmal, ob ich nach Beendigung des Studiums in einem Heim langfristig arbeiten kann. Aufgrund meiner eigenen

Erfahrungen befürchte ich, daß ich es nicht aushalten werde.

In dem Heim, in dem ich mein Praktikum machte, lief das zwar nicht mehr so autoritär ab, aber den Erziehern waren die Kinder, ihr Dasein, egal. Die Kinder haben darunter gelitten, daß sie allein waren, nicht daheim bei ihren Eltern. Sie haben genauso gelitten wie ich damals! Vom Gefühl her hat sich nichts verändert; die Kinder fühlen sich immer noch verloren. Einmal hat eine Erzieherin ein Kind geschlagen, das hat mich getroffen. Das tat mir weh, ich sah mich wieder selbst als Heimkind. Ich sprach die Erzieherin darauf an, doch ohne etwas bewirken zu können.

5 Aussonderung von verhaltensauffälligen Heiminsassen
Berichte aus Theorie und Praxis

Gunter Herzog

Heilpädagogik – Aussonderung mit und ohne Wissenschaft

»Heilpädagogik befaßt sich als Wissenschaft wie als Praxis mit Kindern, Jugendlichen und Erwachsenen, die infolge biologisch bedingter Schädigungen und/oder durch soziale Verhältnisse und Einflüsse in ihrer körperlichen, seelischen und geistigen Entwicklung so beeinträchtigt wurden, daß sie als Behinderte, Verhaltensgestörte den gesellschaftlichen Anforderungen hinsichtlich Leistung und Erfahrung schon von der Vorschulerziehung an nicht oder nur begrenzt gewachsen erscheinen und in Gefahr geraten, von anderen Personen oder von Institutionen auf Dauer abhängig zu bleiben oder ausgenutzt zu werden.« (Leber, 1980)

Diese schmiegsame Definition verrät weder viel über die wissenschaftliche noch über die praktische Seite der Heilpädagogik. Ist Heilpädagogik als Wissenschaft identisch mit Hirnforschung, Psychologie, Orthopädie oder Soziologie? Entspricht ihre Praxis dem psychiatrischen Anstaltswesen, der Kinderheilkunde, der Erziehungsberatung, der Seelsorge? Eine der Merkwürdigkeiten der Heilpädagogik: Sie läßt sich mit einer ungefähren Darstellung besser abbilden als mit einer klaren Definition. Heilpädagogik ist nichts von dem, was hier zur Ironisierung der zitierten Definition aufgeführt wurde, wenn sie auch mit all dem etwas zu tun hat. Entscheidend ist vielmehr, daß Heilpädagogik all diese Wissenschafts- und Praxisgebiete berührt, aber ihre Eigenständigkeit aus der Einbindung in bestimmte Institutionen erhält; und daß sie sich eher durch die Vielfalt dieser Institutionen definiert als durch ihre (gering ausgeprägte) wissenschaftliche Eigenständigkeit oder durch die Wissenschaften, mit denen sie in Berührung steht.

Eine Übersicht über die verschiedenen heilpädagogischen Einrichtungen zeigt die Weite des Arbeitsfeldes und den Grund für die Schwierigkeiten einer bündigen Definition. Als heilpädagogische Institutionen gelten

– stationäre Einrichtungen für geistig, körperlich, psychisch und mehrfach behinderte Kinder und Jugendliche;
– in jüngster Zeit: Abteilungen für chronisch psychisch kranke und geistig behinderte Erwachsene (»Oligophrene«), die aus psychiatrischen Krankenhäusern ausgelagert werden und dann »heilpädagogische Heime« heißen;
– teilstationäre Einrichtungen für geistig, körperlich, psychisch und mehrfach behinderte Kinder: Sonder- und Integrationskindergärten, Sonder-Tagesheime;
– als Randbereich der Heilpädagogik: die verschiedenen Sonderschultypen und die beschützenden Werkstätten;
– Erziehungsheime für »verhaltensgestörte« oder »erziehungsschwierige« Kinder und Jugendliche; evtl. betreute Wohngemeinschaften;
– »heilpädagogische Pflegefamilien«, die Kinder und Jugendliche aus dem umrissenen Bereich aufnehmen und in denen ein Ehepartner über eine pädagogische Berufsqualifikation verfügen muß.

Schwerpunkt der Heilpädagogik sind die Langzeiteinrichtungen für Behinderte einerseits, die Heime für »Schwererziehbare« oder »Verhaltensgestörte« andererseits. Diese Einrichtungen umfassen die größten Personengruppen in der heilpädagogischen Arbeit; in ihnen hat sich die historische Substanz der Heilpädagogik niedergeschlagen; sie repräsentieren das Wesen der Heilpädagogik am reinsten.

Die verschiedenartigen heilpädagogischen Institutionen sind nicht nach einer einheitlichen wissenschaftlichen Lehre oder einem gemeinsamen praktischen Vorgehen als Einheit zu betrachten. Ihr relativer Zusammenhang besteht einzig darin, daß es sich bei ihnen immer um besondere und aussondernde Institutionen handelt, die ein umschriebenes und mit besonderen Ausleseinstrumenten ermitteltes »Patientengut« erfassen. Die Tätigkeit in heilpädagogischen Institutionen ist immer eine Tätigkeit mit Menschen, die nicht freiwillig in diese Auswahl eingestimmt haben, die nach Maßgabe einer von der Gesellschaft bestimmten Minderleistung oder Auffälligkeit in diesen Bereich hineinkamen, nicht aufgrund einer eigenen Klage über ein Leiden. Die heilpädagogischen Institutionen stellen in ihrer großen Mehrzahl abgesonderte Lebensbereiche dar. Die Betroffenen pflegen in diesem Bereich mit allen ihren Lebensvollzügen eingebunden zu sein. Heilpädagogik ist erziehliche Arbeit in zum größten Teil »totalen Institutionen«. Die Gefahr der Abhängigkeit von Personen und Institutionen und die Gefahr, hier ausgenutzt zu werden, geht zur Zeit vor allem von der Heilpädagogik selbst aus.

Diese banalen Tatsachen definieren Heilpädagogik schärfer als die verharmlosende Behauptung, sie »befasse« sich einfach mit gehandicapten oder auffälligen Menschen: Sie befaßt sich eben nicht neutral mit ihnen, sondern unter den Bedingungen von Sonder-Institutionen, die die betroffenen Menschen ausdrücklich nach Maßgabe ihrer Handicaps oder Auffälligkeiten aufnehmen, sie danach definieren und damit ihre nicht-geschädigten oder unauffälligen Eigenschaften stillschweigend für nebensächlich erklären.

Den verschiedenen Aufgaben und Institutionen entsprechend ist die heilpädagogische Tätigkeit nicht auf eine bestimmte Berufsgruppe beschränkt. Zwar gilt als »Heilpädagoge« noch am ehesten ein Erzieher mit besonderer Qualifikation oder Erfahrung im Behindertenwesen oder ein Sonderschullehrer, aber in der Vielfalt der heilpädagogischen Institutionen sind am heilpädagogischen Gesamtwerk eine ganze Reihe von Berufsgruppen beteiligt. Die nicht-akademisch ausgebildeten Berufe sind dabei in der Mehrzahl:

Ungelernte Kräfte, Kinderpflegerinnen, Krankenschwestern und -pfleger, Werklehrer, Krankengymnasten, Diakone, Beschäftigungstherapeuten, Heilerziehungspfleger, Bademeister, Musiktherapeuten etc.

Heilpädagogik ist nicht klar abgegrenzt von Kranken- und Körperpflege, von der Begleitung im Alltag und vom Zusammenleben, von der Psychotherapie, von der Erziehung von der ärztlichen bzw. ärztlich angeleiteten Betreuung, vom Unterricht. Ein gewisser Schwerpunkt liegt auf der direkten Arbeit mit den Betroffenen, nicht so sehr auf der Arbeit mit Bezugspersonen. Ein weiterer Schwerpunkt liegt auf der Langfristigkeit der Arbeit; das mag Heilpädagogik am ehesten von Therapie unterscheiden.

Schließlich fällt als Besonderheit der insgesamt geringe Grad an Professionalität und einheitlicher Berufsqualifikation in der heilpädagogischen Arbeit auf. Heilpädagogik ist nicht an eine bestimmte Berufsgruppe oder an eine bestimmte Qualifikationshöhe (etwa einen Lehrabschluß oder eine bestimmte Schulausbildung) gebunden. Schon gar nicht ist Heilpädagogik wissenschaftliche oder immer wissenschaftlich angeleitete Arbeit. Dennoch sind am heilpädagogischen Gesamtwerk oft akademisch ausgebildete Berufsgruppen beteiligt:

Pädagogen (Sonderschullehrer, Diplompädagogen, Sozialpädagogen), Sozialarbeiter, Theologen, Ärzte (Allgemeinmediziner, Kinderärzte, Orthopäden, Psychiater), Psychologen und Psychotherapeuten.

Die wissenschaftlichen Konzepte, auf die die Heilpädagogik zurückgreift, entstammen meist der Pädagogik, der Medizin und der Psychologie. Die Heilpädagogik selbst hat gemäß ihrer geringen wissenschaftlichen Eigenständigkeit keine umschriebenen Selektionsinstrumente hervorgebracht. Die Patienten werden der Heilpädagogik gleichsam von außen zugetragen, meist nach Maßgabe von medizinischen oder psychologischen Diagnosen bzw. Ausleseverfahren, sehr oft aber auch wegen Auffälligkeiten, die ohne wissenschaftliches Urteil an allgemeinverbreiteten Sichtweisen von Gestörtheit oder Lästigkeit bemessen werden. Die Heilpädagogik grenzt sich von solchen Sichtweisen nicht wissenschaftlich ab, sondern übernimmt sie und siedelt ihre Arbeit innerhalb des Bereichs an, der durch diese Sichtweisen abgedeckt wird.

Zwei Typen von Auslese

Geistige Behinderungen bzw. biologische Schädigungen und Verhaltensstörungen bzw. soziale Schädigungen bilden die beiden Kernbereiche der heilpädagogischen Arbeit. Entsprechend diesen Kernbereichen läßt sich die diagnostische Zuordnung zu den heilpädagogischen Einrichtungen in einen medizinisch-naturwissenschaftlichen Bereich und in einen psychiatrisch-charakterologischen Bereich einteilen.

Im medizinisch-naturwissenschaftlichen Verfahren werden geistige und mehrfache Behinderungen hinsichtlich ihrer Ursachen und Prognosen meist mit neurologischen Methoden beurteilt. In der psychiatrisch-charakterologischen Diagnostik werden nach Ausschluß von organischen Schädigungen auffällige Züge von Personen in die Beurteilungsraster der Psychopathologie eingeordnet, ohne daß dabei naturwissenschaftliche Untersuchungsverfahren eine Rolle spielen. Auch hier wird nach Ursachen gesucht und möglichst eine Prognose gestellt. Als Verursachungsmomente werden Milieugegebenheiten, familiäre Belastungen sowie individuelle psychische Reaktions- und Verarbeitungsformen untersucht. Als prognostische Dimension gilt die Nähe oder vermutete Nähe der jeweiligen Auffälligkeit zu umschriebenen psychiatrischen Zustandsbildern, deren Prognose als bekannt betrachtet wird. Psychologische Untersuchungsmethoden können sowohl bei der Untersuchung und Bestimmung von geistigen Behinderungen als auch bei der psychiatrischen Einordnung von Auffälligkeiten angewandt werden.

Die psychiatrische Beurteilung von Menschen und Menschenschicksalen hat gewiß ihre Problematik, die mit der fehlenden naturwissenschaftlichen Basis großer Bereiche der Psychopathologie zusammenhängt und über die in den letzten 20 Jahren eine breite kritische Literatur erschienen ist. Leider läßt diese Kritik oft vergessen, daß auch bei der medizinischen Befundung von geistigen Behinderungen, bei denen wir objektive Belege für eine Hirnschädigung erwarten, viele Diagnosen ohne handfeste naturwissenschaftliche Untersuchungsergebnisse zustandekommen: Aus der Minderleistung und dem langsamen oder scheinbar stagnierenden Lernen wird oft auf eine organische Schädigung geschlossen, ohne daß sie tatsächlich ermittelt wäre. Die medizinischen Kenntnisse über Schädigungen im zentralen Nervensystem sind sehr unvollkommen. Manche Schädigungen sind bis heute in ihren Ursachen und Mechanismen unbekannt, und es bleibt gar nichts anderes übrig, als von der geminderten Leistungsfähigkeit auf die Schädigung zu schließen. Vielfach wird aus der Krankheitsgeschichte, insbesondere aus mehrdeutigen Störungen der Schwangerschaft, aus schwierigen Geburtsverläufen oder aus familiären Belastungen die Schädigung rekonstruiert, wenn sich eine Behinderung gezeigt hat. All das ist naturwissenschaftlich unbefriedigend, aber nicht immer vermeidbar.

Die Medizin hat jedoch das Ausmaß solcher Verdachtsdiagnosen in ein beschönigendes Licht gerückt. Liest man einschlägige Lehrbücher, dann entsteht der Eindruck, hier seien alle denkbaren Störungen erfaßt und in ihren Ursachen weitgehend beschrieben. Die Diagnostik der geistigen Behinderungen scheint im Ganzen naturwissenschaftlich gesichert zu sein. Befaßt man sich mit den geistig behinderten Patienten einer größeren Langzeiteinrichtung, so weist jedoch eine große Zahl von ihnen keinen nachgewiesenen naturwissenschaftlichen Befund auf. Lehrbuch-Anschein und Anstaltswirklichkeit: Wenn es noch viele unbekannte oder nicht feststellbare Schädigungen gibt, die zu geistigen Behinderungen führen, warum sprechen die Lehrbücher nicht davon und benennen nicht das Verhältnis zwischen exakt diagnostizierbaren und vermuteten Störungen?

Die psychologischen Untersuchungsmethoden haben dem wenig entgegenzusetzen. Wo mit testpsychologischen Verfahren geistige Behinderungen erfaßt oder differenziert werden, sind die Tests an ärztlichen Diagnosen bzw. Einschätzungen geeicht und können nicht exakter sein als diese Bezugsgrößen. Leider besteht vielfach in der Psychologie kein Bewußtsein darüber, wie schwankend diese Basis ist.

Die Fragen gehen noch weiter. Wenn eine ordnungsgemäße medizinische Diagnostik keine exakten Angaben über die Ursachen einer bestehenden Behinderung machen kann, so ist niemandem ein Vorwurf zu machen. Studiert man jedoch

Akten in Langzeiteinrichtungen, so stellt man fest, daß die geistig behinderten Patienten in früheren Jahren häufig nur unvollständig oder gar nicht erst untersucht wurden. Man hat ihnen oft eine organische Schädigung unterstellt, ohne daß überhaupt nach den Regeln der Medizin ausreichend Diagnostik getrieben wurde. Je weiter wir im Behindertenwesen in die Vergangenheit zurückgehen, desto mehr häufen sich die Urteile über als sicher geltende organische Veränderungen ohne exakte Untersuchung. Diese Vergangenheit liegt noch nicht sehr weit zurück. Bisweilen finden wir solche Beurteilungen noch heute.

Die Realität der großen Einrichtungen lehrt Respekt vor dem unbekannten Zusammenhang zwischen biologischer Substanz und sichtbarer Leistung. In der Anstalt gilt z. B. der Zusammenhang zwischen einem erkennbaren Schwund von Hirnsubstanz und einer Mehrfachbehinderung als zwingend. Außerhalb der Anstalten finden sich jedoch Menschen mit ähnlichen Schädigungen, aber ohne Behinderung. Nicht jede krankhafte Veränderung des Gehirns verursacht dramatische Leistungsausfälle. Wir können nicht einmal sicher sein, daß ähnliche oder gleiche Schädigungen überall das gleiche Krankheitsbild hervorbringen. Wir kennen z. B. Kinder, die nach der operativen Entfernung einer Großhirnhälfte rehabilitiert wurden und keine geistige Behinderung entwickelten, obwohl sonst wesentlich geringere Zerstörungen des Hirns schwerste Leistungseinbußen mit sich bringen.

Die Verknüpfung zwischen Schädigung und Behinderung ist weitgehend unbekannt. Warum z. B. bei einer bestimmten Chromosomenanomalie das Bild des Mongolismus entsteht, läßt sich nicht angeben; warum es bei Mongolismus schwere und weniger schwere Leistungsausfälle und auch unterschiedlich schwere äußerliche Veränderungen gibt, ist ebensowenig bekannt.

Folglich muß bei Rückschlüssen von Behinderungen auf angenommene Schädigungen die Fehlerquote relativ hoch sein. Wenn nicht einmal eine nachgewiesene Schädigung immer eine Behinderung (oder immer die gleiche Behinderung) nach sich zieht und wenn nicht bekannt ist, auf welchem Weg eine Schädigung zur Behinderung führt, dann besteht offenbar ein sehr variables Verhältnis zwischen Behinderung und Schaden.

Die naturwissenschaftliche Zuverlässigkeit der medizinischen Diagnostik ist hier nur Schein. Die Behinderung wird nicht aus dem Schaden abgeleitet, sondern umgekehrt: Liegt eine Behinderung vor, so wird nach einem Schaden gesucht (oder auch nicht); es wird ein Schaden gefunden (oder auch nicht), und dieser Schaden mag in Beziehung zur Behinderung stehen (oder auch nicht).

Das Urteil über die Behinderung und die Vermutung, hier liege eine organische Schädigung vor, geht offenbar der medizinischen Diagnostik voraus. Es kann nicht ihr Ergebnis sein, weil es die medizinische Diagnostik erst in Gang setzt und auch ohne diese Diagnostik Bestand hat bzw. weiter fortbesteht, auch wenn die Diagnose keine Schädigung nachgewiesen hat.

Offenbar sind es nicht die wirklichen medizinischen Befunde, die bei geistigen Behinderungen an eine organische Schädigung denken lassen, sondern ein überliefertes Bild, dem wir eine selbstverständliche Gewißheit zuschreiben. Dieses historische Bild ist weniger in der Erscheinungsweise der wirklich geistig behinderten Menschen begründet als vielmehr in der Erscheinungsweise der Sinnesbehinderten (Taubstummen und Blinden) und der Krüppel, vor allem aber der Spastiker und der Epileptiker in früherer Zeit. Die älteren Einrichtungen für geistig Behinderte sind regelmäßig aus Anstalten für »Idioten und Epileptische« hervorgegangen, und der Mythos der »epileptischen Wesensveränderung« spukt heute noch in manchen neurologischen Lehrbüchern herum. Selbstverständlich spielte früher die allfällige Armut, die fehlende Schulung und unzureichende Betreuung, die tiefe Isolation dieser Menschen mit all ihren Folgen eine gewichtige Rolle. Man konnte früher eine geistige Behinderung schlechter von anderen Behinderungen unterscheiden als heute. Die medizinischen Untersuchungsverfahren früherer Zeit waren wesentlich grober und unvollständiger als die modernen Methoden und wurden seltener angewandt. Die meisten einschlägigen Verfahren (Röntgen, EEG, Wassermannreaktion, Reflexprüfungen, objektive Hörtests, Chromosomenuntersuchungen, Encephalographie, Computertomographie etc.) sind Produkte unseres Jahrhunderts oder gar der letzten Jahrzehnte. Außerdem war den meisten organisch schwer geschädigten Kindern noch vor kurzer Zeit (vor allem vor der modernen Antibiotikabehandlung seit 1940) wegen der unzureichenden allgemeinmedizinischen Versorgungsmöglichkeiten ein früher Tod beschieden, so daß erst in jüngerer Zeit der Weg von schweren Schäden zu den resultierenden Behinderungen mit hinreichend großen Fallzahlen erforscht werden kann (z. B. sehen wir heute erstmals größere Zahlen von erwachsenen Menschen mit spina-bifida-Syndrom, d. h. Wasserköpfen und Spaltbildungen des Rückgrats; sie starben früher an Infekten in der Kindheit). Daher dürfen wir eine Aufklärung über das wirkliche Verhältnis von Schädigungen und Behinderungen erst von der Zukunft erwarten. Die gegenwärtige Diagnostik geht von einer Tradition aus, bei der das Urteil über die Minderleistung nur hilfsweise und als Vermutung mit Schädigungen verknüpft wird. Auf diesem scheinbar naturwissenschaftlich gesicherten Gebiet herrschen z. Z. noch organizistische Vorurteile – eine Ideologie des Organischen, nicht sein Nachweis. Sind die Menschen, die wir für geistig behindert halten, wirklich alle organisch geschädigt, und ist ihre Schädigung, wo sie besteht, wirklich immer für ihre Behinderung verantwortlich? Oder finden wir unter ihnen vielleicht auch zahlreiche schwere psychische Schädigungen oder Produkte von menschlich und pädagogisch unzureichenden Betreuungen? Wir kennen jedenfalls genug Belege, nach denen ein Wechsel in der Betreuung, die Veränderung der Lebensverhältnisse, die Normalisierung der Umweltbeziehungen sogar bei relativ alten und als eindeutig behindert geltenden Menschen oft Wandlungen hervorgebracht haben, die von der Diagnostik her als ausgeschlossen betrachtet wurden.

Heilpädagogik ordnet sich dem ärztlichen Urteil unter, auch wo es nicht diagnostisch erhärtet ist. Heilpädagogik und Medizin sind gemeinsam einer Sichtweise von Behinderung und vermuteter organischer Schädigung verpflichtet, die der ärztlichen Diagnose vorausgeht. Durch das stille Zusammenwirken beider Disziplinen vollendet sich noch heute die Aussonderung der geistig behinderten Menschen. Wo die medizinische Diagnose nicht hinreicht, findet die Aussonderung ohne sie statt.

Ist die medizinische Zuordnung der geistig behinderten Menschen zu den Institutionen der Heilpädagogik schon in vieler Hinsicht fragwürdig, so ist es die psychiatrische Zuordnung von sozial geschädigten, »verhaltensauffälligen« Menschen zum heilpädagogischen Heimbereich noch viel mehr. Hier herrscht keine naturwissenschaftliche Diagnostik, sondern eine Aussonderung nach Auffälligkeitskriterien. Die verwendeten Begriffe zeigen vielfach keine Störung beim betroffenen Individuum an, sondern Störungen, die vom Individuum ausgehen könnten. Schon der Terminus »Verhaltensauffälligkeit« hat diesen Charakter: Wessen Verhalten wäre nicht unter bestimmten Umständen auffällig – und wem fällt es warum auf? Offenbar meint der Begriff mehr: Ihm geht es um die vermutete, wirkliche oder erwartete Störung anderer Menschen allgemein oder um Störungen der allgemeinen Ordnung, die angedeutet werden soll – schamhafter als in den gesetzlichen Bestimmungen des Unterbringungsrechts, das von »Gemeingefährlichkeit« oder gar von »Gemeinlästigkeit« spricht.

Das Unterbringungsrecht ist im Bereich der Kinder und Jugendlichen weitgehend durch das Jugendwohlfahrtsgesetz vertreten, und die Termini dieses Gesetzes sind weniger einschneidend als im übrigen Unterbringungsrecht. Bei der diagnostischen Zuordnung von Kindern und Jugendlichen zum Bereich des Unterbringungsrechts wird die Erfordernis der Unterbringung durch Begriffe wie »Verhaltensstörung«, »Verwahrlosung«, »Schwererziehbarkeit«, »Asozialität« (oder: Dyssozialität) umschrieben. Der Kern all dieser Begriffe entstammt der psychiatrischen Krankheitslehre. Sie hat für nicht organisch kranke und auch nicht mit schweren Auffälligkeiten oder Leidenszuständen behaftete, gleichwohl lästige oder unangenehme Menschen eine Reihe von Begriffen geschaffen, die andeuten sollen, daß zwar keine Krankheit vorliegt, aber eine Andersartigkeit oder Minderwertigkeit, die das Individuum in die Nähe von kranken Menschen rückt. Historischer Kernbegriff all dieser Termini ist die »Psychopathie«, der Bereich der »abnormen Persönlichkeiten«. »Psychopathen« gelten nicht als krank; gleichwohl wurde ihre Auffälligkeit früher als erblich bedingt angesehen, und Erblichkeit spielt auch heute noch in der Psychopathenlehre je nach Lehrmeinung eine mehr oder weniger große Rolle. Den verschiedenen Lehrmeinungen ist es auch überlassen, heute noch Psychopathen im Kinder- und Jugendalter anzunehmen. Das ändert nichts daran, daß sich durch Vermittlung der Psychopathenlehre die Psychiater um die Wende zum 20. Jahrhundert des Kinder- und Jugendbereichs bemächtigt haben und ihr Gutachten bis heute in Zweifelsfällen das entscheidende Gewicht hat. Die diagnostischen Begriffe für sozial geschädigte, »schwierige« Kinder und Jugendliche, ihre psychiatrische Betrachtung insgesamt kann von der Psychopathenlehre des ausgehenden 19. Jahrhunderts abgeleitet werden.

Der Psychopathiebegriff war in Frankreich um die Mitte des 19. Jahrhunderts entstanden. Er ersetzte den älteren Begriff »moral insanity«. Neu war an ihm vor allem die Vorstellung von Erblichkeit. Die Psychiatrie reagierte mit dieser Begriffsbildung auf die Malthus-, Spencer- und Darwin-Diskussion, die generell in jener Zeit zu einer biologischen oder scheinbar biologischen Betrachtung sozialer Erscheinungen führte. Der Schluß liegt nahe, daß diese Diskussion in den sozialen Auseinandersetzungen jener Zeit anzusiedeln ist und als Ideologiebildung angesehen werden muß. Die französischen Lehren von den »degenerierten« Persönlichkeiten wurde in Deutschland zuerst durch den Psychiater Griesinger 1861 eingeführt; die Begriffsprägung »Psychopathie« erfuhr durch die Monographie von Koch 1891 weite Verbreitung. Hintergrund dieser Entwicklung war die psychiatrische Tradition, die insgesamt eher von Auffälligkeiten als von umschriebenen Krankheiten ausging und bis heute bei ihren größten Patientengruppen, den Schizophrenen und den Manisch-Depressiven, keine biologischen Befunde zur Erklärung der vermuteten Krankheiten heranziehen kann.

Der Psychopathiebegriff vereinigte sich mit der Lehre von den »Kinderfehlern«, die die pädagogische Diskussion um 1890 beherrschte und in dem sich eine Betrachtung des schwierigen Kindes als krankhaft-andersartigem Kind schon ankündigt.

Der Psychopathiebegriff ermöglichte es, sozial auffällige Kinder und Jugendliche ohne biologischen Krankheitsnachweis der Kompetenz des Psychiaters zuzuordnen und auf diese Weise ihre Anstalts- und Aussonderungsbedürftigkeit mit ärztlicher Autorität zu begründen. Auf der Basis des preußischen Gesetzes über Fürsorgeerziehung entstanden nach 1880 gesonderte psychiatrische Einrichtungen für »psychopathische Fürsorgezöglinge«, um die gewöhnlichen Erziehungsanstalten von diesen an »geistigen Regelwidrigkeiten« leidenden Jugendlichen zu entlasten. Das Reichsjugendwohlfahrtsgesetz von 1922 ging von einer »medizinischen Unerziehbarkeit« bei Schwachsinn und einer »pädagogischen Unerziehbarkeit« bei Psychopathie, Charakteranomalie und neurotischer Fehlentwicklung aus (vgl. Stutte 1965). Die Diagnostik oblag der psychiatrischen Autorität. Dieser Zugriff hatte auch seine standespolitische und ökonomische Seite – die Psychiater verschafften sich damit Optionen auf neue Patientengruppen für ihre größer werdenden Anstalten, auf neue Einflußgebiete, Zuständigkeiten und Einkommensquellen. Die Geschichte dieses Lobbyismus ist noch nicht geschrieben.

Halten wir fest: Grundlage des begrifflichen Zugriffs zu nicht kranken, aber sozial auffälligen, schwierigen und lästigen Kindern und Jugendlichen ist eine psychiatrische Sichtweise. Ursprünglich wurde eine konstitutionelle Andersartigkeit oder Minderwertigkeit angenommen, die als erblich galt und zwar nicht als Krankheit betrachtet wurde, aber die Auffälligkeit mit einem krankheitsähnlichen Zustand vergleichbar erscheinen lassen sollte. Der betroffene Mensch war damit der Kompetenz des Arztes zugeordnet. Der Arzt hat außer der diagnostischen Zuordnung an dem betroffenen Menschen nichts zu verrichten; er kann die Psychopathie nicht untersuchen (da gibt es ärztlich nichts zu untersuchen), er kann sie auch nicht heilen oder beeinflussen, es sei denn, er habe eine zusätzliche psychologische Ausbildung. Allerdings kann und muß er eine organische Krankheit ausschließen.

Der Aussonderungszweck ist dem Psychopathiebegriff, seinen verschiedenen Abkömmlingen und der gesamten Begrifflichkeit, die bei der Zuweisung von sozial auffälligen

Kindern und Jugendlichen eine Rolle spielt, von vornherein einbeschrieben. Eigentlich sind es wissenschaftlich klingende Einkleidungsformen von Schimpf, ersonnen nicht zur besseren Beschreibung oder zur Erklärung der Erscheinungen, sondern zu ihrer Überweisung in den Bereich von Einschluß und Überwachung. Wieder ein Stück Ideologie, keine Wissenschaft. Wieder können testpsychologische Untersuchungen kein objektiveres Bild zeichnen, weil die einschlägigen Tests auch hier an den psychiatrischen Einschätzungen geeicht sind; allerdings herrscht hier in der Psychologie schon eher ein Bewußtsein von der geringen Objektivität dieser Bezugsgrößen.

Und wieder schmiegt sich die Heilpädagogik an die medizinischen Aussonderungsverfahren an und profitiert von ihnen, statt das bessere Verständnis, das aus dem vertrauten Umgang mit den betroffenen Menschen kommen könnte, zur Parteinahme für sie und zur Korrektur der psychiatrischen Begrifflichkeit zu benutzen.

Schließlich: Wieder wird das diagnostische Urteil von einem Auftrag geleitet, der offenbar den Vorrang vor wissenschaftlicher Objektivität besitzt und dem diagnostischen Verfahren selbst wertend zu sein erlaubt. Auch hier kann Heilpädagogik ihren Auftrag erfüllen, ohne unbedingt auf die Autorität des wissenschaftlichen Urteils zurückzugreifen.

Ein Aussonderungsverlauf

B. G. ist ein schwieriges Kind, das Pech mit seinen Eltern hat: Sein Vater ist schon lange arbeitslos und leidet überdies an den Folgen einer als Kind erlittenen Hirnverletzung, die eine leichte Bewegungsstörung im rechten Arm und Bein zurückgelassen hat; der Vater fühlt sich deswegen minderwertig. Er hat keine abgeschlossene Schulausbildung und keine Berufsausbildung. Die Mutter ist im Heim aufgewachsen und ist ebenfalls ohne abgeschlossene Schulausbildung. Beide Eltern mögen ihren Jungen gern, stehen aber Disziplinschwierigkeiten hilflos gegenüber und reagieren bald mit resigniertem Gewähren-Lassen, bald mit übermäßiger Härte und Kleinlichkeit.

Die Probleme mit dem Jungen bestehen in Aggressivität, provokativem Verhalten und häufigem Nicht-Befolgen von Anweisungen. Die Kindertagesstätte wurde mit dem Jungen nicht fertig. Er sollte in eine Sonder-Tagesstätte, wo die Kindergruppen kleiner sind. Um diese Verlegung möglich zu machen, stufte der Amtsarzt den Jungen als »von psychischer Behinderung bedroht« ein und versah ihn mit einem Behindertenausweis gemäß § 39 BSHG. Das Kind besuchte daraufhin die Sondergruppe.

Mit Erreichen des Schulalters wurde der Junge in eine Sonderschule für entwicklungsgestörte Kinder eingeschult, in der sich Kinder mit normaler Intelligenz, aber vorwiegend aggressiver Problematik befinden. Hier kam der Junge leistungsmäßig nicht recht mit und bereitete trotz der geringen Klassengröße und mehrerer Lehrpersonen, die die Klasse gleichzeitig unterrichten und beaufsichtigen, immer noch Probleme. Jedenfalls klagten die Lehrer über seine Unangepaßtheit und betrieben seine Schulentlassung.

Dann beging der Vater ein Delikt, das ihn in Gefahr brachte, eine Gefängnisstrafe antreten zu müssen. Daraufhin riet die Fürsorgerin aus der Sozialbehörde zu einer Heimunterbringung und drohte, sie würde bei fehlender Einwilligung der Eltern die Unterbringung familiengerichtlich erzwingen. Die Eltern willigten ein, und der Junge kommt nun ohne weitere Diagnostik in eine heilpädagogische Erziehungseinrichtung.

Gewiß kann man darüber streiten, ob diese Unterbringung nicht sogar sinnvoll ist. Die aussondernden Urteile jedoch sind weder wissenschaftlich noch exakt, objektiv oder unparteilich. Die heilpädagogische Einrichtung nimmt diese Urteile ohne eigene Untersuchung hin. Sie spielt das Aussonderungsspiel mit, ohne wissenschaftliche Kriterien zu bemühen.

Resteverwaltung, Randbereich

Wenn ein Mensch per Diagnose dem Bereich der Heilpädagogik überstellt ist, spielt die Diagnose kaum noch eine
Rolle. Die heilpädagogische Arbeit folgt ihren eigenen Gesetzen. Man könnte sagen, daß die Heilpädagogik die diagnostischen Urteile integriert; man könnte ebensogut sagen, sie ignoriere sie. Die Funktion der Diagnostik ist vor
allem in die Zweiteilung der heilpädagogischen Gesamtar-
beit eingebaut. Sie reicht jedoch kaum ins Innere der heilpädagogischen Institutionen hinein. Die heilpädagogische
Arbeit kommt ohne die Diagnosen aus. Andererseits hat sie
auch keinen Grund, sich gegen die Diagnosen als Zumu-
tung von außen zu wehren, denn die Diagnosen schließen
zwar grobe Prognosen ein, formulieren aber anders als bei
körperlichen Erkrankungen keine Heilungskriterien oder
-perspektiven. Die heilpädagogische Institution kann ihren
Auftrag ohne Verpflichtung zur Veränderung der Zustands-
bilder erfüllen, mit denen sie sich beschäftigt.
Ihre beiden historischen Quellen sind der Restbereich der
alten Behindertenpädagogik aus dem 18. und 19. Jahrhundert und der Restbereich des älteren Fürsorgewesens. Die
alte Behindertenpädagogik hat sich zum modernen Sonder-
schulwesen, zum Schulwesen für Sinnesbehinderte und zum
Rehabilitationswesen für Körperbehinderte fortentwickelt.
Den heilpädagogischen Institutionen blieb der Rest, die geistig und mehrfach behinderten Menschen. Ebenso ist der
heilpädagogische Heimbereich ein Restbestand des Fürsorgewesens, das am Ende des 19. Jahrhunderts seine »psychopathischen« Zöglinge von sich stieß und so den Sonderbe-
reich der heilpädagogischen Heime ermöglichte. Diese
Rest-Institutionen können ihre Aufgabe erfüllen, schon indem sie für die fortdauernde Aussonderung, die Entfernung
ihrer Zöglinge in umschlossene, abgelegene Bereiche sorgen.
Die heilpädagogischen Bereiche können auch als Ergän-
zung der psychiatrischen Aussonderungsfunktion betrachtet werden. Die Psychiatrie war – vielleicht infolge ihrer früheren Verbindung mit dem Gefängniswesen – seit ihren
Anfängen primär an der Seele des Erwachsenen interes-

siert. Kinder wurden bis an die Schwelle unseres Jahrhunderts von der Psychiatrie nicht wahrgenommen, geistig behinderte Menschen als »seelenlos« und therapeutisch unzugänglich ohnehin erst spät und in Randbereichen beachtet.

Mit der Psychiatrie teilen die heilpädagogischen Einrichtungen eine juristische Besonderheit. Bis zur Übernahme durch Ärzte oblag die Verwahrung der Irren den Gefängnissen. Seit jener Zeit bis heute unterscheidet sich die Psychiatrie vom normalen Krankenhaus daher durch das besondere Gewaltverhältnis, dem sie ihre Patienten unterwirft. Die besondere Gewalt meint, daß hier keine Gesetze das Hausregiment regeln, sondern daß eine Art rechtsfreier Zone die Insassen umschließt und der Institution sehr weitgehende Verfügungsrechte über sie einräumt – ursprünglich bis zu groben Eingriffen in die körperliche Unversehrtheit. Die besondere Gewalt hat manche Züge des Elternrechts. Diese rechtsverdünnte Exterritorialität kennzeichnet auch die heilpädagogischen Einrichtungen, sofern ihre Zöglinge entmündigt oder gerichtlich der elterlichen Gewalt entzogen sind.

Als die deutschen Faschisten das besondere Gewaltverhältnis gegenüber den Irren in seine feudalistische Grundform – den unbegrenzten Zugriff zum Körper des Untertanen – zurückverwandelten und die Schwachsinnigen, Epileptischen, Schizophrenen und Manisch-Depressiven ermordeten, führten sie auch »Jugendschutzlager« mit unbegrenzten inneren Machtvollkommenheiten als »letzte Sicherung« für angeblich unerziehbare Jugendliche ein – und schließlich die Todesstrafe für »nichtintegrierbare« Menschen über 12 Jahren (JGG von 1943).

Der Anteil am besonderen Gewaltverhältnis verweist von der juristischen Grundkonstruktion her auf den totalen Zugriff zu den betroffenen Individuen. Ihm entspricht die Absonderung in »totale Institutionen«. Der Wahrnehmung von Restfunktionen entsprechen die besonderen Strukturen in vielen heilpädagogischen Einrichtungen und das Verhältnis der Heilpädagogik zur wissenschaftlichen Entwicklung.

Heilpädagogische Einrichtungen als Verwalterinnen von

Rest- und Randbereichen stehen an letzter Stelle des gesellschaftlichen und ökonomischen Interesses. Es sind Billig-Bereiche. Gegenüber dem Krankenhauswesen, dem Schulwesen, den Gefängnissen, den psychiatrischen Einrichtungen beanspruchen sie die geringsten Mittel. Sie haben die durchschnittlich niedrigsten Pflegesätze. Untereinander und gegenüber dem staatlichen Geldgeber konkurrieren sie nicht hinsichtlich besserer Versorgungsqualitäten, sondern hinsichtlich möglichst niedriger Tagessätze. Die überörtlichen Träger der Sozialhilfe, die Landessozialämter, dringen auf diese Konkurrenz und nutzen sie aus. Bessere Versorgungsangebote sind bei Tagessatzverhandlungen kaum ein Argument.

Welche Lobby sollte diesen Randbereich stützen? Erst seit gut 20 Jahren organisieren Eltern von behinderten Kindern ihre Interessen in der »Lebenshilfe«. Sie haben zwar z. T. Strukturen gegen die herkömmlichen heilpädagogischen Institutionen geschaffen, sind aber z. T. selbst in den Sog des Aussonderungswesens geraten und wirken kaum massiv in die traditionellen Einrichtungen hinein. Im Heimbereich für »Erziehungsschwierige« oder »Verhaltensgestörte« dagegen müssen die Eltern ihre Vertretungsrechte weitgehend abgeben.

Interessen artikulieren sich dagegen von der Fortschreibung der Institutionen selbst her. An den Einrichtungen für geistig behinderte Menschen und am heilpädagogischen Heimbereich läßt sich konkurrenzlos Geld verdienen, Prestige gewinnen, Macht ausüben. Teilweise sind es namhafte Arbeitgeber in strukturschwachen Gebieten. Eine Nische für z. T. ominöse freie Träger und für die Kirchen, ein Schutzbereich für Überlebtes, ein Hort auch für Ideologien reaktionären Zuschnitts.

Das alles deformiert und korrumpiert auch das Leben in den Einrichtungen. Da wird qualifiziertes Personal z. T. bewußt gemieden, aus Kostengründen, aber auch um keine frische Luft von außen hereinzulassen. Das Engagement der Mitarbeiter in solchen Einrichtungen ist oft sehr hoch; man sollte das nicht schmälern. Aber die Isolation, die die Einrichtung über ihre Insassen verhängt, trifft auch die Mitarbeiter, verhindert vielfach die erforderlichen Anregungen und Korrekturen, läßt auch hohes Engagement oft in persönlichen Mechanismen versanden, schafft sentimentale Bindungen, wo Distanz nötig wäre, läßt unkontrollierte Gegenübertragungen wuchern und neurotisiert letzten Endes die Zöglinge, wie manche Familien, die ihre Kinder nicht ins Leben entlassen können.

Schließlich stellt dieses abgesonderte Idyllenwesen die lebendige Auseinandersetzung mit wissenschaftlichen Konzepten und Entwicklungen weitgehend still. Wissenschaftlich ausgebildete Mitarbeiter haben es oft sehr schwer, wenn sie eher das vertreten, was sie gelernt haben, statt sich an den Schlendrian anzupassen. Die heilpädagogische Lehre selbst steht in einem merkwürdigen und distanzierten Verhältnis zur Entwicklung der Wissenschaften, mit denen sie gemeinsame Grenzen hat. Es wäre zu prüfen, ob nicht auch hier die Übernahmen immer nur verkürzt und verspätet erfolgt sind und ob nicht nur die Anteile übernommen wurden, die Zuarbeit zum Aussonderungszweck leisten konnten.

Für den Bereich der Psychologie ist auffällig, daß in jüngster Zeit gerade der technologisch reduzierte Anteil der Verhaltenstherapie in die Heilpädagogik eingedrungen ist, der die Möglichkeiten der Lerntheorie zur genauen Rekonstruktion einer Störung auf ein banales Gerüst von Interventionen (Belohnen, Ignorieren, Bestrafen) verkürzt.

Würde sich Heilpädagogik konsequent zu verwissenschaftlichen versuchen, müßte sie sich vermutlich vom Institutionswesen fortorientieren und zerfiele möglicherweise als Disziplin. Außerhalb der Institutionen ist sie nur noch Schulwesen, Beratungswesen, Therapie. Immer mehr heilpädagogisch Tätige erkennen diese Zusammenhänge, streben aus den Institutionen fort oder begreifen auch in den Institutionen ihre Arbeit als Arbeit mit Menschen, deren Lebensbedingungen und nicht deren Seele oder Verhalten geändert werden müssen. Die heilpädagogische Lehre kann ihre auseinanderstrebenden Teile bisweilen kaum noch zusammenhalten. Aber vergessen wir nicht: Die Arbeit, die gesellschaftliche Wirklichkeit der Heilpädagogik ist noch immer von Ideologien beherrscht. Veränderungen im ideologischen Klima betreffen sie rasch und unmittelbar.

Statt einer Fortentwicklung und auslösenden Differenzierung der Heilpädagogik ließe sich ebensogut ein restauratives Wiedererstarken ihrer Aussonderungsfunktionen befürchten, nach bewährtem Muster unter Rückgriff auf wissenschaftliche Angebote, die das Fortbestehen der Institutionen weiter stützen und legitimieren – zu nennen wären Psychopharmakologie und »Verhaltensbiologie«.

Es geht auch anders – ambulant

Wir haben als Gruppe von Psychologen und Sozialpädagogen aus unserer Arbeit in heilpädagogischen Institutionen den Schluß gezogen, daß wir diesen Arbeitsbereich verlassen müssen, wenn wir gehandicapten Menschen wirklich helfen wollen. Wir haben in Bremen eine Ambulanz aufgebaut, die die Einweisung von Kindern in heilpädagogische Institutionen verhindern soll. Wir knüpfen dort an, wo wir normale Bedürfnisse vorfinden: bei den Familien. Nichts von dem, was dahergeredet wird, haben wir vorgefunden: Daß Eltern ihre behinderten Kinder im Grunde nur loswerden wollen – daß Eltern vom Zusammenleben mit solchen Kindern sowieso überfordert sind – daß manche Eltern gar nicht geeignet sind, mit solchen Kindern umzugehen – daß in diesen Familien neurotische Ambivalenzkonflikte eine vernünftige Erziehung verhindern usw. Wir wissen, daß es so etwas geben kann. Wir wissen aber auch, daß sich keine Instanz je im Ernst daran gemacht hat, solche Familien kompetent und mit dem erforderlichen Aufwand und der erforderlichen Arbeitsweise zu beraten, zu betreuen und zu unterstützen. Wir verlangen von den Familien nicht, daß sie eine Beratungsstelle aufsuchen: Wir fahren selbst hin. Dann sehen wir sehr schnell, wo es im Alltag klemmt. Die vielen Konflikte in diesen Familien existieren im täglichen Zusammenleben zwischen den Menschen, nicht in der vereinzelten Psyche. Offenbar muß man im Alltag ansetzen.
Wir sind im Hinblick auf die organischen Schädigungen der behinderten Kinder und auf ihre Leistungsgrenzen nicht naiv. Aber wir resignieren nicht von vornherein vor dem Etikett »organisch bedingt«. Es ist unser Beruf, scheinbar ver-

baute Wege wieder gangbar zu machen – der Beruf jedes Psychotherapeuten. Wenn Psychotherapie die Betrachtung von Prozessen wäre, die ohnehin ablaufen, wozu wäre sie dann gut?

Die heilpädagogische Arbeit ist in ihrem Kern ein Lehren unter erschwerten Bedingungen. Wir unterziehen uns dieser Arbeit, wenn wir den Eltern dabei vermitteln können, wie sie selbst ihr Kind lehren können. Bislang war noch kein Elternpaar und keine allein lebende Mutter zu »undifferenziert«, um diese Fertigkeit nicht zu lernen.

Wir sehen unsere Arbeit als normale Beratung mit besonders intensiver Teilnahme. Natürlich erfordert diese Arbeit besondere Arbeitsbedingungen, aber so etwas Besonderes ist der Einsatz direkt in der Familie auch nicht. Wir bekommen auf diese Weise viele nützliche Informationen aus dem Alltag der Familien, und wir sehen auch die Schwierigkeiten beim Umsetzen unserer Vorschläge mit eigenen Augen. Außerdem ist es für uns meist leichter, Wege zu machen, als für die Familien.

Bei dieser Art von Arbeit verschwimmt die Grenze zwischen den beiden heilpädagogischen Aussonderungsbereichen »geistig behindert« und »verhaltensgestört«. Die Familien mit solchen Kindern haben in beiden Fällen schwerwiegende Erziehungsprobleme, die vergleichbar sind. Es zeigt sich: Vor allem sind es Unterschiede in der administrativen und gesetzlichen Handhabung, die die unterschiedlichen Zuordnungen nötig machen. Wer als behindert gilt, »bekommt« den § 39 BSHG, wer als verhaltensgestört eingestuft wird, wird nach JWG finanziert. Das ist zwar eine Last unserer Arbeit, viel Hickhack mit den Behörden, aber mit den Kindern und der erforderlichen Betreuung hat es nichts zu tun.

Noch ein Ergebnis unserer Arbeit: Die Auseinandersetzung mit Wissenschaft ist bei uns ständiger Alltag. Wir müssen fremde Diagnosen beurteilen, berücksichtigen, eventuell revidieren oder uns von ihnen leiten lassen. Wir müssen selbst umfassend und richtig diagnostizieren oder diagnostische Prozesse einleiten. Die Kinder sind nicht Insassen einer Institution, die auch ohne angemessenes therapeutisches Vorgehen ihren Gang geht. Wir werden ständig beurteilt, auch angefeindet. Die Eltern sagen es als erste, wenn wir die falsche Maßnahme ergriffen haben. Kein Ort für Gemütlichkeit und Stillschweigen.

Literatur

Göllnitz, G., Neuropsychiatrie des Kindes- und Jugendalters. Stuttgart [3]1975

Griesinger, W., Die Pathologie und Therapie der psychischen Krankheiten. Stuttgart [2]1861

Herzog, G., Krankheits-Urteile. Logik und Geschichte im Konzept der endogenen Psychosen. Phil. Diss. Berlin 1981 (ungedr.)

Jantzen, W., Sozialgeschichte des Behindertenbetreuungswesens. München 1982

Koch, J. L. A., Die psychopathischen Minderwertigkeiten. Ravensburg 1891

Leber, A., Heilpädagogik (Stichwort), in: Fachlexikon der sozialen Arbeit. Frankfurt/M. 1980

Meyer, D., Erforschung und Therapie der Oligophrenien in der ersten Hälfte des 19. Jahrhunderts. Berlin 1963

Stutte, H., Die sogenannte »medizinische Erziehbarkeit« im Jugendwohlfahrtsgesetz, in: Recht der Jugend. Berlin 1965

Jürgen Vogt

Was verbirgt sich hinter Begriffen wie Integrations- und Normalisierungsprinzip?

Erfahrungsbericht über ein modernes
Behinderten-Ghetto

Ein wichtiger Bereich in der Heimerziehung, der oft vergessen oder übergangen wird, ist die Unterbringung behinderter Menschen. Seit einigen Jahren ist Pädagogik im Behindertenbereich großgeschrieben, Sonderpädagogik zum Boom geworden. Was steht jedoch hinter der modernen »Erziehung« behinderter Menschen?

Das soll am Beispiel eines zur modernen sonderpädagogischen Einrichtung ausgebauten Heimes herausgearbeitet werden. Im Rahmen meiner Examensarbeit besuchte ich im Winter 1982 eine große Einrichtung für lern- und geistig behinderte Menschen mit Heimen, Werkstätten, Schulen und einer Neurologischen Klinik. Dort leben etwa 140 lernbehinderte Jugendliche und 670 geistig behinderte Menschen, wovon etwa 10 Prozent unter 18 Jahren und weitere 10 Prozent bis 25 Jahre alt sind. Die geistig behinderten Bewohner, deren Lebenssituation mich vornehmlich interessierte, leben gruppenweise in 58 Wohneinheiten zusammen, verteilt auf mehrere Häuser. Einen Teil dieser Gruppen sah ich auch von innen.

Die Wohnraumverhältnisse sind zwar besser als vor 10 Jahren, aber noch zu eng. So kommt auf 60 Bewohner ein Freizeitraum. Die Wohneinheiten der Gruppen bestehen aus einem bis zu 20 m langen Flur, einem größeren Wohnzimmer, einem verschlossenen Dienstzimmer und einer Küche, die in einigen Gruppen auch verschlossen gehalten wird, sowie Bad und Toiletten, die in der Regel nicht rollstuhlgängig sind. Die dazugehörigen Schlafräume sind eng bemessen, so daß ein Umstellen oder Hineinstellen individueller Möbel fast unmöglich ist. Überhaupt ist die Möblierung und Einrichtung häuserweise einheitlich. Von Individualität keine Spur. Nur $\frac{1}{10}$ der Bewohner hat ein eigenes Zimmer, etwa $\frac{2}{10}$ haben Zweibettzimmer, etwa $\frac{3}{10}$ Dreibettzimmer, etwa $\frac{3}{10}$ Vier- bis Sechsbettzimmer und etwa $\frac{1}{10}$ mehr als Sechsbettzimmer. In einer Gruppe sah ich, nach Erzählungen auch in anderen, daß die Schlafräume tagsüber verschlossen sind, so daß nur Flur und Wohnzimmer als Bewegungsraum bleibt für durchschnittlich zwölf Personen, manchmal sogar noch über 20 Personen pro Gruppe. In den Sanitärräumen gibt es teilweise keine Toilettentüren und keine Sichtblenden zwischen Duschen oder Wannen. Besonders bemerkenswert scheint mir, daß $\frac{1}{4}$ der Bewohner in geschlossenen Gruppen lebt. Sie gelten zwar nicht im juristischen Sinne als geschlossen, sind es aber faktisch, da die Bewohner ohne Schlüsselhilfe des Personals nicht heraus können.

Bei diesen Wohnverhältnissen ist klar, daß ein Sich-Zurückziehen unmöglich ist und Individualität sich nicht entfalten kann. Damit ist auch klar, daß die Bewohner zur Passivität gezwungen sind. Würden sie Aktivität entwickeln, würde der Gestaltungs- und Bewegungsraum zu eng, und es gäbe Krach. Und den muß das Personal um des Hausfriedens, ihrer Verantwortlichkeit, aber auch ihrer Nerven willen vermeiden und unterbinden. Bewohner von geschlossenen Gruppen gehen großteils nicht in die Werkstatt oder Schule, d. h. sie sind den ganzen Tag zu Hause. Sie machten auf mich einen gelangweilten Eindruck, gingen nichts aktiv an, sondern saßen/lagen/standen, wenn nicht gerade einer mal schrie, schweigend im Flur herum. Als das Mittagessen gebracht wurde, kam auf einmal Leben in die Gruppe. Ich wurde vorher ständig gefragt, wann es endlich fertig sei, die Geräuschkulisse stieg enorm. Das bedeutet, daß für sie Essen eine enorme Abwechslung im Tagesablauf ist. Die meisten Mitarbeiter klagen über die Freßsucht der Bewohner, die auch Lebensmittel klauen würden. Deswegen müßten die Küchen verschlossen sein. Es erscheint mir jedoch, daß Essen hier ein natürlicher Ersatz für sonst fehlende Beschäftigung und Befriedigung ihrer Persönlichkeit ist, so daß sich die Mitarbeiter über dieses Verhalten eigentlich nicht zu wundern brauchten.

Man muß sich bei diesen Wohnverhältnissen klarmachen, daß die Bewohner nicht vorübergehend hier sind, sondern lebenslänglich diesen Bedingungen ausgesetzt werden. Lediglich 0,6 Prozent werden im Schnitt jährlich entlassen! An dem Verhältnis der Bewohner zum Personal, auf das ich im folgenden eingehe, wird noch deutlicher, wie unausweichlich und mit welchen Auswirkungen die Bewohner den Heimbedingungen ausgeliefert sind.

Dazu einige grundsätzliche Überlegungen. »Behinderte« Menschen sind Personen mit körperlichen, geistigen oder seelischen Merkmalen, die von gesellschaftlich definierten Durchschnittsmerkmalen abweichen. Viele von ihnen sind, da bei der Gestaltung von gesellschaftlichem Lebensraum von Menschen mit Durchschnittsmerkmalen ausgegangen wird und dadurch faktisch Ausgliederung geschieht, bei der Verrichtung des täglichen Lebens auf Unterstützung durch technische, personelle und damit verbundene finanzielle Hilfen angewiesen. Die Lebenssituation läßt sich zunächst am besten durch den Begriff »Abhängigkeit« kennzeichnen. Bei der personellen Hilfe entsteht eine wie auch immer geartete menschliche Beziehung, bei der es in irgendeiner Form immer zum Austausch von Wertvorstellungen kommt. Durch das Angewiesensein auf die personelle Hilfe ist der Hilfsempfänger in der schwächeren Position. Dies bleibt wenigstens unterschwellig immer als Unterlegenheit spürbar. Das bedeutet, daß in dem dienstlich-funktionalen Verhältnis zwischen Helfer und Hilfsempfänger Sicherungen eingebaut sein müßten, die es dem Hilfsempfänger ermöglichen, seine eigenen Wertvorstellungen und damit seine Persönlichkeit zu bewahren, anstatt sich aufgrund seiner »Abhängigkeit« anzupassen.

Das eben beschriebene Konfliktfeld wird, wie ich im folgenden zeige, in Heimen auf Kosten der Hilfsempfänger »verdeckt und verwaltet«.

Die Bewohner der von mir besuchten Einrichtung sind aufgrund ihrer geistigen Merkmale besonders auf personelle Hilfe angewiesen. Ihre Situation zum Personal ist zunächst einmal dadurch gekennzeichnet, daß 98 Prozent der Bewohner juristisch unter Vormundschaft oder Pflegschaft gestellt sind, d. h. daß sie einschneidende Eingriffe in ihr Persönlichkeitsrecht hinnehmen müssen, z. B. Entzug des Aufenthaltsbestimmungsrechts oder Vermögensverwaltungsrechts. Begründet wird dies damit, daß die Kostenträger ihre Zuständigkeit um so eher anerkennen, desto hilfsbedürftiger eine Person und desto notwendiger eine Heimunterbringung, dokumentiert durch den juristischen Eingriff, ist. Auf dem Hintergrund finanzieller Knappheit ist inzwischen zu beobachten, daß immer schwerer »behinderte« Menschen ins Heim kommen. Der Prozeß scheint mir gegenseitig, denn für die Heime ist der Schweregrad auch eine Argumentationshilfe, die Kostenhöhe zu begründen.

Neben diesen finanzpolitischen Hintergründen werden die juristischen Eingriffe in Rechte, die für jeden anderen eigentlich selbstverständlich sind, sowie überhaupt alle die Persönlichkeit einschränkenden Maßnahmen vor allem damit begründet, die Betroffenen vor der angeblich feindlichen Gesellschaft und vor sich selbst zu schützen. Doch ich denke, daß es dabei um etwas anderes geht: Aufgrund der Art des dienstlichen Verhältnisses ist das Personal für das, was im Heim geschieht, faktisch verantwortlich gegenüber nichtbehinderten Arbeitgebern und einer nichtbehinderten Außenwelt, nicht jedoch gegenüber den Bewohnern. Die angebliche Verantwortung »für« den behinderten Menschen bleibt ein moralischer Appell, der keine reale Grundlage hat, da dieser im Heim »entmündigt« und dadurch nicht in der Lage ist, das Personal tatsächlich zur Rechenschaft zu ziehen. Um dieser Art von Verantwortung gerecht zu werden, braucht das Personal Entscheidungskompetenz über die Belange der Bewohner. Diese bietet der juristische Eingriff, wobei die Behinderung als moralische Rechtfertigung herhalten muß. Weiter gedacht, wird damit auch das Bild vom »Behinderten« als unmündigem, unfähigem Menschen zementiert.

Die Folgen dieses Konstrukts sind persönlichkeitsfeindlich. Das Personal kann nach eigenem Ermessen entscheiden, welche Bewegungsräume, welche Aktivitäten, welche Umgangsformen und Beziehungen, welche Entscheidungskompetenz bzw. Selbständigkeit dem Bewohner zugestanden werden.

Im folgenden gebe ich einige Eindrücke wieder, an denen mir deutlich wurde, daß es letztendlich immer auf die Einstellung des Personals ankommt, welche Freiheiten den Bewohnern zugestanden werden und welche Steuerungsmittel angewendet werden, um die Vorstellungen des Personals durchzusetzen. Viele Erzieher vertreten aufgrund der personellen Unterbesetzung (in manchen Schichten oft nur ein bis zwei Erzieher für zwölf Personen) die Ansicht, daß sie mit den Bewohnern nicht rausgehen könnten. Das Risiko sei zu hoch, das sie zu verantworten hätten. Auf diese Weise wird der Bewegungsraum der Bewohner auf das Heim beschränkt, und da keine Aktivitäten mehr stattfinden, verkommt die Rolle des Personals zur Aufpasserfunktion, damit auch ja nichts Unvorhergesehenes passiert.

Der Tagesablauf wird bestimmt durch den Dienstplan des Personals – 6 Uhr Wecken, feste Essenszeiten, 21 Uhr Schlafenszeit – und durch die Einbindung der Bewohner in Verwertungszwänge in Form von unfreiwilliger Arbeit in den Werkstätten, die den individuellen Fähigkeiten und Möglichkeiten der Betroffenen nicht gerecht wird. Es werden Großaufträge angenommen, so daß die Bewohner z. B. monatelang Gummireste von Gummiringen entfernen, also monotone Tätigkeiten ausüben. Diese bewahren allenfalls die Beweglichkeit der Finger, fördern jedoch keinerlei kreative Fähigkeiten. Es bleibt wenig Gestaltungsraum für die Bewohner, den sie sich selbst einteilen können und dürfen. Ein 16jähriger Junge erzählte mir, der Hausleiter hätte ihn um 19 Uhr aus einer Disco mit der Polizei herausholen lassen, weil er um 21 Uhr ins Bett müßte. Wenn er in der Gärtnerei fehle, würde sein Taschengeld gekürzt.

Die Selbständigkeit der Bewohner wird auch auf andere Weise behindert. So wurden z. B. die Kartoffelpuffer mundgerecht zerpflückt, obwohl die meisten allein essen konnten. Oder Erzieher schmierten die Brote und waren sehr erstaunt, als ein Lehrer ihnen auf Video zeigte, wie dieselben in der Schule alleine frühstückten. Ich denke, daß die betreffenden Erzieher nach Handlungen suchten, die ihnen das Gefühl vermittelten, etwas Sinnvolles für Behinderte zu tun. Die Alternative wäre nämlich, sich hinzusetzen und zuzusehen, wie die Bewohner essen, sich mit eigenen Wertvorstellungen auseinandersetzen zu müssen, weil einem die Eßweisen vielleicht unappetitlich oder unästhetisch erscheinen. Da ist es natürlich viel bequemer, sich hinter Handlungen »für« andere zu verstecken.

Welche Verhaltensweisen der Betroffenen akzeptabel sind, entscheidet das Personal. Gegenüber Verhaltensweisen, die dem Personal unangenehm sind, werden verschiedene Methoden angewendet, um sie zu unterbinden. So meinte eine Erzieherin, daß es in Ordnung sei, durch begrenzte körperliche Gewalt Klarheit zu schaffen. Sie hätte eine Bewohnerin mal kalt abgeduscht, weil diese absichtlich eingekotet hätte. Seitdem kämen sie miteinander aus. Es sei jedoch auch wichtig, Liebe zu geben. Je nachdem, wie der Bewohner sich verhält und welche Einstellung der Erzieher hat, bekommt er also Liebe oder Strafe. Er wird dadurch total geprägt, denn er muß sich anpassen, da er der Situation nicht ausweichen kann. Die Erzieher sind zunächst seine einzigen Bezugspersonen, und er ist auf ihre Hilfe angewiesen. Das Personal wird zur Beurteilungsinstanz und Autorität.

Deutlich wurde mir das bei einem Abendessen, bei dem der Hausleiter sehr offen Beurteilungen abgab und dabei in der dritten Person über jemand redete. Einer sei zwar ein fähiger Mensch, aber »draußen« könne er nicht leben, er würde beschissen werden. Der Betroffene versuchte sich zu wehren, aber der Hausleiter stellte ihm daraufhin eine Rechenaufgabe, die er nicht lösen konnte und ihn sehr kleinlaut werden ließ. Bei einem anderen wurde hervorgehoben, er hätte sehr viel Kraft, könne aber nicht genügend verstehen. Der Angesprochene fühlte sich zunächst sichtlich gestärkt und hob seinen Kopf, um schließlich noch tiefer zusammenzusinken.

Deutlich zeigt sich das Machtgefälle auch bei den Arztvisiten auf der Gruppe. Wie mir eine Erzieherin erzählte, läuft dies so ab, daß die Betroffenen mehr oder weniger in Reih und Glied dasitzen, das Gruppenpersonal und der Arzt oder Ärztin über die Betroffenen reden, ohne diese miteinzubeziehen. Das Personal stellt sich so über die Bewohner und demonstriert seine Macht.

Überhaupt sind die Möglichkeiten, Beziehungen aufzubauen und sich auf diese Weise mit anderen Werten auseinanderzusetzen, für die Bewohner äußerst gering. Dies ist u. a. gekennzeichnet durch Geschlechtertrennung nach Häusern. Die Zahl der Pärchen kann man hier an zwei Händen abzählen, die Freunde bekamen anfangs zeitweilig Hausverbot.

Auch mit Kontakten nach »draußen« ist es schwierig. Die tendenzielle Verschlossenheit der Türen und die ständige Präsenz des Personals, an deren Einwilligung man nicht vorbeikommt, sind Barrieren. Meine Vorgehensweise, einfach bei einzelnen Gruppen zu klingeln, war schließlich der Anlaß, z. B. die Regelung in einem Haus einzuführen, fremde Besucher zunächst zur Fachbereichsleitung, die am wenigsten Kontakt mit den Bewohnern hat, zu schicken, bevor sie Einlaß erhalten. Welche fatalen Folgen die eingeschränkte Beziehungsmöglichkeit haben kann, machte mir das folgende Beispiel deutlich. Ein Lehrer erzählte mir, ein Junge machte während der Ferien Randale. Er beruhigte sich, wenn man ihn als »Scheißkerl« bezeichnete. Für ihn bedeutete dies bereits eine Art von Zuwendung. Zufrieden war er erst, als er intensive Einzelbetreuung bekam. Zerstörerisches Verhalten gegenüber sich selbst oder anderen kann hier also zur einzigen Möglichkeit werden, überhaupt Beachtung zu finden.

So gehört es zum Alltagsgesprächsstoff des Personals, dieser oder jener hat heute wieder »gekollert«. Gemeint ist damit ein Ausflippen in allen Variationen, meist in selbstzerstörerischer Form, aber auch als Aggression gegen andere oder Sachen. Die Ursachen sind manchmal banal. Ein taubstummer Junge wollte irgend etwas, während ich mit Erziehern redete. Da keiner in der Lage war, sich mit ihm zu verständigen, wirkte er störend. Als er seinem Mißmut in gepreßten Lauten Ausdruck gab, wies ihn der Hausleiter an, ruhig auf dem Stuhl zu sitzen. Schließlich wurde er rausgeschickt. Eine Erzieherin meinte noch, er würde heute kollern. Als ich am Abend ging, bekam ich zu hören, daß dem Jungen Blut aus den Ohren trete und die Ärztin gerufen wurde. Der Junge, unverstanden, tat seinen Unmut kund, indem er »kollert«. Dies wird mit Sanktionen belegt, er muß seinen

Ärger runterschlucken. Infolgedessen zeigt er physische oder psychische Störungen.

Wenn also erzieherische Maßnahmen nicht mehr wirken, muß die Medizin heran. Schätzungsweise die Hälfte der Bewohner bekommt regelmäßig über Jahre hinweg ruhigstellende Psychopharmaka, alles Mittel, die erhebliche Nebenwirkungen aufweisen. (Alle Mittel provozieren z. B. epileptische Anfälle. Bedenklich erscheint mir in diesem Zusammenhang auch, daß die meisten Erzieher nicht wußten, woran man epileptische Anfälle erkennt und demzufolge diese auch nicht vom Kollern, einer Form sozialen Verhaltens, unterscheiden können. Alle Mittel machen auf Dauer abhängig.)

Die Ärztin bestätigte mir denn auch, daß die Erzieher sich an sie wenden, wenn sie mit Bewohnern nicht mehr klar kämen, pädagogische Maßnahmen nicht mehr greifen. Bei allen Psychopharmaka wird die Reaktions- und Wahrnehmungsfähigkeit eingeschränkt und damit eine aktive Auseinandersetzung des Bewohners mit seiner Umwelt »behindert«.

Eine Frau, die einer Erzieherin in den Busen gebissen und mit dem Messer gedroht hatte, wurde schließlich, weil niemand mit ihr klar kam, in die Psychiatrie abgeschoben. Diese ist das Auffanglager der wenigen, die sogar noch aus dem sozialen Netz des Behindertenheims herausfallen.

Wichtig ist, daß in allen Beispielen das Personal die Entscheidungsinstanz ist und sich die Bewohner letztendlich ihren Wertvorstellungen anzupassen haben. Deutlich wird dies auch dadurch, daß die Betroffenen an entscheidenden Mitarbeiterbesprechungen nicht beteiligt sind. Das Bild des »Behinderten«, der unfähig ist, eigene Entscheidungen zu treffen, den man versorgen muß als einseitig »zu Betreuenden«, wird dadurch verstärkt. Die gesetzlichen Vorausmaßnahmen und ihre Unterbringung in derartigen Einrichtungen stigmatisieren »Behinderte« zusätzlich zu dem ohnehin in der Öffentlichkeit bestehenden Meinungsbild.

Der Ausbau des Heimes zur »Vollstationären Einrichtung« ist stellvertretend für die Entwicklung in den großen Anstalten. Geschaffen wurden Energiezentrale, Werkstätten, Schulen, Wohnmöglichkeiten, sporttherapeutische Einrichtungen. Der Bewohner ist nun rund um die Uhr versorgt.

Das Ganze nennt man in Fachkreisen Integrations- oder auch Normalisierungsprinzip, weil der Bewohner genauso wie die Bevölkerung »draußen« schläft, ißt, arbeitet, freizeitet. Mit einem entscheidenden Unterschied: Die Persönlichkeit des Bewohners »drinnen« ist entrechtet!

An der »Entmündigung« und der »Ghettoisierung« der Bewohner hat sich nichts geändert. Pforte, Hecken und Straßenhinweisschilder sowie der Sprachgebrauch »drinnen« und »draußen« signalisieren, daß es sich um eine »Einrichtung« handelt. Die Trennung von der Normal-Bevölkerung, den Bewohnern vorgesetzte Organisationsstrukturen und Lebensbedingungen, ihre Entmündigung und Fremdbestimmtheit, die Vermassung von Menschen mit ähnlichen Merkmalen und die damit verbundene Stigmatisierung bleibt bestehen. Noch immer wird an der Erhaltung und Schaffung von Sondereinrichtungen festgehalten. So ist z. B. in Hessen die Platzzahl in den letzten 10 Jahren verdoppelt worden, wobei der Bestand an Plätzen in großen Heimen nur wenig höher liegt, während viele kleinere Heime und andere Sondereinrichtungen entstanden sind. Die Reformpolitik der 70er Jahre hat zur Modernisierung und zum Ausbau der Sondereinrichtungen geführt, jedoch von dem »Aufbruch – mehr Demokratie wagen« ist nichts zu spüren. Die Mitarbeiterhierarchie ist feiner, subtiler geworden; ganz unten stehen noch immer die Betroffenen, um die es eigentlich geht.

Die Entwicklung ist für die Heimerziehung systemstabilisierend, da durch die geringen Verbesserungen der äußeren Lebensbedingungen schwerer kritisierbar. Es läßt sich vorsichtig als »humaneres Ghetto« umschreiben – aber es ist eben ein Ghetto. Hier von Integration und Normalisierung zu reden, ist Augenwischerei und Tatsachen verleugnende Ideologie.

Angesichts der derzeitigen Wirtschaftslage und des derzeitigen Sozialabbaus ist zu befürchten, daß die finanziellen Aufwendungen gekürzt werden und sich die Lebenssituation der Bewohner innerhalb der Einrichtungen wieder verschlechtert. Was jedoch sicherlich nicht geschehen wird – wenn nicht radikal umgedacht wird –, ist, daß die Sondereinrichtungen aufgelöst werden. Ausgesondert wurde sicherlich schon immer. Die ersten großen Einrichtungen entstanden im letzten Jahrhundert. Die »Sonder-Behandlung« fand in der massenhaften Ermordung während der Zeit des Nationalsozialismus in Deutschland ihren grausamsten Höhepunkt. Heute aber werden Menschen mit be-sonderen Merkmalen einem »System heim-licher Unterdrückung und Abhängigkeit« unterworfen, auf dessen Grundlage andere ihre Existenz und ihr Selbstwertgefühl aufbauen. Nötig wäre es jedoch, nach echten Alternativen, die die Persönlichkeit der Betroffenen achten, zu suchen.

Irmgard Piorkowski-Wühr

Geschlossene Unterbringung von Kindern und Jugendlichen

Bereits 1949 konstatierte Andreas Mehringer in der Zeitschrift »Unsere Jugend«: »Die Schwierigkeiten, die der Reform heute im Wege stehen, liegen nicht so sehr in unserer materiellen Not als vielmehr in einem Traditionalismus, der aus manchen Gründen auf diesem Gebiet besonders hart zu sein scheint« (S. 12). In der Tat weist die Anstaltserziehung, heute auch »traditionelle Heimerziehung« genannt, schon immer in der Geschichte – im Gegensatz zur Schulpädagogik – eine stark stagnierende Tendenz auf, die einen lebendigen Fortschritt nicht nur be-, sondern teilweise auch verhinderte.

Gegen Ende der 60er Jahre rückte die Heimerziehung wieder in das Blickfeld der Öffentlichkeit, oft gegen den Widerstand der Träger und Verbände. Die Kritik, ausgelöst und angeführt von der Studentenbewegung und der APO, richtete sich gegen »Rauchverbot, Redeverbot bei der Arbeit, Fernsehsperre, Taschengeld-, Zigaretten- und Brotentzug oder eintönige Kost, Ausgangssperre, Briefzensur, geschlossene Gruppen und Trakte, Besinnungszellen, Karzer, Bunker, Tritte, Prügel und unterlassene Hilfeleistung ...« (Rabatsch, 1978, S. 151).

Unter dem öffentlichen Druck dieser »Heimkampagne« wurde 1969 in Hessen (als einzigem Bundesland) die geschlossene Unterbringung abgeschafft. Die öffentliche Diskussion führte Anfang der 70er Jahre zu Reformüberlegungen. Die Reform selbst fand wohl weitestgehend nur auf dem Papier statt. »Die Öffentlichkeit war beruhigt worden, mit ihrem Interesse an der Heimerziehung schlief auch die Realisierung der Reformversprechen ein ...« (Almstedt et al., 1982, S. 85). Die geschlossene Heimerziehung ist nie wirklich – auch in Hessen nicht – als ein pädagogisch veraltetes Erziehungsmittel ad acta gelegt worden. Die Planungsgremien zur geschlossenen Unterbringung standen und stehen vor dem Problem, nicht in offenem Widerspruch zu den Reformpostulaten der eigenen Institutionen zu geraten. So versuchte man damals wie auch heute, Wege zu finden, die den Erhalt, die Wiedereinführung und die Ausweitung der geschlossenen Heimerziehung als Reformmaßnahme erscheinen lassen, einen offensichtlichen Rückschritt als Fortschritt anzugeben.

Der Versuch, sich einen verläßlichen Überblick über die Situation der geschlossenen Unterbringung im Rahmen der Heimerziehung in der Bundesrepublik zu verschaffen, ist außerordentlich schwierig. Die Definition der Geschlossenheit variiert von »geschlossen« über »halboffen« bis »individuell geschlossen« und erschwert eine einheitliche Feststellung. So wird z. B. in Bayern von offizieller Seite auf Landesjugendamtsebene lediglich ein einziges Mädchenheim als geschlossenes Heim angegeben, obwohl weitere 12 Mädchenheime zumindest als halbgeschlossene angesehen werden müssen, da sie entweder phasenweise geschlossene Unterbringung praktizieren (vor allem in der Anfangszeit der Unterbringung) oder individuelle geschlossene Unterbringung im Sinne totaler Ausgangssperre und pädagogischer Überwachung für einzelne Mädchen bis hin zur Isolierung durchführen (vgl. DJI, 1981).

»Geschlossene Unterbringung in der Heimerziehung«, so definierte die Gemeinsame Kommission der Bundesarbeitsgemeinschaft der Landesjugendämter und überörtlichen Erziehungsbehörden in ihrer Sitzung am 16./17.2.82, »ist dadurch gekennzeichnet, daß besondere Eingrenzungs- und Abschließungsvorrichtungen oder andere Sicherungsmaßnahmen vorhanden sind, um ein Entweichen, also ein unerlaubtes Verlassen des abgeschlossenen oder gesicherten Bereiches zu erschweren oder zu verhindern und die Anwesenheit des Minderjährigen für die notwendige pädagogisch-therapeutische Arbeit sicherzustellen« (Protokoll).

Die Jugendministerkonferenz dagegen stellt eindeutig fest: »Geschlossene Unterbringung in der Heimerziehung ist Freiheitsentziehung. Sie liegt vor, wenn ein Minderjähriger in einer geschlossenen oder gesicherten Gruppe oder Abteilung einer Einrichtung untergebracht, sein Aufenthalt überwacht und eine freie Bewegung außerhalb der Eingrenzungen grundsätzlich ausgeschlossen wird ...« (Protokoll der Sitzung am 14. 2. 82 in Kiel). Man könnte jedoch die geschlossene Unterbringung auch auf ein »Katz- und Mausspiel« reduzieren: Zwischen Jugendlichen und Erziehern findet ein nicht beendbarer Wettkampf zwischen Fluchtversuchen und Kontrollen statt.

Circa 1000 bis 1300 Kinder und Jugendliche (14,4 % aller Minderjährigen in öffentlicher Erziehung) sind es schätzungsweise in der BRD, die derzeit in der »Ultima Ratio« der Heimerziehung den übrigen Kindern und Jugendlichen in öffentlicher Erziehung zur Abschreckung dienen sollen. Schätzungsweise – denn genaue Zahlen zu ermitteln, stellte sich bei den Bemühungen verschiedenster Gremien als äußerst schwierig, wenn nicht gar unmöglich heraus. Die Schätzung beruht auf den Ergebnissen einer empirischen Untersuchung von Hüsken (1977) und den Recherchen des Deutschen Jugendinstituts (1981). Die Arbeitsgemeinschaft der obersten Landesjugendbehörden dagegen ermittelte zum Stichtag 1. 12. 81 »lediglich« 43 Gruppen mit insgesamt 358 Plätzen, von denen am Stichtag 286 belegt waren (Anlage zur Niederschrift der Sitzung der Gemeinsamen Kommission am 16./17. 2. 82 in Frankfurt). Fest steht jedoch aufgrund der Ermittlungen des Deutschen Jugendinstitutes (1981), daß in allen Bundesländern – mit Ausnahme von Hessen und Hamburg – geschlossene Heimplätze zur Verfügung stehen und überwiegend von einem größeren Bedarf gesprochen wird als an Plätzen vorhanden sei, wenngleich sowohl die Zahlen für den Ist- wie auch für den Soll-Stand von unterschiedlichen Quellen unterschiedlich angegeben werden.

Die Schwierigkeit, exakte Zahlen zu erhalten, besteht auch darin, daß wissenschaftliche Untersuchungen von behördlicher Seite kaum unterstützt – man könnte auch sagen: teilweise vereitelt – werden. Diese bittere Erfahrung mußte eine Arbeitsgruppe und Kommission der Internationalen Gesellschaft für Heimerziehung (IGfH) bereits 1978 machen: Der Versuch, eine empirische Untersuchung zur

»Indikation für geschlossene Unterbringung« durchzuführen, mußte abgebrochen werden, weil die dafür erforderliche Einsichtnahme in Akten verweigert wurde. Selbst das Deutsche Jugendinstitut in München, das im Auftrag des Bundesjugendkuratoriums für ein Symposium am 18./19.5.81 entsprechendes Material sammeln sollte, hatte Schwierigkeiten bei der Datenerhebung, so daß der ursprünglich vorgesehene Forschungsplan scheiterte. »Wir bekamen bei Gesprächen auf Länderministerialebene und Landesjugendbehördenebene widersprüchliche, z. T. irreführende und falsche Informationen, wenn uns nicht gar mit dem Hinweis auf die ›ungeklärte Datenschutzproblematik‹ jegliche nähere Auskunft über die Anzahl der Heime, ihre Lage, etc. … verweigert wurde« (vgl. DJI, 1981).

An der Existenz und Art der geschlossenen Unterbringung dürfte sich, abgesehen von einer evtl. Reduzierung der Plätze, die dann aber auch im Zusammenhang mit dem Abbau der Platzkapazitäten in der Heimerziehung generell zu sehen ist, im wesentlichen nichts geändert haben.

Der inhaltliche Streit um die geschlossene Heimerziehung lebte 1977–1979 wieder auf und erlebte die letzte heiße Phase in der Öffentlichkeit, als im neuen Gesetzentwurf zum Jugendhilferecht im § 46 die zwangsweise Internierung von Kindern und Jugendlichen als angeblich »pädagogische oder therapeutische Hilfe« erstmals in einem Gesetz festgeschrieben werden sollte. Im § 47 sollte gar den Heimleitern das Recht eingeräumt werden, Freiheitsentzug für Minderjährige anzuordnen, wenn »Gefahr für die Person oder eine schwerwiegende Störung des Heimbetriebes unmittelbar bevorsteht«! Heftige Proteste der Fachöffentlichkeit, rund 12000 Unterschriften von Verbänden, Institutionen, Wissenschaftlern und Praktikern, offene Briefe an das *Bundesministerium für Jugend, Familie und Gesundheit* (z. B. durch das *Institut für Sozialarbeit und Sozialpädagogik* in Frankfurt), fachliche Stellungnahmen von Verbänden wie etwa der *Arbeiterwohlfahrt* und der *Internationalen Gesellschaft für Heimerziehung* und schließlich ein einstimmig gefaßtes Votum des *Bundesjugendkuratoriums* konnten zwar den § 47 zu Fall bringen, nicht jedoch den § 46. Die allgemeine politische Lage in der BRD führte jedoch dazu, daß das neue Jugendhilferecht bis dato nicht verabschiedet werden konnte. Im Zusammenhang mit der geschlossenen Unterbringung ist dies sicher eher zu begrüßen als zu bedauern – für die übrige Situation der Jugendhilfe Ausdruck ihrer ureigensten Misere.

Geschlossene Unterbringung, so die Befürworter, sei ein letztes Mittel der Erziehung für diejenigen, die als »erziehungs- und bildungsunfähig« angesehen werden müßten, für diejenigen, die sich »ständig der Erziehung entziehen«, und diejenigen, die »anderweitig nicht unterzubringen« sind. Sie sei notwendig, um diese Jugendlichen vor sich selbst und die Gesellschaft vor ihnen zu schützen. Geschlossene Unterbringung sei »ein notwendiges Übel«. Muß die Gesellschaft vor ihren eigenen »Übeln« geschützt werden? Dieses Selektierungsprinzip existierte schon immer: Das Abschieben und Isolieren der »Drei A's« (Arme, Alte, A-Soziale).

Aber auch das Abschieben und Isolieren von Minderjährigen stellt ein traditionelles Mittel im Umgang mit jungen Menschen dar. Erziehung und Disziplinierung lassen sich oft nicht erkennbar voneinander trennen. »Dieses System mußte die These der ›Unkorrigierbarkeit‹, des ›Gut- und Bösartigen‹, des ›Bodensatzes‹ hervorbringen! Ihr liegt die Vorstellung eines ›guten‹ Jugendhilfesystems zugrunde, das lediglich durch eine kleine Gruppe Unpassender (›Unverbesserlicher‹) belastet sei« (Plewig, 1982, S. 8). Wenn Jugendliche schwierig erscheinen, dann sind sie dies – zumindest auch –, weil Jugendhilfe versagte. Gäbe es keine Abschiebemöglichkeiten, dann müßten neue Wege gesucht werden; der Weg für konstruktive pädagogische Auswirkungen wäre offen ...

Wenn heute nicht nur Unterbringungsbehörden, sondern auch Heimerzieher aus offenen Heimen für die Wiedereinführung oder den Ausbau der geschlossenen Unterbringung eintreten, »so weist dies auf die desolate Situation derzeitiger Heimerziehung und die damit verbundene Überforderung der Erzieher hin. Es ist aber auch ein Hinweis darauf, daß ein repressives System zu seiner Aufrechterhaltung die Möglichkeit braucht, ein noch rigideres System anzudrohen,

... die gegenwärtige Form der Heimerziehung ohne die Angst der Kinder und Jugendlichen, in ein geschlossenes Heim eingewiesen zu werden, nicht auszukommen« scheint (Almstedt et al., 1982, S. 94).

Für wen aber soll nun diese geschlossene Unterbringung »gut« sein? Die bereits zitierte Jugendministerkonferenz (1982) schreibt das Selektionsprinzip fort: Geschlossene Unterbringung ist »nur zulässig, wenn

1. die persönliche, schulische und berufliche Entwicklung des Minderjährigen erheblich gefährdet ist,
2. der Gefährdung nicht auf andere wirksame Weise begegnet werden kann,
3. diese Unterbringung für eine wirksame pädagogische und therapeutische Hilfe unerläßlich ist«.

Aber *welche* Jugendliche mit *welchen* konkreten Problemen sollen das nun sein? Bei einer Umfrage des AFET (1979) wurden sie von den überörtlichen Erziehungsbehörden als »Dauerentweicher«, »Dauerentweicher mit der Gefahr krimineller Handlungen«, die betroffenen Mädchen als »Prostitutionsgefährdete« bezeichnet. Im Zusammenhang mit der wissenschaftlichen Begleitung des »Sozial-Integrativen Zentrums«, einer Alternative zur Geschlossenen Unterbringung, wurden die zuständigen Sachbearbeiter der einweisenden Behörden nach Indikationskriterien für die geschlossene Unterbringung allgemein befragt. Daraufhin wurden genannt: »ständiges Weglaufen«, »ungeheure Aggressivität« und »destruktives Verhalten«, »kriminelle Delikte«, »Erwartungen von Haftstrafen«, »sexuelle Gefährdung« und »Prostitution«. Gleichzeitig wird im Endbericht der wissenschaftlichen Begleitung des genannten Projektes (1983) zusammenfassend festgestellt: »Es ergibt sich also, daß keine eindeutige Indikation für geschlossene Unterbringung und ihre Alternativen feststellbar ist. Aktenauswertungen, Befragungen der Sachbearbeiter in den einweisenden Stellen, Definitionsversuche von Experten der Fachbehörden haben nur unbestimmte Kriterien erbracht. Statt personenbezogener Indikation wurden Gründe deutlicher, die mit der vorherigen Unterbringung und den die Aufnahme verweigernden offenen Heimen zusammenhängen. Wenn Jugendliche als ›besonders schwierig‹ entlassen werden –

ungeachtet der Situationen und Abläufe der vorherigen Unterbringung –, werden sie schnell ›schwer vermittelbar‹ und ›bedürfen‹ als Folge ›geschlossener Unterbringung‹.« (Birtsch, 1983, S. 81).

Die Gegner der geschlossenen Unterbringung hatten schon immer behauptet, daß es keine Indikation für die geschlossene Unterbringung gibt, daß die Einweisung in die geschlossene Unterbringung mehr oder weniger zufällig erfolgt, die Strategie der »freien Plätze« dabei eine gewichtige Rolle spielt und der Strafcharakter der geschlossenen Unterbringung gegenüber den positiven pädagogischen Zielvorstellungen Vorrang hat. Sie wurden sowohl durch die o. g. Untersuchung als auch bereits durch die Aktenanalyse einer IGfH-Arbeitsgruppe (1978) in ihren Argumenten bestätigt.

In Hamburg ist im 2. Halbjahr 1981 die geschlossene Unterbringung abgeschafft worden »wegen ihrer problematischen Nähe zur Vorbeugehaft und ihrer Erfolglosigkeit im Sinne einer gesellschaftlichen Integration der Jugendlichen« (Bittscheidt-Peters et al., 1981). In Hessen wurde durch die Reformkommission 1972 die Abschaffung geschlossener Heime gefordert und bis 1976 auch durchgesetzt. Es dauerte jedoch nicht lange, bis vor allem von seiten der unterbringenden Behörden die Wiedereinführung geschlossener Heime verlangt und im Zusammenhang damit die »Heilpädagogische Intensivbetreuung« diskutiert wurde. Schließlich wurde auf höchster Ebene nicht nur beschlossen, sondern dieser Beschluß gar in die Koalitionsvereinbarung 1978 zwischen SPD und FDP aufgenommen, daß das Konzept der »Heilpädagogischen Intensivbetreuung« als Modellprojekt zunächst in offener Form über fünf Jahre erprobt werden solle – als Ersatz für die geschlossene Heimerziehung. 1979/80 entstanden zwei Einrichtungen: die »Pädagogisch-therapeutische Intensivbetreuung« (PTI) für Nordhessen und das »Sozial-Integrative Zentrum« (SIZ) für Südhessen. Auch außerhalb von Hessen begannen in dieser Zeit Alternativprojekte zur geschlossenen Heimerziehung mit der Arbeit, so z. B. das »Jugendhaus« in Barendorf.

Während in Hamburg die Abschaffung der geschlossenen Unterbringung durch Senat und Landesjugendbehörde mit den Argumenten »geringere Entweichungsquoten«, »Rückgang der Entweichung bei strafrechtlich vorbelasteten Heimjugendlichen« und einem »geringeren Anteil von Heimjugendlichen an der gesamten Kriminalitätsrate insgesamt« (vgl. Bittscheidt-Peters et al., 1982) gegenüber Justiz, Polizei und Öffentlichkeit vehement verteidigt wird, trat in Hessen das genaue Gegenteil ein. Bereits 1981 hatte sich die Lage für die Alternativprojekte zugespitzt. »Eine Realisierung des Modellprogramms über fünf Jahre vorgesehene Laufzeit scheint nur noch teilweise möglich zu sein. Für das »SIZ« wurde das Auslaufen des Projektes beschlossen, die »PTI« läuft weiter, kann jedoch keiner gesicherten Zukunft entgegensehen. Neben finanziellen und organisatorischen Schwierigkeiten auf seiten der Einrichtungen, dem stärkeren Zwang zur Einsparung auf seiten der Kostenträger müssen als Faktor dieser Entwicklung auch gegenwärtige restaurative politische, speziell jugendpolitische Strategien gesehen werden. In einzelnen Ländern ist der Ausbau der geschlossenen Unterbringung beschlossen, entsprechende Planungen liegen bereits vor. Eine von der Jugendministerkonferenz eingesetzte Kommission hat Empfehlungen zur Durchführung geschlossener Unterbringung erarbeitet, in denen von der Möglichkeit ›qualifizierter‹ therapeutischer geschlossener Heimerziehung ausgegangen wird. Im Zusammenhang mit dieser Entwicklung muß eine Wiedereinführung der geschlossenen Heimerziehung in Hessen befürchtet werden« (Birtsch, 1982, in: Theorie und Praxis der sozialen Arbeit 11/82).

»Befindet sich die demokratische Gesellschaft in Phasen der Depression, der politischen Unlust, der Ängstlichkeit und des Rufes nach Recht und Ordnung, wird alsbald auch nach mehr geschlossenen Heimen für Kinder und Jugendliche gerufen, nach Einschränkung der Finanz›last‹ für soziale Hilfen und gleichzeitig nach einer entschlossenen Polizei, einer Justiz, die kurzen Prozeß zu machen versteht und nach sicheren Gefängnissen« (Bäuerle, 1977, S. 278). In der Tat ist es so, daß in Hessen, obwohl »die Leistungsfähigkeit der Einrichtung (SIZ) als Alternative zur geschlossenen Unterbringung ... insgesamt positiv beurteilt werden« mußte (ISS, Endbericht, unveröffentlicht, 1983), »die zuständigen

Fachbehörden die beiden Projekte nach außen gegenüber der Öffentlichkeit ..., aber auch nach innen ... nicht mehr ausreichend stützten« (ebd., S. 225). Statt dessen schließt man sich offensichtlich auch in Hessen der Tendenz an, im Zuge der Vorlage eines ›Gesetzentwurfes zur Fortentwicklung des Jugendstrafvollzuges und zur Eingliederung junger Straffälliger‹ in Kommissionen und Arbeitsgruppen auf der Ebene von Landesjugendamt, Sozialministerium und Justizministerium über eine »neue« geschlossene Unterbringung zur »Vermeidung« von U-Haft und Jugendstrafvollzug nachzudenken oder gar zu beschließen ... Brauchte man dazu den Nachweis, daß die Alternativen zur geschlossenen Heimerziehung nicht funktionieren (dürfen)? Die geschlossene Heimerziehung – wie Heimerziehung überhaupt – brauchte sich jedenfalls bislang – im Gegensatz zu den Alternativen – noch nicht zu legitimieren, ihre Praxis und ihre »Effizienz« noch nicht unter Beweis zu stellen ...

»Zwar ist der Erfolg von Heimerziehung ihrem Wesen nach lediglich daran zu messen, welche kompensatorischen Leistungen sie für die Entwicklung von Kindern und Jugendlichen erbringt. Der Erfolg der Reform aber sollte sich daran erweisen, daß die Bevölkerung, die Erwachsenen plus Gemeinwesen weniger Probleme mit Jugendlichen schlechthin hätten« (Bittscheidt-Peters, 1982, in: Materialien zur Heimerziehung, April 1983, S. 14).

Literatur

Ahlheim, R. et al. (Autorenkollektiv), Gefesselte Jugend. Fürsorgerziehung im Kapitalismus. Frankfurt 1972

Almstedt, M./Munkwitz, B., Ortsbestimmung der Heimerziehung. Weinheim 1982

Bäuerle, W., Geschlossene Unterbringung von Kindern und Jugendlichen: ein Rückfall in die Vergangenheit, in: Theorie und Praxis der sozialen Arbeit, 28/1977, H. 7

Birtsch, V., Alternativen zur Geschlossenen Heimerziehung: Gegenwärtiger Stand in der Frage der Indikation, in: Theorie und Praxis der sozialen Arbeit, 1982, H. 11

Birtsch, V./Lehmann, C., Das Sozial-Integrative Zentrum – eine Alternative zur geschlossenen Unterbringung –. Endbericht der wissenschaftlichen Begleitung. Frankfurt/M. 1983, unveröffentlicht

Bittscheidt-Peters/Koch, Menschen statt Mauern. Ein Konzept auf dem Prüfstand, in: Berichte und Dokumente der Freien und Hansestadt Hamburg, Nr. 685 vom 7. 10. 1982

Deutsches Jugendinstitut, Geschlossene Unterbringung. Eine Dokumentation. München 1981

Internationale Gesellschaft für Heimerziehung (IGfH), Indikation für geschlossene Unterbringung von Kindern und Jugendlichen. Bericht einer Arbeitsgruppe, in: Materialien zur Heimerziehung, November 1978

Mehringer, A., Reform der Anstalt, in: Unsere Jugend, 1/1949, H. 1

Rabatsch, M., Kollektiven Widerstand organisieren, in: angepackt extra, Sondernummer, Hamburg 1978

Alexander M. Homes

Vom Heim in die Kinderpsychiatrie

Nach Angaben des Statistischen Bundesamtes in Wiesbaden waren am 31. 12. 81 ca. 32 000 Personen in den Psychiatrischen Krankenhäusern der Bundesrepublik (ohne die 17 Psychiatrischen Krankenhäuser des Landeswohlfahrtsverbandes Hessen).

Die rechtliche Grundlage für die Unterbringung ist durch Gesetze geregelt: zum einen das Psychischkrankengesetz (PSYCHKG), zum anderen das Strafgesetzbuch (StGB). Die Bundesländer haben daneben noch eigene Landesgesetze, um eine Unterbringung in einer Heilanstalt anzuordnen. Nach diesen Gesetzen kann man Menschen in Anstalten einsperren und festhalten, natürlich mit entsprechenden »Gutachten« von Ärzten, die die Grundlage der jeweiligen Einweisungen bilden.

Vor kurzem wurde in Nordrhein-Westfalen durch den Landschaftsverband Rheinland eine Überprüfung der Einweisungspraxis in den zahlreichen psychiatrischen Kliniken des Landschaftsverbandes Rheinland (LVR) durchgeführt. Die Untersuchung zeitigte folgendes Ergebnis:

»Kranke Menschen werden in Nordrhein-Westfalen offenbar zu schnell in geschlossene psychiatrische Kliniken eingewiesen. Bei 23 von 134 überprüften Einweisungen waren die rechtlichen Voraussetzungen für eine Einweisung in die Anstalt nicht gegeben, dennoch wurde sie vorgenommen.«[1]

Den einweisenden Richtern wurde vorgeworfen, »Kranke« zu schnell eingewiesen zu haben, »ohne den Betroffenen überhaupt gesehen zu haben«[2]. Auch stellte man fest, »daß die Betroffenen unzureichenden, laienhaften Gutachten und vorschnellen Gerichtsentscheidungen hilflos ausgeliefert sind und erst wieder freikommen, wenn in den Kliniken festgestellt wird, daß ein psychischer Krankheitsbefund nicht vorliegt«[3].

Leider ist dies die einzige Untersuchung, die es bundesweit gibt. Eine vergleichbare Untersuchung, die sich auf das ganze Bundesgebiet erstreckt, würde vermutlich ähnliche Ergebnisse haben. In diesen Anstalten sind Personen jeglichen Alters. Die Kinder kommen meist aus Heimen, in denen man keine Möglichkeit mehr sieht, sie zu »therapieren« und zu »erziehen«.

Natürlich betrifft das nur die Kinder und Jugendlichen, die bei der Integration in das Heimsystem Schwierigkeiten machen. Grundlage für die Überweisung ist ein ärztliches und psychologisches Gutachten. In diesen Gutachten werden die Kinder fast immer als trotzig, gereizt, bockig, nicht zugänglich für therapeutische Maßnahmen, störend und depressiv, schwer verwahrlost, schwer verhaltensgestört und auch sexuell verwahrlost bezeichnet. In Wirklichkeit handelt es sich hier häufig um junge Menschen, die die Heimerziehung nicht widerstandslos haben über sich ergehen lassen und damit in den Augen der Erzieher »auffällig« wurden.

Hans-Dieter Schink, Gründer der Gesellschaft für Sozialwaisen (GESO), hat im Jahre 1974 im Auftrag des Stadtjugendamtes Münster eine »Bestandsaufnahme und Situationsbericht« über Heimkinder durchgeführt. Ausgangspunkt dieser Untersuchung waren die Heime, die im Bereich des Stadtjugendamtes Münster liegen. Er untersuchte u. a. auch die Lebensläufe der 315 Kinder und Jugendlichen, die in diesen Heimen untergebracht waren. Die Entwicklung der 115 Kinder, die seit dem ersten Lebensjahr im Heim lebten, sah zum Zeitpunkt dieser Untersuchung folgendermaßen aus:

»24 Kinder leben heute in Heil- und Pflegeanstalten; 2 Kinder sind geistig behindert und leben noch in einem Kinderheim der Stadt Münster; 1 Kind ist stark entwicklungsgestört; 2 Kinder leiden unter Hospitalismusschäden; 8 Kinder befinden sich in heilpädagogischer Behandlung (Sonderheime); 3 Kinder sind unterdurchschnittlich schwache Sonderschüler; 6 Kinder sind heute Sonderschüler; 7 Kinder besuchen z. Z. die Grundschule (bei ihnen konnte nicht ermittelt werden, ob sie potentielle Haupt- oder Sonderschüler sind); 6 Kinder besuchen die Hauptschule – zwei von ihnen tragen den Aktenvermerk ›erziehungsschwierig‹; 3 Jugendliche haben eine Lehre begonnen – einer dieser Jugendlichen wird als besonders erziehungsschwierig beschrieben; 1 Kind wird als völlig normal bezeichnet – es wurde eine Inpflegegabe vorgeschlagen; 16 Kinder sind dem Jugendamt Münster nicht näher bekannt gewesen bzw. das Jugendamt erfuhr erst durch diese Erhebung von der Existenz dieser Kinder; 36 Kinder sind noch nicht schulpflichtig, so daß über ihre Entwicklung an dieser Stelle nichts Näheres gesagt werden kann.«[4]

Schinks Untersuchung sorgte damals in ganz Nordrhein-Westfalen und auch in anderen Bundesländern für großes Aufsehen. Anhand dieser Untersuchung – eine weitere gibt es in Deutschland leider nicht! – wurde deutlich, wie die Entwicklung der Kinder verläuft, die von klein auf in Heimen aufwachsen. Sie beweist, was für katastrophale Schäden Heimerziehung bei jungen Menschen anrichten kann. Sie beweist aber auch, daß für eine beträchtliche Anzahl – 24 von 115 – der Kinder und Jugendlichen der Weg vom Heim in die Psychiatrie führt. Das folgende Beispiel aus dieser Untersuchung bedarf keines weiteren Kommentars:

Aufenthaltsverhältnisse von E., geb. . . . 1953
(Lt. Aktenunterlagen)

1. E. war *von der Geburt bis zum . . . 1956 im Säuglingsheim Baumberger Hof* und im Waisenhaus St. Mauritz.
2. . . . 1956 holte die Kindesmutter sie aus finanziellen Gründen aus dem Heim – Waisenhaus St. Mauritz –.
3. Im . . . 1956 ist in den Akten ein Hinweis, daß sich E. im Mauritz Waisenhaus aufhält.
4. In einem Bericht der Familienfürsorge vom . . . 1956 ist ein Hinweis, daß sich E. im mütterlichen Haushalt mit dem Stiefvater aufhält.
5. Ab . . . 1956 ist E. im Kinderheim Herz-Jesu (durch die Mutter) dorthin gebracht worden.
6. Am . . . 1957 besucht die Mutter E. im Heim und wollte eine Stunde mit ihrem Kind in die Stadt gehen. Sie hat das Kind dann nicht mehr ins Heim zurückgebracht. – Die Personensorgerechtspflegerin war der Meinung, daß E. zunächst im Haushalt der Mutter und des Stiefvaters sein kann.

7. Anfang ... 1959 kommt E. wieder ins Kinderheim Herz-Jesu.
8. Im ... 1964 kommt sie wieder in den Haushalt der Mutter, des Stief-vaters und sieben Halbgeschwister. (Sie war im Heim nicht mehr tragbar.)
9. ... 1965 E. kommt ins Vinzenzwerk Handorf.
10. ... 1966: Aufnahme in der psychiatrischen Abteilung der Uni-Kin-derklinik Münster.
11. ... 1966: Von der Uni-Kinderklinik kommt sie in das Landeskinder-heim Eilmsen. (Ab ... 1966 besteht FEH)
12. ... 1966: Mit einem anderen Mädchen entweicht E. in Eilmsen und wird noch am gleichen Tag in Werl aufgegriffen.
13. ... 1968: E. wird vom Kinderheim in Eilmsen ins Haus vom Guten Hirten nach Münster verlegt.
14. ... 1969: E. macht Urlaub bei einer Tante in K.
15. ... 1969: E. entwich aus dem Haus vom Guten Hirten, Münster.
16. ... 1969: Sie kehrte von sich aus wieder ins Haus vom Guten Hirten zurück.
17. ... 1969: E. entwich mit 2 anderen Mädchen erneut aus dem Haus vom Guten Hirten, Münster; nachmittags wurde sie vom Jugend-amt L. zurückgeführt.
18. ... 1969: Sie wird vom Haus vom Guten Hirten, Münster, zum Haus Waldfrieden, Ibbenbüren, verlegt.
19. ... 1970: E. kam ins Institut für Jugendpsychiatrie und Heilpädago-gik, Hamm. Sie entwich dort, wurde aufgegriffen und dem St. Vin-zenzheim, Dortmund, zugeführt.
20. ... 1970: Sie wird dem Mädchenheim Schloß Wollershausen zuge-führt.
21. ... 1970: E. entwich aus Wollershausen und wurde in Göttingen aufgegriffen. Vorübergehend wohnte sie im Hildegardisheim, Göt-tingen, und im Krankenhaus Neu Maria Hilf, Göttingen. Zu dieser Zeit wurden 2 Arbeitsversuche in Göttingen gemacht.
22. ... 1970: Sie entwich aus dem Hildegardisheim, Göttingen.
23. ... 1970: E. wird aufgegriffen und in das Vorasyl des Kath. Mäd-chenheimes, Solingen, gebracht.
24. ... 1970: Sie kommt in das Polizeigefängnis Solingen (diese Unter-bringung war erforderlich, da E. versucht hatte, die Zimmertür des Vorasyls aufzubrechen, Schaden ca. 150 DM; ferner hatte sie ver-sucht, aus dem Fenster des 2. Stockes des Heimes zu springen. Sie wurde von der Polizei und der Feuerwehr daran gehindert.).
25. ... 1970: E. wurde dem Gertrudenhaus, Münster, zugeführt.
26. ... 1970: Sie entwich aus dem Gertrudenhaus.
27. ... 1970: Sie wurde auf der Bundesautobahn in Richtung Dortmund aufgegriffen und dem Gertrudenhaus, Münster, zugeführt.
28. ... 1970: Sie entwich erneut aus dem Gertrudenhaus.
29. ... 1970: Aktenvermerk: »Gertrudenhaus teilte mit, daß E. gestern erneut von der Polizei ins Haus gebracht wurde. Sie ist inzwischen

6mal dort ausgerissen. In dieser Zeit war sie einmal 6 Tage dort, im übrigen ist sie nach spätestens einer Stunde wieder losgegangen ...«

30. ... 1970: E. hatte sich des Nachts freiwillig bei der Polizei gemeldet und wurde im Gertrudenhaus untergebracht.

31. ... 1970: E. wurde mit 2 weiteren Jugendlichen in Bocholt von der Polizei aufgegriffen und dem Gertrudenhaus, Münster, zugeführt. Sie stand unter starker Rauschgift- und Alkoholeinwirkung, randalierte und schimpfte in einer nicht wiederzugebenden Weise, so daß sich das Gertrudenhaus gezwungen sah, sie durch die Polizei dem Landeskrankenhaus Münster zuführen zu lassen.

32. ... 1970: E. wurde aus dem Landeskrankenhaus Münster entlassen und kam ins Gertrudenhaus.

33. ... 1970: Arbeitsversuch in der Metzgerei B. (4 Stunden). Sie betreute 2 Kinder und erledigte leichtere Hausarbeiten.

34. ... 1970: E. wurde von der Polizei bei Warenhausdiebstählen aufgegriffen und dem Gertrudenhaus zugeführt. Da sie fürchterlich randalierte, mußte sie durch die Polizei erneut ins Landeskrankenhaus gebracht werden.

35. ... 1970: E. entwich aus dem Landeskrankenhaus Münster.

36. ... 1970: Aktenvermerk: »Frau W. – Gertrudenhaus – machte über E. folgende Mitteilung: E. ist, nachdem sie aus dem Landeskrankenhaus ausgebrochen ist, für etwa ¾ Stunde im Gertrudenhaus gewesen, nachdem sie vorher schon einige Male versucht hatte, Frau W. telefonisch zu erreichen ... In einem längeren Gespräch mit E. erfuhr sie dann, daß diese auf den ›Strich‹ geht, und zwar sowohl in Münster als auch in Dortmund und Umgebung. Sie erhielt 20 bis 30 DM dafür. Sie führt nach ihrer Ansicht ein sehr großzügiges Leben, wohnt in erstklassigen Hotels, zwischendurch hasche sie auch mal, habe das aber nicht unbedingt nötig. Dieses Leben finde sie aber doch besonders schön.«

37. ... 1970: Selbstmordversuch. E. wurde in die Raphaelsklinik eingewiesen.

38. ... 1970: Ärztliches Zeugnis zwecks Unterbringung aufgrund des Gesetzes: »Wegen Drogenmißbrauch und Suizidversuch mit Schlafmitteln ist bei Wiederholungsgefahr die Einweisung in eine geschlossene Abteilung unbedingt erforderlich.«

39. ... 1970: E. kam erneut ins Landeskrankenhaus Münster.

40. ... 1971: Sie wurde zum Zwecke der Arbeitstherapie vom Landeskrankenhaus, Münster, ins Rochushospital, Telgte, verlegt.

41. ... 1971: Rückführung aus Telgte ins Landeskrankenhaus, geschlossene Abteilung, da sie in Telgte nicht gefördert werden konnte.

42. ... 1971: Verlegung von der geschlossenen Abteilung in eine offene Abteilung, da ein erneuter Arbeitsversuch in Angriff genommen werden sollte.

43. ... 1971: E. entwich erneut aus dem Landeskrankenhaus Münster.

44. ... 1971: In der Nacht wurde E. wieder ins Landeskrankenhaus, geschlossene Abteilung, zurückgeführt. Von der Bahnpolizei war sie am Bahnhof aufgegriffen worden.

45. ... 1972: Verlegung ins Westf. Landeskrankenhaus, Eikelborn (Verlegung war lt. Mitteilung von Frau Sr. L. aus disziplinarischen Gründen erforderlich).

46. ... 1972: E. entwich aus dem Landeskrankenhaus, Eikelborn, und meldete sich im Gertrudenhaus, Münster.

47. ... 1972: Rückführung ins Westf. Landeskrankenhaus, Eikelborn. (Während der Rückfahrt verhielt sie sich gegenüber früher aufgeschlossener und rücksichtsvoller.)

48. ... 1972: Rückverlegung aus Eikelborn ins Westf. Landeskrankenhaus Münster.

49. ... 1973: E. kehrte nach Ausgang nicht mehr ins Landeskrankenhaus zurück.

50. ... 1973: Rückkehr ins Landeskrankenhaus Münster. Sie war angetrunken.

51. ... 1973: Erneute Entweichung aus dem Landeskrankenhaus Münster.

52. ... 1973: Rückführung ins Landeskrankenhaus Münster, nachdem sie sich nach Tablettenüberdosis an die Raphaelsklinik gewandt hatte.

Zunächst bis auf weiteres im Landeskrankenhaus Münster.

Im folgenden berichten ehemalige Mitarbeiter über ihre Erfahrungen, die sie in Abteilungen für Kinder- und Jugendpsychiatrie gemacht haben. Ihre Aussagen spiegeln die trostlose Lebenssituation der dort Untergebrachten wider.

»28 Kinder und Jugendliche im Alter von 6–18 Jahren werden auf engstem Raum in menschenunwürdigen Zuständen gehalten. Diesen Patienten sollen fünf hoffnungslos psychisch und physisch überforderte Pfleger und Erzieher helfen! ...

Peter M. (13): Er reagiert mit körperlichen Selbstbeschädigungen schlimmsten Ausmaßes auf das Fehlen jeglicher Bezugspersonen. Ein Augenzeuge mußte mitansehen, wie er sich oft, als er sich allein fühlte, an einer Wand den Kopf aufschlug und sich zentimeterlange Platzwunden zuzog, so daß auch gerade verheilte Narben immer wieder aufplatzten. ›Seine Kopfhaut ist von Narben übersät!‹

Statt therapeutischer und heilpädagogischer Behandlung werden diesem Jungen tagtäglich die Hände auf dem Rücken zusammengebunden! Nachts werden seine Füße ans Bett gefesselt! Dies wird offiziell als therapeutische Maßnahme bezeichnet! Er ist kein Einzelfall.«

Karin S. (16): »Seit mehreren Jahren liegt sie ohne Unterbrechung völlig kontaktlos in ihrem vergitterten Bett. Nur zu den Mahlzeiten wird sie aus dem Bett herausgehoben. Ihre ganze Körpermuskulatur hat sich zurückentwickelt. Ihre Beine werden immer schwächer, ihr Oberkörper ist aufgeschwemmt. Sie verlernt es vollkommen, mit ihrem eigenen Körper umzugehen. Der Gesundheitszustand ist sehr schlecht. Sie nimmt nur breiartige Nahrung zu sich. Die Selbstbeschädigungen haben bei ihr ein erschreckendes Ausmaß angenommen: Ein Zeuge konnte mehrmals beobachten, wie sie sich ihr Gesicht an den Gitterstäben des Bettes blutig schlug! Hilfe ist für sie lebensnotwendig! Die jedoch wird ihnen allen verweigert!«

»Ich habe viele Stationen gesehen, vor allem Kinder- und Langzeitstationen, auf denen mir das Prinzip der Behandlung: Psychopharmaka über alles! mit der Zeit immer klarer wurde ...

Auf der Kinderstation verbringen ca. 15–20 ›schwachsinnige‹ Kinder den ganzen Tag in einem ca. 30 qm großen Raum, in dem Tische und Stühle stehen. Die meisten Kinder krabbeln auf dem Boden herum. Ein Kind wird während eines großen Teils des Tages in ein Einzelzimmer eingesperrt ... Ein anderes sitzt in einem Rollstuhl. Da es mit dem Kopf dauernd auf die Rollstuhllehne oder sich mit der Hand gegen den Kopf schlägt und sich schon mehrere Verwundungen zugefügt hat, werden schließlich seine Arme an die Rollstuhllehne gefesselt. Auch nachts wird dieses Kind an Armen und Beinen gefesselt. Daß man sich mit diesem Kind beschäftigt hat, um ihm zu helfen, seine Autoaggressionen zu verlieren, habe ich nicht erlebt.

Die Kinder sind fast den ganzen Tag ohne therapeutische Beschäftigung. Sie sind sich selbst überlassen ... Die einzige vollständige ›Therapie‹, die jedes Kind erhält, ist medikamentöser Art, d. h. sie bekommen meist Antikonvulsia (gegen epileptische Anfälle) und Sedativa (Beruhigungsmittel). Ein Kind bekam z. B. jeden Abend 10 mg Valium ... Das Verabreichen solch hoher Dosen ist auf dieser Station unter diesen Bedingungen ein anscheinend notwendiges Mittel, um Ruhe und Ordnung herzustellen. So vermeidet man noch größere Aggressionen der Kinder, die natürlich untereinander ausagiert würden.

Ordnung wird mittels Brüllen, kleinen Schlägen, Festbinden oder Isolieren der Kinder hergestellt. Manchmal werden Kinder auch so lange geschlagen, bis sie schreien. Am Anfang steht man dem Verhalten des Pflegepersonals auf dieser Station sehr verständnislos und befremdet gegenüber; nach einer Weile jedoch kann man bei sich selber bemerken, wie das Verhalten den Kindern gegenüber immer aggressiver wird, so daß man am Ende selber brüllt oder sogar Kinder schlägt. Man ist selber abgestumpft.«

»Im LKH B. werden Patienten häufig wie Tiere behandelt. Auf einer Kinderstation werden die Kinder morgens sauber gemacht, dann zu 10–15 in einen Tagesraum gebracht, der nur mit Turnmatten und einer Sitzbank möbliert ist. Die Kinder liegen auf dem Boden, kriechen umher, nach wenigen Stunden schon im eigenen Kot, Speichel ... Das Personal, weil zahlenmäßig zu gering, kümmert sich nur um die Kinder, wenn sie untereinander aggressiv sind bzw. etwas kaputt machen. Im übrigen bleiben die Kinder sich selbst überlassen und vegetieren vor sich hin.«

Ein Beispiel für eine Einweisung:

Käthe ist in Heimen aufgewachsen, wo sie oft bestraft und geprügelt wurde. Sie ist immer wieder abgehauen oder hat randaliert. Irgendwann untersucht man sie auf ihren Geisteszustand. Eine eingehende Untersuchung findet in einer Heilanstalt statt. Man stellt fest, daß sie nicht »normal« ist. Der Einweisungsgrund des Krankenhauses lautet daher u. a.:
»Tritt aus Wut gegen Türen und Wände, beginnt unmotiviert Schlägereien mit Zimmergenossinnen, kann sich nicht in die Gemeinschaft einordnen.«[5]

Als Krankengeschichte gibt der Arzt an: »Vom 7. Lebenstag an in Heimen aufgewachsen, da Mutter an Eklampsie starb.«[6]

Vermutliche Diagnose: Psychopathie bei Debilitas.

Sie wird befragt, warum sie randaliert hat. Der Befund des Arztes lautet: »Anhaltspunkte für ein Anfallsleiden sind nicht gegeben, intellektuelle Minderbegabung an der Grenze der Debilität.«[7] Und als »Therapie« wird vorgeschlagen: 3 × 2 Dragees Megaphen und 3 × 2 Atosil.

Am ... wehrt sie sich das erste Mal. Eintragung ins Krankenblatt: Patientin ist unruhig, aufsässig und anmaßend, erhält 50 mg Megaphen, 100 mg Atosil und eine Ampulle Effortil. Ähnliche Eintragungen wiederholen sich fast täglich. Sie wird laufend unter Drogen gesetzt, weil sie »unruhig ist, nicht im Bett bleibt, anmaßend und provozierend ist, gegen Fensterscheiben schlägt und sich mit Mitpatientinnen zankt«[8].

Sie bekommt häufig zu den täglichen verordneten Medikamenten 2- bis 3mal am Tag weitere starke Beruhigungs- und kreislaufstärkende Mittel.

Anmerkungen:

[1] Sorgfalt von Ärzten und Richtern verlangt, Frankfurter Rundschau vom 6. 5. 1983, Nr. 105.
[2] Ebenda.
[3] Ebenda.
[4] »Bestandaufnahme und Situationsbericht« über Heimkinder im Bereich des Stadtjugendamtes Münster. Ein Untersuchungsbericht von der Gesellschaft für Sozialwaisen (GESO), Münster, vom August 1974.
[5] Sozialistische Selbsthilfe Köln (SSK): Die Aussonderung der Entarteten, 1979 & 1981.
[6] Ebenda.
[7] Ebenda.
[8] Ebenda.

Almut Hielscher

Kinder im Knast

Kurz nach Mitternacht knotete Nafiz Yilmaz das Bettlaken zusammen und hängte sich in seiner Einzelzelle in der Justizvollzugsanstalt Vechta auf. 22 Tage und Nächte hatte der türkische Junge in Untersuchungshaft gesessen. Er war in den Knast gekommen, weil er zweimal aus einem geschlossenen Fürsorgeheim ausgerissen war. Der 14jährige hatte Sehnsucht nach daheim gehabt. Aus dem Gefängnis konnte er nicht weglaufen. Am Morgen des 11. Mai um 6.10 Uhr fand ein Beamter das tote Kind.

»Wir haben ihn in seiner Heimat in der Türkei begraben«, erzählt sein Vater, Mustafa Yilmaz, ein Arbeiter bei der AEG in Oldenburg. »Als ich ihn das letztemal besuchte, sagte er immer wieder ›Jetzt will ich besser werden‹. Ja, Sorgen hat er uns gemacht, aber er war doch noch ein Kind.«

Nafiz Yilmaz, seit zwölf Jahren mit Eltern und drei Geschwistern in der Bundesrepublik, war ein kleiner Dieb. Einer mit einer Akte beim Jugendamt. »Verwahrlost« nennt man das dort.

70mal, sagt sein Vater, soll er zusammen mit älteren Jugendlichen in Geschäften geklaut haben: Süßigkeiten im Supermarkt, zuletzt sogar ein Schmuckstück im Wert von 730 Mark. Das Fürsorgeheim, in das er geschickt wurde, war 200 Kilometer von seinem Elternhaus entfernt.

Die Vollzugsbeamten in Vechta waren – so eine Pressemeldung des Justizministeriums – »überrascht und betroffen«. Der niedersächsische Justizminister Walther Remmers »bedauerte zutiefst die Selbsttötung des jungen Untersuchungsgefangenen«. Der Unterausschuß »Strafvollzug« im Landtag beschäftigte sich mit dem »Fall«. SPD-Abgeordnete sprachen von einem »neuen Skandal«. Im vergangenen Jahr

haben sich fünf Jugendliche in niedersächsischen Vollzugsanstalten das Leben genommen.

Der Selbstmord des türkischen Jungen bestätigt in erschrek-
kender Weise, was eine Gruppe von Strafrechtlern und So-
zialwissenschaftlern der Universität München zwei Jahre
lang untersucht hat: Zwangserziehung hinter Gittern scha-
det allen Jugendlichen, für Jugendliche unter 16 ist sie eine
Katastrophe.

Kinder gehören nicht in den Knast. Gerade im Alter von 14
und 15 sind Jugendliche besonders labil, sie stecken mitten
in der Pubertät und orientieren sich an den Älteren. Wer aus
Kindern »Berufsknackis« machen will, der muß sie in diesem Alter hinter Mauern einschließen. Zu dieser Erkenntnis kamen die Wissenschaftler, nachdem sie 207 Gefange-
nenpersonalakten, Urteilsbegründungen und Lebensläufe
ausgewertet hatten. Das waren alle 14- und 15jährigen Gefängnisinsassen in der Bundesrepublik im Frühjahr 1982.
Die Juristen und Soziologen führten tagelange Gespräche
mit den Jungen und Mädchen, mit ihren Betreuern, mit
Vollzugsbeamten, Psychologen, Gefängnispfarrern. Der
Untersuchungsbericht wird jetzt veröffentlicht.*

* Peter-Alexis Albrecht/Horst Schüler-Springorum, Jugendstrafe an Vierzehn-
  und Fünfzehnjährigen. Strukturen und Probleme. München: Fink 1983

Wir haben drei Vollzugsanstalten besucht und waren überrascht, wie zutraulich viele Jugendliche mit uns geredet haben, Jugendliche, die eigentlich noch Kinder sind. Sie alle leben nur auf eines hin – auf den Tag der Entlassung. Jeder weiß das Datum genau. Jeder will nichts anderes, als das Leben hinter den Mauern so schnell wie möglich vergessen. Von Lehrstellen und Schulabschlüssen träumen sie, nur wenige ahnen, wie gering ihre Chancen sind. Oft wissen Verwandte, Nachbarn, Freunde nichts über den Knastaufenthalt der Jugendlichen. Wir haben alle Namen – bis auf den des toten Nafiz – geändert. Zum Schutz der Kinder.

Strafvollzugsanstalt Vechta. In das Eingangstor aus Eisen hat jemand ein Hakenkreuz gekratzt. Wir klingeln. Nach langem Warten rasselt ein Schlüsselbund. Eine Frau im weißen Kittel, eine Vollzugsbeamtin, öffnet und führt uns über den Hof. Die Frauenhaftanstalt ist in einem Kloster aus dem 16. Jahrhundert untergebracht – einem efeubewachsenen dreistöckigen Backsteinbau. Wuchtige Gitterstäbe an den Fenstern, ein altertümliches Gefängnis wie im Film. »Hier wurde sogar mal ein Tatort-Krimi gedreht«, erzählt Anstaltsleiter Klaus Stege.

In diesem Teil der Justizvollzugsanstalt Vechta (es gibt noch ein Haus für Männer und für Untersuchungshäftlinge) verbüßen 140 Frauen ihre Strafe. In einem besonderen Trakt – »streng getrennt«, wie Klaus Stege beteuert – sitzen 30 weibliche Jugendliche zwischen 14 und 22 Jahren. Kürzlich habe dort, so berichteten Lokalzeitungen, ein 14jähriges Mädchen einen Selbstmordversuch unternommen. »Das ist nicht wahr«, sagt die Leiterin des Frauenvollzuges, Erika Schmidt, »es war kein Selbstmordversuch, es war Selbstverletzung. Das ist eine normale Reaktionsform verhaltensgestörter Kinder. Besonders Mädchen kratzen sich mit den Nägeln oder mit einem Gegenstand auf. Sie wollen Zuwendung und verletzen sich, damit jemand kommt und sie verbindet.«

Im kahlen Besucherzimmer fragen wir Anstaltsleiter Stege nach dem Selbstmord des 14jährigen Nafiz. Daß er drüben im »Haus 1« in der Untersuchungshaft allein in einer Zelle geschlafen habe, sagt er, sei zu seinem eigenen Schutz gewesen. Man habe ihn gegen die »Subkultur« im Gefängnis schützen wollen. Stege: »Überall nehmen die Selbstmorde bei Jugendlichen zu, also auch im Vollzug.«

Zu jung fürs Gefängnis? Die Frage des Alters sei nicht das Problem, sagt Stege: »Es gibt manche, die sind so kindlich, daß sie auffallen. Aber auch die haben eine bewegte Entwicklung hinter sich und integrieren sich schnell. Besonders die jungen Mädchen mit all ihren Erfahrungen wirken meist älter.«

Seit März '83 sitzt Britta, 17, in Vechta. Sie hat gestohlen. Im Knast kümmert sie sich gern um die Jüngeren. Sie hat Sehnsucht nach ihrem sechs Monate alten Baby, das bei ihren Eltern aufwächst. »Im Knast kommt man mehr runter als rauf«, sagt sie, »Knast hilft nicht, da wird man hart, und wenn man raus kommt, muß man am Ende wieder in den Knast.« Die 16jährige Monika sagt: »14, 15, 16 is ja egal. Die wachsen hier schon rein, und am Ende vergißt man, daß die jünger sind.« Die Tage seien »öde und zu lang«, klagen die Mädchen, Essen in der Zelle, eine Stunde »Freigang« im Klosterhof, »und immer diese ekligen karierten Schürzen nähen«. »Ich kriege Platzangst, wenn ich in meine Zelle komme«, sagt Britta.

An diesem Freitag ist Betrieb auf dem Mädchen-Flur. Am Freitag ist Putztag, die Zellen werden von den Mädchen gewischt. Ihre »Wohnklos« haben die Mädchen liebevoll verwandelt: Gardinen vor die Gitterstäbe gespannt, nackte Lampen mit Papierblumen besteckt, Poster der Lieblingssänger an den Wänden, Puppen auf den Betten. Ginny und Carla leben zusammen in einer Einzelzelle; der Trakt ist überbelegt, es stört sie nicht. Im Gegenteil. Sie schmusen, kuscheln und tuscheln miteinander. »Wir sind Freundinnen«, sagen sie. Ginny fühlt sich beobachtet. Der Spion an der eisenbeschlagenen schweren Holztür bietet Anlaß zu ständigem Ärger. Sie verhängen das Guckloch oder verschmieren das Glas mit Zahnpasta. Tagsüber wird das geduldet. Vor dem »Einschluß« um 21 Uhr aber heißt es: »Spion frei.«

Carla spricht viel von ihrer Mutter. Die ist ins Ausland gefahren. »Sie ist die einzige, die ich noch habe«, sagt sie, »ich habe Angst, daß sie nicht wiederkommt.« Am Gitterfenster hängt ein selbstgebautes kleines Papierflugzeug, und aus dem Radio hört man Nena von 99 Luftballons singen.

Am Nachmittag ist die Stunde der »offenen Tür«, die Lieblingsstunde der Mädchen. Sie dürfen sich besuchen. In einer Zelle sehen wir ein Mädchen auf seinem Bett liegen. Wir haben versprechen müssen, dieses Mädchen nicht anzusprechen. »Renate würde das nicht verkraften«, hat Anstaltsleiter Stege gesagt. Renate hat sich in ihre Kissen vergraben und weint.

»Die macht immer Terror«, sagt eines der Mädchen. Und Marianne, die mit Renate die Zelle teilt, erzählt uns: »Sie sagt ständig, sie bringt sich um.«

Renate ist die jüngste im Trakt. Sie ist 14 und wurde erst vor wenigen Wochen zu achteinhalb Jahren Gefängnisstrafe verurteilt. Sie hat jemanden umgebracht.

Aus der Untersuchung der Münchner Wissenschaftler geht hervor: 22 der 207 Jugendlichen waren in »Straftaten gegen das Leben« (Mord, Totschlag, versuchter Totschlag) verwickelt, 7 in Sexualdelikte, 52 an Raub oder Epressung beteiligt, 106 wegen Eigentumsdelikten bestraft.

Nach dem Gesetz ist die Kindheit mit 14 vorbei. In der Bundesrepublik Deutschland wird ein Jugendlicher mit 14 »strafmündig« (in den skandinavischen Ländern erst mit 16). Bestraftwerden heißt aber nicht, daß ein 14jähriger zwangsläufig hinter Gitter muß. Da die Jugendgerichtsbarkeit nicht Sühne, sondern Erziehung zum Ziel hat – zumindest auf dem Papier –, hat der Jugendrichter eine ganze Skala von Sanktionen zur Auswahl: Verwarnung, Abtragen der Schuld durch gemeinnützige Arbeit, Kurzarrest, Freizeitarrest am Wochenende.

Die schwerste Maßnahme ist die »Jugendstrafe«, die von sechs Monaten bis zu fünf Jahren reicht. Bei besonders schweren Verbrechen können die fünf Jahre sogar bis zu zehn Jahren verlängert werden. »Wegen der schädlichen Neigungen« und »wegen der Schwere der Schuld« (so der Gesetzestext) kann aber jeder 14jährige auch bei relativ geringen Vergehen in den Knast wandern.

Der Strafvollzug soll den Jugendlichen »zu einem rechtschaffenen Lebenswandel erziehen«, sagt das Jugendgerichtsgesetz. Aber genau das wird bei den 14- und 15jährigen im Knast nicht erreicht.

Natodraht und Lichtschranken

Jugendstrafanstalt Hahnöfersand. Rudi ist 15 und sitzt zum zweitenmal. Wenige Wochen, nachdem er seine erste Strafe in der Hamburger Anstalt Vierlande abgesessen hatte (dreieinhalb Monate wegen Einbruchs), wurde er »rückfällig«. Eines der vielen Kinder, die im Knast zum »Profi« werden. Der blonde Junge arbeitet in der Landwirtschaft im offenen Vollzug auf der Elbinsel Hahnöfersand bei Hamburg.

Wie war das damals in Vierlande?

Beschissen. Da wird man früher weggeschlossen als hier.

Warst du früher im Heim?

Ja, mit sieben. Seitdem war ich immer im Heim.

Warum bist du ins Heim gekommen?

Meine Lehrerin hat mich da reingesteckt. Die meinte, ich hätte andere Kinder geschlagen.

Und wie ist das jetzt hier?

Schlimm. Aber ich hab' meine Scheiße schon hinter mir. In Untersuchungshaft war es viel schlimmer. Da wurden wir von den Beamten immer angemacht. Hier schnauzen sie einen auch an, aber das ist eigentlich ganz egal für mich.

Schaltest du dann einfach ab?

Für mich ist das hier wie ein geschlossenes Heim.

Würdest du lieber in einer Familie oder ganz allein leben?

Ganz alleine für mich. Bauer wollte ich eigentlich werden. Aber is nich, is mir zu schwer.

Hier die Arbeit in der Landwirtschaft – gefällt die dir ein bißchen?

Nee, ich bin faul. Faul bin ich.

Du bist der jüngste in deiner Gruppe. Wie fühlst du dich da?

Das ist mir egal – nur das Angemache.

Läßt du dir das gefallen?

Gefallen laß ich mir das schon, aber wenn mich einer haut, hau ich zurück.

Warum bist du jetzt im Knast?

Brandstiftung.

Warum hast du das gemacht?

Aus Wut.

Worauf hast du Wut?

Auf alles.

Die Biographie des Heimkindes Rudi ist typisch für viele Knast-Kinder. Über 80 Prozent der Jugendlichen kommen aus armen Familien, die Hälfte kommt aus zerrütteten Familien, und zwei Drittel von ihnen waren in Heimen, bevor sie in den Knast kamen, viele von ihnen haben mehrmals die Heime gewechselt.

»Das sind kaputte Kinder«, sagt der Hamburger Jugendrichter Bernd Hahnfeld, »die Eltern haben versagt, die sozialen Dienste haben versagt, die Heime haben versagt. Die waren mit 15 zum Teil in zehn verschiedenen Heimen. Die haben nie gelernt, sich jemandem anzuvertrauen, nie gelernt, sich auf ihre Gefühle verlassen zu können. Die Gesellschaft hat sich massiv an diesen Kindern vergangen. Und wenn die Gesellschaft jetzt sagt, du bist ein Krimineller, jetzt schließen wir dich weg, dann setzt man das von früher einfach fort. Eine Hilfestellung ist das nicht.«

Bernd Hahnfeld gehört zu einer Gruppe von 16 Jugendrichtern und Jugendstaatsanwälten, die bei den Hamburger Behörden protestierten, als in der offenen Einrichtung Hahnöfersand ein Bau für den geschlossenen Jugendvollzug eingeweiht wurde. Die neue Anstalt ist mit einem dreifachen Drahtzaun, der mit Natodraht armiert ist, gesichert. Dazwischen liegen saubere Kiesstreifen, in denen Lichtschranken, Detektoren gegen Erschütterungen und Mikrowellensender stehen, das Ganze nachts unter gleißendem Flutlicht und mit Videokameras kontrolliert. Und in einem solchen Gefängnis sollen sich Jugendliche auf ein Leben in Freiheit vorbereiten, um es besser meistern zu können als bisher? fragen die Richter und Staatsanwälte.

In der Bundesrepublik sind die Gefängnisse überfüllt. Während in anderen Ländern soziale und pädagogische Alternativen zum Knast aufgebaut werden, erweitern die meisten Bundesländer nur ihre Justizvollzugsanstalten. Auch wenn in vielen Jugendvollzugsanstalten die Jungen und Mädchen Schulunterricht bekommen oder eine Berufsausbildung beginnen, können sie eines hinter Mauern nicht lernen: ein selbständiges Leben zu führen.

Zwischen Hameln und dem Dorf Tündern liegt in idyllischer Landschaft die modernste Strafanstalt für Jugendliche, eine

Modellanstalt, die einer riesigen Gesamtschule gleicht, wären da nicht die Mauern und Gitter. Gebaut wurde die Anstalt für 510 Gefangene. Manchmal sind fast 700 dort. Bei Überbelegung – das geben die Verantwortlichen zu – bricht das schöne Konzept des »Wohngruppenvollzugs« zusammen.

Der Strafvollzug für Kinder und Jugendliche kostet viel Geld. Jugendrichter, Vollzugsbeamte und Politiker bedauern, daß Kinder ins Gefängnis müssen, weil es so wenig Alternativen gibt. Die Modellanstalt Hameln hat 110 Millionen Mark gekostet. Wie viele Wohngemeinschaften, SOS-Kinderdörfer, therapeutische Einrichtungen für straffällig gewordene Jugendliche könnte man davon finanzieren.

In der Jugendvollzugsanstalt Hameln arbeitet der evangelische Pfarrer Rolf Lüdemann; er versucht, mit Gospelgruppen, Rockbands und Gesprächen den Strafvollzug »menschlicher« zu machen und damit »erzieherischer«. Pfarrer Lüdemann sagt: »Das einzige, was uns hier wirklich helfen würde, wäre, wenn jeder Bedienstete ein oder zwei der Jugendlichen mit nach Hause nähme. Und jeder Betreuer bekäme sein Gehalt weiter. Das wäre für die Jugendlichen das Beste. Und diese Einrichtung hier, die könnten wir uns dann sparen.«

Alexander M. Homes

Sexualität im Heim und die Folgen

»Es gibt viele Gründe, die Heime abzuschaffen, abzureißen, statt dessen neue Wohnformen zu entwickeln. Einer der gewichtigsten Gründe ist der, daß sie behinderte (Heimkinder) Menschen zu sexuellen Krüppeln erziehen!«[1]

Jürgen Roth untersuchte Anfang der 70er Jahre zahlreiche Kinderheime in der Bundesrepublik Deutschland. Dabei stellte er u. a. fest, daß 70 Prozent aller von ihm untersuchten katholischen Heime keine differenzierte Einstellung zur Sexualität haben. Gespräche über Sexualität oder sexuelle Bedürfnisse der Kinder wurden sofort abgeblockt. Begründung: »Das gibt es bei uns nicht!« Das Kind unterliegt im Heim denselben Einschränkungen wie ein Straftäter im Gefängnis: Sexualität ist verboten, darf nicht stattfinden, wird als nicht existent betrachtet, ist Tabu Nummer 1. Alles Erdenkliche wird getan, um die Heim-Atmosphäre frei von Sexualität zu halten.

Roth kommt zu dem Schluß: »In den meisten Heimen fehlen die elementaren Voraussetzungen, dem Kind Zärtlichkeit geben zu können, die Einsicht, daß Zärtlichkeit überhaupt wichtig ist.«[2] Onanie wird laut Roth im Heim mit folgenden Praktiken unterdrückt: »In einigen Heimen werden Kindern, die onanieren, im Bett die Hände festgebunden; in anderen Heimen wacht in den Schlafräumen eine Schwester. Insbesondere in katholischen Heimen gibt es dazu die Fensterpforte, durch die die Schwester jederzeit in das Schlafzimmer hineinschauen kann.«[3]

Roth berichtet von einem Heimleiter, der Kinder, die mehrmals »erwischt« worden sind, in andere Heime einwies. Kinder äußerten sich dazu: »Wenn die Kinder onanieren, kommen sie zum Psychologen, damit die meinen, der ist bekloppt. Wenn die Kinder das mehrmals tun, kommen sie in ein anderes Heim. Da hatten wir zwei gehabt.«[4]

Um die Befriedigung sexueller Bedürfnisse zu unterbinden, droht man den Kindern nicht nur mit solchen Maßnahmen, sondern man versucht, sie überhaupt zu verhindern. Nach Roths Angaben mußte z. B. nach den Richtlinien des Landesjugendamtes Niedersachsen der Bettenabstand mindestens 60 cm betragen, »damit die Kinder sich nicht gegenseitig berühren und keinen Kontakt aufnehmen können«[5].

In den konfessionellen Heimen werden sexuelle Regungen der Kinder nicht nur unterdrückt, sondern diese Kinder werden als »abartig und krank« bezeichnet. Zum wichtigsten Unterdrückungsinstrument wird GOTT, indem man den Kindern einredet, daß sexuelles Verlangen eine große Sünde sei. Zur Verdeutlichung dienen die altbekannten Sprüche: Der liebe Gott sieht alles, wo auch immer du bist, egal, was du tust.

Diese Unterdrückungsmechanismen greifen auch. Ein Kind, das den Glauben an Gott mit allen Mitteln eingetrichtert, ja eingeprügelt bekommt, wird es nicht wagen, seine eigenen Gefühle auszuleben. Denn der Gnade Gottes wird nur der teilhaftig, so die Kirche seit Jahrhunderten, der ein Leben in Keuschheit und Demut führt, die Sexualität als »unmoralisch, verwerflich und krankhaft« ablehnt und dementsprechend seine Kinder erzieht.

Daß die Unterdrückung der kindlichen Sexualität eine lange Tradition hat, zeigt folgendes Zitat von Karlheinz Deschner: »Man schreckte vor keiner Ridikülität zurück und nutzte mit fortschreitender Technik eifrig noch deren Errungenschaften für die liebe Moral. Besonders im 19. Jahrhundert empfahl man extra lange, unterhalb der Füße knüpfbare Hemden, schnürte die Hände der Kinder fest, konstruierte rückwärts zu schließende Zwangsjacken und Onanieverhinderungsgürtel mit Leib- und Schenkelriemen und Vorhängeschlössern. Die Industrie brachte Käfige auf den Markt, die man nachts über die Genitalien der Jungen stülpte; manche Apparate, zum wirkungsvollen Schutz, von außen noch mit Nägeln bespickt.

Kulmination aller Bemühungen war ein Kasten, der bei spontaner Versteifung des Gliedes Klingelalarm gab.«[6]
Heute greift man zwar nicht mehr zu derartigen Mitteln, aber der im folgenden zitierte Bericht eines ehemaligen Heimkindes ist nicht minder erschreckend:
»Ich weiß noch, wie ich mit einem Mädchen alleine in der Badewanne planschte. Wir waren vergnügt, und es machte Spaß. Auf einmal spürte ich auf meinem Rücken einen dumpfen, harten Schlag: Die Nonne hatte zugeschlagen! Sie schrie uns an. Sie riß das Mädchen aus der Badewanne und drückte es gegen die Wand. Das Mädchen schrie, aber die Nonne nahm ihren kleinen Kopf und schlug diesen mehrmals gegen die Wand. Das Mädchen blutete. Sie lief fort, und ich hatte Angst vor ihr, der Nonne. Ich zitterte am ganzen Körper. Jetzt kam sie auf mich zu, und ich schrie auf, sie drehte mir den Arm um, schlug mit der Hand in mein Gesicht, nahm meinen Kopf und drückte ihn eine lange Zeit lang ins Wasser. Ich versuchte mich loszureißen, ich versuchte mich zu wehren, doch ich war ihr hilflos ausgeliefert. Irgendwann ließ sie los ...«[7]
Die Kinder und Jugendlichen, die unter solchen Bedingungen aufwachsen müssen, werden fast immer zu sexuellen »Krüppeln«. Jürgen Bartsch war einer von ihnen. Bartsch brachte vier Kinder um. In seiner Lebensgeschichte beschreibt er, unter welchen Bedingungen er aufwachsen mußte. Hier ein Auszug aus einem Brief an seine Adoptiveltern: »Ihr hättet mich nie von den anderen Kindern absperren dürfen, so bin ich in der Schule nur ein feiger Hund gewesen. Ihr hättet mich nie zu diesen Sadisten im Schwarzrock schicken dürfen, und nachdem ich ausgerissen war, weil der Pater mich mißbraucht hatte, hättet ihr mich nie wieder ins Heim zurückbringen dürfen.«[8]
Bartsch beschreibt auch, wie ihn ein Pater des Heimes in Marienhausen mehrfach sexuell mißbrauchte: »›Wenn Du schon mal da bist, nun komm gleich ins Bett.‹ Ich habe mir immer noch nichts dabei gedacht. Wir sind erst mal eine gewisse Zeitlang nebeneinander gelegen, bis er mich an sich drückte und seine Hand hinten in meine Hose hineinschob ... Dasselbe tat er auch vorne und versuchte, bei mir zu onanieren, aber dies ging wohl nicht, weil ich Fieber hatte ...

Morgens auf der Empore, ich weiß nicht mehr wie oft, es kann viermal, es kann auch siebenmal gewesen sein, als wir nebeneinander saßen, hat er immer mal so nebenbei irgendwelche Bewegungen gemacht, so daß er an meine Hose kam.«[9]

Jürgen Bartsch ist und war kein Einzelfall. Eine derart rigide antisexuelle Erziehung mit Vergewaltigungscharakter – im Heim oder in der Familie – kann dazu führen, daß man später zu den brutalsten Mitteln greift, seine Sexualität zu befriedigen. Bartsch dazu: »Besonders anfällig für Triebverirrungen sind Internatskinder, allerdings nur diejenigen, man möchte sagen, die mit Gewalt jahrelang vom anderen Geschlecht ferngehalten werden. Das ist eine widernatürliche Entwicklung.«[10]

Minderjährige Mädchen wegen Mordes an Jungen verurteilt

ITZEHOE, 15. Juni (dpa). Die beiden damals 14 Jahre alten Mädchen, die am 12. Oktober vergangenen Jahres den zehn Jahre alten Niko Voß getötet und in einem Teich im Lundener Moor (Kreis Dithmarschen) versenkt hatten, sind am Mittwoch zu je achteinhalb Jahren Jugendstrafe wegen gemeinschaftlichen Mordes verurteilt worden. Die Jugendstrafkammer des Landgerichts Itzehoe billigte den beiden Mädchen verminderte Schuldfähigkeit zu. Die Staatsanwältin hatte die höchste Jugendstrafe von zehn Jahren gefordert. Die beiden Mädchen aus Lunden hatten den aus dem benachbarten Ort stammenden Jungen offenbar nach sexuellen Spielereien aus Angst, verraten zu werden, getötet. Der zunächst durch Faustschläge mißhandelte Niko Voß war ertränkt worden und schließlich mit einem Unterhemd an sein Fahrrad gebunden und in den Teich geworfen worden.

(Frankfurter Rundschau,
vom 16. 6. 1983, Nr. 137).

Deschner schreibt dazu: »Der drangsalierte Trieb lebt sich in Pervertierung aus, die nichts ist als eine verzerrte Spiegelung christlicher Moral ... Insbesondere gehen ungezählte Sexualmorde auf das Konto christlicher Triebunterdrükkung. Der Sittlichkeitsverbrecher nämlich reagiert ab, was sich in ihm an Triebüberschuß aufgestaut hat ... insofern gehen viele ›Lustmorde‹ zu Lasten der christlichen Moral, als diese Morde häufig gar nicht aus Lust, sondern aus bloßer Panik geschehen, zumal von Jugendlichen. In Tausenden und Abertausenden von Fällen haben Kinder oder Halbwüchsige nach geschlechtlichen Kontakten andere umgebracht, um durch sie nicht ›verraten‹ zu werden, aus Angst vor Entdeckung eben eines als sündhaft, als Verbrechen geltenden Verkehrs. Die tiefere, eigentliche Schuld aber trifft dabei nicht den Tötenden, sondern die hinter dem Mord stehende Moral, deren mittelbares Produkt der Sexualverbrecher auch sonst oft ist.«[11]

Homosexualität im Heim ist eine unwiderlegbare Tatsache. Sie ist dort ebenso weit verbreitet wie im Gefängnis. Kinder, die »geschlechtslos« aufwachsen müssen und denen der Kontakt zum anderen Geschlecht meist untersagt ist, werden, um nicht kaputtzugehen, zu gleichgeschlechtlichen sexuellen Kontakten übergehen. Oft sind sie zu lebenslanger »Zwangs«-Homosexualität verurteilt. Wie sich das für die Betroffenen im einzelnen auswirkt, zeigen folgende Aussagen:

»Im Heim gab es keine Mädchen, nur Jungen. Wir haben immer Sex miteinander gemacht. Ich mag es auch, mit einem Jungen zu schlafen. Ich würde aber gerne auch mal mit einem Mädchen schlafen, doch geht das nicht. Ich habe große Schwierigkeiten, auf ein Mädchen zuzugehen. Früher bei den Nonnen hat man uns das Mädchen, die Frau als etwas Böses, was Abartiges einreden wollen. Wir durften nie Mädchen anschauen. Wir mußten immer wegschauen, wenn ein Mädchen oder eine Frau da war. Und der Pater wurde rot, als ich ihm beichtete, daß ich onaniert hatte und dabei an ein Mädchen dachte. Er sagte mir: Du darfst nie an einen Mädchenkörper denken; das ist eine große Sünde! Ich habe mich damals gezwungen, nicht an Mädchen zu denken, und ich muß zugeben, ich wußte damals auch nicht richtig, wie ein Mädchen nackt aussah. Ich konnte mir ein Mädchen nur vage vorstellen. Heute habe ich Angst vor Mädchen und schlafe nur mit Männern. Zu gerne würde ich auch mal mit einem Mädchen schlafen, sie nackt sehen, sie streicheln, sie anfassen und küssen.«[12]

»Im Heim kamen wir nie mit Mädchen zusammen. Ich hatte oft von einem Mädchen geträumt, nachts, wenn ich mich selbst befriedigte. Heute bin ich auf der Suche nach Frauen, die Ähnlichkeit haben mit einer der Nonnen oder Erzieherinnen, die mich früher als kleines Kind schon prügelten, wenn ich mich an sie anschmiegen wollte. Wenn ich also eine entsprechende Frau kennenlerne, will ich immer, daß sie mich gewaltsam nackt auszieht und mich dann ganz brutal schlägt. – Nur so komme ich heute zu einem Orgasmus.«[13]

Ein weiterer Betroffener schreibt: »Ich komme heute nur zu einem Orgasmus, wenn mich ein anderer Mann mit einer Peitsche schlägt, dann ist das schön für mich. Er muß fest auf mich einschlagen, und dann sehe ich meine Erzieher, die auf mich einschlagen. Ich nehme den Schlagenden nicht wahr, sondern den Erzieher. Früher wurde ich als Kind schon geschlagen, immer und in jeder Situation. Wenn also ein Mann auf mich einschlägt, bin ich der kleine Junge, der nach Zärtlichkeit schreit und dafür Schläge bekommt – wie früher!«[14]

Was heute in den Heimen als Sexualpädagogik tituliert wird, verdient oft diese Bezeichnung nicht. Genau besehen geht es nicht darum, Kindern sexuelle Bedürfnisse zuzugestehen, sondern nach »wissenschaftlichen« Wegen und Möglichkeiten zu suchen, diese Bedürfnisse gezielt wegzutherapieren. Die »moderne« Sexualpädagogik, die vorwiegend in Heilpädagogischen Heimen praktiziert wird, greift auf ein altbewährtes Mittel zurück, den Sport. Man glaubt, wenn man Kindern und vor allem Jugendlichen reichlich Gelegenheit zu sportlichen Betätigungen gibt, würden sexuelle Bedürfnisse erst gar nicht aufkommen.

Bei einer weiteren Methode, die Sexualität zu unterdrücken, greift man auf die Wissenschaft der Medizin zurück: Man verabreicht die Sexualität eindämmende Mittel in Form von Tabletten, Saft und Spritzen. Diese Mittel werden vorwiegend in konfessionellen und in Heimen für Behinderte eingesetzt.

Wie bereits angeführt, kann es auch dazu kommen, daß Kinder und Jugendliche zu »sexuell Verwahrlosten« abgestempelt werden. Die Einweisung in ein anderes Heim oder gar in eine psychiatrische Anstalt ist meist die Folge. Als »sexuell verwahrlost« gelten die Betroffenen bereits dann, wenn sie sich in irgendeiner Form sexuell betätigen. In den konfessionellen Heimen genügt es schon, wenn sie auch nur Anzeichen von sexueller Erregung zeigen.

Nach Roths Angaben gibt es drei Grundeinstellungen zu Sexualität im Heim:

»1. Die totale Negierung jeder Lust und Sinnlichkeit, die sich anders als in frömmelnder Demut gegenüber den Kindern und der eigenen Person ausdrückt. Jede Intimität, Zärtlichkeit, jede lustvolle Erregung des eigenen Körpers bzw. des Körpers von anderen Kindern oder Erziehern gelten als unsittlich. Vorherrschend war diese Einstellung bei älteren Erziehern, und zwar bei denen, die keine spezielle pädagogische Ausbildung hatten.

2. Die Einstellung zur kindlichen Sexualität zeichnet sich durch das sprachlose Verleugnen jeglicher sexuellen Bedürfnisse aus. Alle konkreten sexuellen Erlebnisse wurden durch die permanente Kontrolle bzw. durch die Denunziation der Kinder untereinander unterdrückt. Wenn überhaupt Wahrnehmungen über sexuelle Kontakte zwischen Kindern gemacht wurden, brachen die eigenen Verklemmungen durch und hinderten den Erzieher daran, sich mit den kindlichen Bedürfnissen auseinanderzusetzen. Im weiteren Verhalten entwickelt sich eine ablehnende Distanz zu den Kindern, die ›man erwischt hatte‹.

3. Nur ein kleiner Teil von Erziehern bestätigten das Vorhandensein kindlicher Sexualität und das Recht auf deren Befriedigung, beschränkte sich aber darauf, sie nicht zu beachten. Es kam hier zu keinem sexuellen Kontakt zwischen Erziehern und Kindern. Kinder ergriffen zwar die Aktivitäten, schmiegten sich zärtlich an den Erzieher, fanden aber keine durchgehende Erwiderung ihrer Gefühle.«[15]

Vor allem in den konfessionellen Heimen sind die Erzieher nicht fähig, auf das Bedürfnis der Kinder nach Zärtlichkeit einzugehen. Das Verleugnen der eigenen Sexualität hindert sie daran, dieses ganz natürliche Verlangen richtig einzuschätzen. Die Heimkinder werden damit zum Opfer der sexuellen Verstümmelung der Erwachsenen! Was das für Folgen haben kann, dürften die Zeugnisse von Betroffenen gezeigt haben.

Das Thema Sexualität scheint im übrigen auch in der Literatur zur Heimerziehung mit einem Tabu belegt zu sein. Es gibt natürlich ein paar Fachbücher, die dieses Thema quasi wie eine Pflichtübung aufgreifen. Fachleute, die sich überhaupt dazu geäußert haben, verharmlosen oft die Bedeutung, die dem Thema Sexualität tatsächlich zukommt. Ihnen sollte zu denken geben, daß von den ehemaligen Heimkindern viele kaum oder nie in der Lage sind, eine freie, partnerschaftliche Beziehung einzugehen. Bedingt durch ihre Erfahrungen wird es ihnen kaum möglich sein, Sexualität als etwas Positives, Schönes und Wichtiges zu begreifen und zu erleben. Es darf deshalb auch nicht verwundern, wenn viele ehemalige Heiminsassen glauben, auf dem Wege der Prostitution das zu finden, was man ihnen als jungen Menschen systematisch verweigert hat.

Anmerkungen

[1] Klee, E., Behindert. Frankfurt: Fischer 1981, S. 197.
[2] Roth, J., Heimkinder. Ein Untersuchungsbericht. Köln: Kiepenheuer & Witsch 1973, S. 65.
[3] Ebenda, S. 66.
[4] Ebenda, S. 66.
[5] Ebenda, S. 67.
[6] Deschner, K., Das Kreuz mit der Kirche. Eine Sexualgeschichte der Kirche. München: Heyne 1977, S. 311.
[7] Brief eines ehemaligen Heimkindes, im Besitz von A. M. Homes
[8] Moor, P., Das Selbstporträt des J. Bartsch. Frankfurt: Fischer Taschenbuch Verlag 1972, S. 63.
[9] Ebenda, S. 120.
[10] Ebenda. S. 58 f.
[11] Deschner, a. a. O., S. 390 f.
[12] Brief eines ehemaligen Heimkindes, im Besitz von A. M. Homes.
[13] Brief eines ehemaligen Heimkindes, im Besitz von A. M. Homes.
[14] Brief eines ehemaligen Heimkindes, im Besitz von A. M. Homes.
[15] Roth, a. a. O., S. 67 f.

6 Alternativen zur Heimunterbringung

Jörg Jonas

Nach der Odyssee ein Platz zum Leben
Werner Schramm und seine Alternative in Abentheuer

»Wir leben hier zusammen mit Jugendlichen, die schon eine Odyssee hinter sich haben. Wir suchen gemeinsam nach dem Sinn des Lebens und wie wir unser Leben gemeinsam gestalten können«, faßt Werner Schramm seine Motivation für den Aufbau dieser Einrichtung vor drei Jahren und die Maxime für sein Handeln knapp zusammen. Klar, ein Allgemeinplatz, aber ich habe bisher keinen Platz für Jugendliche kennengelernt, an dem dies so ernst genommen wird wie in Abentheuer.

Im ehemaligen Sägewerk, außerhalb der Gemeinde Abentheuer, sieben Kilometer von der Kreisstadt Birkenfeld, wohnen seit 1980 zehn Jugendliche im Alter zwischen 14 und 18 Jahren mit sieben Erwachsenen, drei Pferden (Bella bekommt demnächst ein Fohlen), zwei Hunden, einem Zwergziegenpaar, vier Hasen, zehn Hühnern, einem Hahn und zwei Katzen zusammen.

In der Woche beginnt der Alltag um 6.30 Uhr. Für Alfred, der letzte Nacht Dienst (Nachtbereitschaft) hatte, schon um sechs. Während die Jugendlichen aufstehen, bereitet er das Frühstück. Jedem Geschmack wird Rechnung getragen und auf besondere Notwendigkeiten Rücksicht genommen. Friedrich ist zuckerkrank und benötigt ein spezielles Angebot.

Fröhlichkeit entsteht, verbunden mit Erwartungen, was denn der kommende Tag nun alles zu bieten hat. Annette geht gern in die Schule und hofft auf eine gute Note in der Deutscharbeit. Kurt, Friedrich und Ernst haben da schon andere Probleme mit der Schule. Wegen angeblicher Aufsässigkeit und Andersartigkeit sind sie vor Weihnachten von der Schule geflogen.

»Alles Vorurteile einiger Lehrer – sie hetzen auch die Schüler gegen uns auf. Natürlich haben wir da einen schweren Stand in der Hauptschule«, sagt Ernst.

Werner Schramm setzte mit Hilfe des Gerichtes ihr Recht auf Schulbildung durch.

Kurt geht nicht gern in die Schule. Er will einen Schulabschluß, um eine Ausbildung zum Einzelhandelskaufmann zu beginnen. Den Preis der totalen Unterordnung will er nicht zahlen. »Gut, ich hab mal geraucht in der Schule«, erzählt er, »aber das ist noch lange kein Grund, mich von einem Lehrer ›Hippie‹ schimpfen zu lassen, so auf der Ebene, wer weiß, was du noch alles rauchst. Dann haben wir uns geschubst und angebrüllt. Okay, ich rauche ja nicht wieder im Unterricht. Dann hatte ich noch die Plakette ›fuck the teacher‹ an, und die Lehrer hatten wohl Angst, daß wir sie vergewaltigen. Jedenfalls gibt's in der Schule wegen allem ständig Druck. Hier in Abentheuer sind wir gleichberechtigt. Das ist doch paradox.«

Kurt wohnt seit seiner Geburt im Heim. Das Jugendamt war schließlich froh, für den 16jährigen Jungen einen Platz in Abentheuer zu finden. Für Kurt bedeutet das Leben hier zum erstenmal akzeptiert werden, sich wohl fühlen.

Alfred gießt mir noch eine Tasse Kaffee ein. Nach seiner

Lehrerkarriere hat er Schreiner gelernt und verbindet nun seit zwei Jahren in Abentheuer praktische Fähigkeiten und soziales Engagement mit pädagogischer Praxis.

»Sicher ist es paradox, wenn in der Schule kein gemeinsames Lernen stattfindet, sondern dort der wissende Lehrer dem unwissenden Schüler meist recht frontal gegenüber sitzt«, meint Alfred und fährt fort: »Aber mit dieser Realität müssen wir uns mit den Jugendlichen auseinandersetzen. Die Art und Weise unseres Zusammenlebens gibt den Jugendlichen doch die Kraft, sich in der Schule auch mal was sagen zu lassen. Die Ursachen für diese Schwierigkeiten entstehen doch nicht in unserer Einrichtung. Wir können die Schule nicht ändern, sondern den Jugendlichen lediglich beibringen, auf Provokationen nicht mit Gegenprovokation zu antworten, ohne das Gefühl zu haben, gleich die Identität zu verlieren. Konflikte müssen ausgetragen werden. Das ist auch mit den Schulschwierigkeiten möglich.«

Die Schule beginnt, und die Schüler müssen in ihre Schulen gefahren werden. Alfred chauffiert Kurt, Friedrich und Ernst in ihre Hauptschule. Ulis Sonderschule und die Hauptschule von Annette und Karin liegen in anderen Orten. Der hauseigene VW-Bus wird da zum unverzichtbaren Transportmittel. Bei der Abgeschiedenheit von Abentheuer besteht auch die Notwendigkeit, die Schüler wieder abzuholen.

Im Haus ist es ruhig geworden.

Die Arbeitsteilung der Erwachsenen in Abentheuer unterscheidet sich von anderen Einrichtungen, ohne gegen die auch hier gültigen Heimrichtlinien zu verstoßen. Für neun Jugendliche, auf dieser Basis ist die Einrichtung kalkuliert, sind folgende Planstellen eingerichtet: vier Betreuer, eine Hauswirtschaftsstelle, ein Therapeut, ein halber Werklehrer und ein halber Hausmeister. »Natürlich halten wir diesen Stellenplan ein, interpretieren ihn aber auf unsere Weise«, erklärt Werner Schramm. So arbeiten in Abentheuer sechs Pädagogen und ein Therapeut. So gelingt es, einen optimalen Schlüssel (1,4 Jugendliche kommen auf einen Erwachsenen) in bezug auf die zu betreuenden Jugendlichen zu realisieren. Jeder Jugendliche hat eine feste Bezugsperson, die ihn auch gegenüber dem Kostenträger (Jugendamt oder Landeswohlfahrtsverband) vertritt. Die Aufgaben, die Hauswirtschafter, Werklehrer und Hausmeister ausfüllen, sind hier auf das ›Ganze Haus‹ verteilt. Damit dies auch klappt, sind diese Aufgaben in organisatorischer Hinsicht auf die Erwachsenen entsprechend ihren Fähigkeiten verteilt.

Alfred ist als Schreiner natürlich für den Ausbau der Gebäude zuständig. Die Diplom-Pädagogin Petra organisiert Einkauf und Zubereitung der Lebensmittel. Werner Schramm ist Therapeut und als Träger auch für die Abrechnung mit den Kostenträgern verantwortlich. Andrea erledigt im Büro die tägliche Verwaltung (z. B. Post, Krankenscheine, Entschuldigungen, Fahrgeld). Wolfgang regelt die hausinternen Finanzen (z. B. Taschengeld, Kleidergeld). Werner Heckelmann, Sozialarbeiter und Kaufmann, kümmert sich mit Karl hin und wieder um das musische Wohlergehen der Gruppe. Karl, Sozialarbeiter und Hobbybauer, pflegt Pflanzen und das Gelände und versorgt die Tiere.

Die Tiere haben ihre Bedeutung, besonders die drei Pferde Mephisto, Wirbel und Bella. Fast bin ich ein wenig neidisch, wenn ich mir den Reitspaß in dieser Umgebung vorstelle. Fritz mistet mit Karl nach dem Frühstück den Stall aus. Er ist seit einem Jahr in Abentheuer Hauspraktikant, d. h. er hilft beim Ausbau der Räume und Werkstätten und bei der Tierpflege. Fritz ist klein, untersetzt und recht kräftig. Güte und Naturverbundenheit strahlen aus seinem Gesicht. Ich kann mir nicht vorstellen, daß dieser 16jährige noch vor einem Jahr für die traditionelle Heimerziehung ein unlösbares Problem war. Fritz ist aus mehreren Heimen abgehauen und aus dem letzten rausgeschmissen worden. Er genießt die gewonnene Freiheit und verrichtet besonders gern schwere Arbeiten. Im Wald fällte er vor einigen Monaten einen Baum. Das gab Ärger mit dem Förster und Erstaunen über die Leistung von ihm. Den 40 cm dicken Stamm sägte er mit einer schlichten Säge, wie sie der Heimwerker benutzt, an einem Tag durch. Nur ein Jahr in Abentheuer verhalf Fritz zu Selbstvertrauen und Mut, den Weg ins Leben zu suchen. Er wird seinen Platz finden.

Ich räume den Frühstückstisch mit ab und ziehe mich zu einem Spaziergang in den Wald zurück. Zu dicht sind die Nähe, der freundschaftliche Umgang zwischen den Erwachsenen und den Jugendlichen. Ich denke an die vielen Kinder, die in Heimen leben müssen, in denen sich Erzieher und Kinder rund um die Uhr mit dem Einhalten und Überwachen der Regeln beschäftigen. In einem katholischen Heim zeigte mir eine Nonne u. a. den Waschraum ihrer Gruppe. Voller Stolz wies sie mich darauf hin, daß alle Kinder ihre Zahnbürste mit den Borsten nach oben und vorn ausgerichtet in die Becher stellen. Für die Nonne war es ein Zeichen, daß die Kinder brav und folgsam sind und die Ordnung lieben.

Ich muß an die Debatte über die Wiedereinrichtung der geschlossenen Heimerziehung denken. Klaus Horn weiß diesem Ruf nach geschlossener Unterbringung den rechten Stempel aufzudrücken: »Vor allem aber muß Selbstregulation in Freiheit eingeübt werden. Die zwangsweise Beschränkung der Bewegungsfreiheit ist keine produktive Vorbedingung für diesen Lernprozeß, weil die gesellschaftlich geforderte Selbstregulierung so nicht gelernt werden kann. Denn, ist man eingesperrt, wird zuallererst erfahren, daß wichtige Bedingungen des eigenen Lebens nicht diskutierbar sind. Das paßt im Prinzip – so möchte ich ausdrücklich hervorheben – ins Konzept sogenannter totalitärer Staaten, doch nicht in das einer Demokratie.« (Bundesjugend-kuratorium [Hg.], Erziehung in geschlossenen Heimen. München 1982)

Sicher wären die Jugendlichen aus Abentheuer in solcher Abgeschlossenheit verkümmert, gäbe es nicht solche Alternativen wie z. B. diese von Werner Schramm.

Petra kocht heute. Es gibt Königsberger Klopse mit Kapernsoße, Kartoffeln und Salat. Der Speise- und Kochplan wird von allen Erwachsenen und Jugendlichen für die darauffolgende Woche festgelegt. Die Erwachsenen wechseln sich mit dem Kochen ab, ein zwei Jugendliche helfen, wenn sie nicht in der Schule oder arbeiten sind.

Annette ist recht früh aus der Schule zurück. Sie hat eine Zwei im Deutschaufsatz und ist recht stolz. Ich frage sie, auf welchem Weg sie nach Abentheuer gekommen ist. »Na ja, ich war zu kontaktfreudig und hab dazu recht viel Alkohol getrunken. Das Jugendamt (JA) hat mich nach Idstein gebracht. Dort war's ziemlich ungemütlich und vor allem streng. Als erstes verlangten die Nonnen von mir, daß ich meinen Namen in die Wäsche einnähe. Erzieher und Nonnen mußte ich mit ›Sie‹ anreden. Diese Situation wirkte erdrückend auf mich, und ohne groß zu planen, bin ich abgehauen. Die Freiheit dauerte nicht lange. Im nächsten Heim in Pirmasens hatte ich dann ein halbes Jahr keinen Ausgang. Logisch, daß ich die erste Gelegenheit zum Abhauen nutzte. Das JA hat ja nun auch seinen Stolz und steckte mich nach Boppard. Auch hier verboten mir die Erzieher im ersten Halbjahr jeglichen Ausgang. Sie begründeten das pädagogisch, so wegen dem Eingewöhnen, Kennenlernen und Beruhigen. Du wirst schon sehen, bei uns wird es dir gefallen. Wenn die unter Pädagogik einsperren verstehen, na dann ohne mich. Ich fühlte mich nur eingesperrt und riß wieder aus. Dem JA erklärte ich, daß ich meine Freiheit brauche und daß sie mich nicht einsperren können. Dann kam ich hierher mit der Drohung des Jugendamts: wenn du hier nicht bleibst, kommst du in ein geschlossenes Heim.

Der erste Eindruck von Abentheuer war niederschmetternd. Ohje, was für eine Bruchbude, dachte ich. Aber hier haben alle emsig geschafft, das Haus hergerichtet, und ich durfte auch mein Zimmer einrichten, wie ich wollte. Die

Gespräche mit Werner haben mir sehr viel gebracht, außerdem das Malen. Ich hatte zum erstenmal das Gefühl, ein Erwachsener kümmert sich um mich, nimmt mich ernst und DU durfte ich auch zu ihm sagen. Ich dachte immer, ich brauche die Großstadt, auch wenn ich dort viel getrunken habe und einige Suizidversuche überlebte. Und nun hier im Wald? Am Anfang war ich nur hier. Inzwischen hab' ich mir einen Freundeskreis in Birkenfeld aufgebaut und würde sagen, was Besseres für mich gibt es nicht.

Die Schule wollte mir überhaupt nicht schmecken. Ich hatte große Lücken und dachte, das schaffst du nie. Inzwischen machen mir einige Fächer sogar richtig Spaß, in den anderen komme ich so zurecht. Was ich beruflich machen will, weiß ich noch nicht so genau. Ich brauche viel Bewegung, und meine Wohnung soll hier in der Nähe sein.«

Annette ist selbstbewußt und überzeugend. Und Annette ist keine Ausnahme. Auch die anderen Jugendlichen haben in nur wenigen Monaten in Abentheuer neuen Lebensmut und Selbstbewußtsein entwickelt, zum Erstaunen so mancher Jugendamtsbehörde.

Das Essen war reichlich und schmackhaft. Zwei Tassen Kaffee vertreiben die aufkommende Müdigkeit. Werner und ich wollen uns unterhalten und ziehen uns zurück. Werner Schramm wollte in seiner Jugend Maler oder Pädagoge werden. Seine Räume und das Büro zeugen von diesem Wunsch. Abstrakte Impressionen von kubistischen Formen durchdrungen beherrschen die Öl- und Pastellkreidebilder an den Wänden. Werner schätzt und achtet die Menschen und glaubt auch an die Kreativität in jedem Individuum. Der künstlerischen Phantasie gibt er in seiner Therapie viel Raum. Die Jugendlichen bestätigen Werners Behauptung, daß über diese Ausdrucksform wesentliche Probleme (Ängste, Aggressionen, Projektionen etc.) angesprochen wurden und über diesen Weg auch Grundsteine für ein neu geordnetes Leben gelegt wurden. Psychologisch definiert sich Werner über die Lehre C. G. Jungs, eines Freud-Schülers. Werner lehnt Erziehung im traditionellen oder familialen Sinne ab. Vor ihm haben schon so viele an den Jugendlichen *gezogen*, daß er nicht auch noch eine vergebliche (Er-)ZIEHUNG daraus machen will. Drei Worte haben für ihn Bedeutung, will man sein Konzept grob umreißen: akzeptieren, hinhören, auseinandersetzen. Nimmt man dies ernst, braucht man (außer techn. Regeln z. B. Essen) keine verbindlichen Regeln und keine Strafen. Strafen setzen Regeln voraus, sollen die Regeln eingehalten werden, müssen Übertretungen bestraft werden. Die Jugendlichen sind für ihr Leben genug bestraft worden, und es macht keinen Sinn, dies in Abentheuer fortzusetzen, denn es hat ihnen nicht geholfen. Bleibt die spannende Aufgabe, den Jugendlichen Raum und Zeit zu geben, ihren eigenen Lebensstil zu finden und zu leben. Die Realität bleibt da nicht ausgespart. Wir Erwachsenen helfen ihnen in konstruktiver Auseinandersetzung.

Nach diesem Plausch kommen wir gerade pünktlich zur wöchentlichen Teamsitzung. Nach dem organisatorischen Teil (Dienstplan, Kochdienst, Post etc.) wird mit und vor allem über Erika geredet. Sie läuft nervös rein und raus, je nachdem wie sie es aushält, denn für sie steht viel auf dem Spiel. Ihr Jugendamt erwartet von ihr einen Bericht über ihre aktuelle und zukünftige Situation.

Sie stammt aus einer gewalttätigen Familie und soll vom Vater sexuell mißbraucht worden sein. Die Situation in der Familie spitzte sich so zu, daß sich Erika eines Tages in ihrem Zimmer verbarrikadierte und sich mit einer Axt bewaffnete. Unversehrt wurde sie befreit und vom Jugendamt in ein Heim gesteckt. Dieser Unfreiheit entzog sie sich durch Flucht. Nach einigen Monaten Psychatrie wurde sie anstatt in einer geschlossenen Anstalt in Abentheuer untergebracht. Vor einigen Wochen hat sie die Berufsfachschule für Hauswirtschaft abgebrochen und war unter keinen Umständen bereit, dort wieder hinzugehen. Zu allem Unglück ist sie 18 Jahre alt geworden, und das Jugendamt kann sie in die Erwachsenenwelt entlassen. Für sie würde das bedeuten: Abentheuer, den liebgewonnenen Wohnort, verlassen zu müssen. Entsprechend unsicher verhält sich Erika.

Das Erwachsenenteam ist nicht völlig ratlos, aber grotesk ist die Situation schon. Sie spekulieren auf das Verständnis des Jugendamtes, das Erika noch eine Chance geben soll. Aber in Zeiten sinkender Sozialetats wird sich jedes JA überlegen bzw. ausrechnen, ob DM 150,- Pflegekosten pro Tag gut angelegt sind. Die Abentheurer wollen sich dafür einsetzen.

Das Team spricht noch seine eigenen Probleme an. Hart, aber solidarisch werden Verhaltensweisen und Verhältnisse diskutiert. Werner Schramm ist bisher alleiniger Träger. Er möchte die Gesamtverantwortung in nächster Zeit auf mehrere Schultern legen. Voraussetzung für eine Mitarbeiter GmbH ist ein Kollektiv, das Kontinuität und eine vertrauensvolle Zusammenarbeit verspricht.

Veronika langweilt sich. Sie mag sich nicht so recht an die Abgeschiedenheit des alten Sägewerkes am Waldrand gewöhnen. Sie vermißt das hektische Treiben im Milieu der Großstadt. Doch die Karriere dort im Sumpf der Drogenhändler und Zuhälter soll ihr erspart bleiben. Wir backen beide einen Kuchen, während Fritz und Alfred das Abendbrot bereiten.

Für Ralf, der in Idar-Oberstein Werkzeugmacher lernt, wird das Mittagessen aufgewärmt. Annette kocht sich einen Pudding. Sie hat weder Appetit auf Wurst- oder Käsebrot noch auf den gelungenen Marmorkuchen.

Dieter Thomas Heck und seine ZDF-Hitparade lockt die Jugendlichen nach dem Essen vor den Fernseher. So rechte Freude kommt mit Nena und ihrem Hit ›99 Luftballons‹ auf. Ansonsten vergeht der Abend wie in einer größeren WG. Ich habe nicht das Gefühl, in einem Erziehungsheim zu sein.

Annette ist mit ihrem Freund nach Birkenfeld gefahren. Sie muß um 22 Uhr wieder im Haus sein.

Ernst und Karin haben sich zurückgezogen.

Ein Tischfußballmatch wird ausgetragen – Uli und Fritz gewinnen gegen Andrea und Alfred, einige lesen, Ralf schraubt im Keller an den Mopeds, und Veronika langweilt sich schon wieder. Werner Heckelmann hat Dienst. Er wird eine ruhige Nacht haben, denn seit einem Jahr gibt es nachts keine Probleme.

Erika kann nicht schlafen. Sie hat Angst vor dem nächsten Tag. Was das wohl gibt auf dem Jugendamt? fragt sie sich. Ich muß wohl ein vertrauenerweckender Mensch sein, denn Erika schüttet mir ihr Herz aus. Die Formen ihrer Mißhandlungen durch die Familie, die Heime und die Psychiatrie sind vielfältig. Es würde den Rahmen dieses Textes sprengen, wollte ich sie alle aufzählen. Auch Veronika und Fritz können nicht einschlafen, setzen sich dazu, hören Erika zu.

»Als ich hierher kam, war ich ziemlich am Ende. So was wie Lebensmut hatte ich nicht. Man ließ mich hier in Ruhe. Das brauchte ich. Werner half mir dann, mich selbst besser kennenzulernen. Heute nach zwei Jahren würde ich sagen, bin ich ganz schön stabilisiert. Allerdings weiß ich nicht, wie lange das reicht, wenn ich nicht mehr hierbleiben kann«, spekuliert Erika.

Fritz hat Kräutertee gekocht. Er und Veronika wehklagen mit Erika. »Wir sind doch abgestempelt. Ja, abgestempelt für unser ganzes Leben. Wenn ich nach Hause komme, mußt du mal sehen, wie die Leute gaffen«, sagt Erika. »Ja und wenn wir hier trampen, dann drehen sich überall die Leute um. Wenn ich noch mal geboren würde, würde ich alles anders machen. Jetzt kann ich an meinem Leben nichts mehr ändern. Dazu ist alles viel zu verfahren«, behauptet Veronika. Fritz nickt beifällig, »aber ändern könne man sich schon, wenn man will«, brummt er.

Fritz und Veronika sind längst schlafen gegangen, und Erika erzählte mir noch Geschichten aus ihrem Leben. Von Rex, dem Hund, den sie in Abentheuer großgezogen hat; daß sie mit Männern ganz vorsichtig ist, auf keinen Fall gleich heiraten würde; vielleicht ist das Leben ohne Mann sogar leichter, und eine kaufmännische Lehre in Birkenfeld würde ihr Spaß machen.

Schon am zweiten Tag bin ich sicher, eine wirkliche Alternative zur traditionellen Heimerziehung zu kennen. Die Jugendlichen sind frei in ihren Entfaltungs- und Bewegungsräumen und wissen diese auch zu nutzen, denn die Erwachsenen helfen. Auch untereinander ist Hilfe angesagt. Die Mopeds, Autos, Stereoanlagen und Kassettenrecorder repariert Ralf. Phänomenal sind seine selbst angeeigneten Kenntnisse über die Geheimnisse der Elektronik. Computergesteuerte Verstärker baut er um, bügelt Konstruktionsfehler aus, verbessert Teile in ihren Funktionen. Ralf erklärt erstaunlich gut. Friedrich ist beständigster Lehrling, besonders in Sachen Moped. Der Frühling steht vor der Tür und die Fahrzeuge müssen überholt werden. Nach der Arbeit bastelt Ralf mit Friedrich und manchmal auch Ernst in der

Werkstatt im Keller. Beim Schrauben, Flicken und Vergaser einstellen gibt Ralf seine Kenntnisse weiter.

Gegen Mittag kommt Erika wieder. Der Mißerfolg steht ihr im Gesicht geschrieben. Das JA hatte kein Verständnis. Sie geht nicht mehr in die Schule und hätte sich die Suppe also selbst eingebrockt. Die Kosten werden nicht mehr übernommen, und zwar ab sofort. Sie muß also recht bald ausziehen. Erika hat einen Hauptschulabschluß und hofft, eine Lehrstelle zu finden. Was für eine, ist ihr egal. Vielleicht gibt es ein Zimmer in der Nähe ... Geld vom Sozialamt?

An dieser Stelle stößt die Alternative an ihre Grenzen. Die Einrichtung ist für neun Jugendliche kalkuliert, und da darf kein Platz lange unbesetzt bzw. unbezahlt bleiben. Für die kleinen Einrichtungen gelten die gleichen Richtlinien wie für die großen Heime. Auch hier wird der junge Mensch auf die Straße gesetzt. Er ist volljährig und soll nun sehen, wo er bleibt. Dies entspricht nun überhaupt nicht dem Anspruch, den Werner Schramm und seine Mitarbeiter in Abentheuer haben.

Zur Lösung dieses Problems diskutieren sie zwei Modelle: Eröffnung eines Geschäftes in Birkenfeld mit zwei Arbeitsplätzen und zwei Ausbildungsplätzen oder ein Betrieb in Abentheuer, bestehend aus einem Laden, einem Café und einem Ausstellungs- und Kommunikationsraum. Beide Pläne sind nur durch die private Initiative der Betreuer realisierbar. Ich finde das zweite Modell spannend und den örtlichen Gegebenheiten in Abentheuer auch angemessen. Zudem hätte das alternative (Heim)Projekt gleich zwei Fliegen mit einem Schlag erwischt. Ein Teil der Jugendlichen kann in das Arbeits- und Wohnprojekt integriert werden und muß ›nach einer vielleicht geglückten Maßnahme‹ nicht mehr ins Nichts entlassen werden. Zum zweiten verkümmert das Projekt nicht zur bloßen alternativen Heimerziehung, wenn es gelingt, Arbeit und Leben unter einem Dach zu vereinen. Auch in der jetzigen Form hat Werner Schramm eine vorbildliche Alternative geschaffen.

Jugendwohngruppe Daisbach / Rudolf Hennemuth

»Alte Schule« – Einrichtung für Kinder und Jugendliche
Darstellung eines Kleinstheimes

Die Jugendwohngruppe Daisbach besteht seit dem 1. 8. 1982. Sie ist aus der Einrichtung »Alte Schule« in Hünstetten-Görsroth hervorgegangen und wird von Rudolf Hennemuth geleitet.

Wir betreuen speziell Jugendliche, die auf Grund des Fehlens einer erziehungsfähigen Familie anderweitig untergebracht werden müssen, und die mit ihrer Problematik (Verhaltensauffälligkeiten) die Möglichkeiten und die Toleranz einer Pflegefamilie überfordern würden. Bei den Jugendlichen, die wir aufnehmen, ist in der Regel nicht zu erwarten, daß sie vor Erreichen der Selbständigkeit (Abschluß der Berufsausbildung) wieder in ihre Herkunftsfamilie reintegriert werden können.

Wir wohnen in einem alten Bauernhaus, welches wir im Sommer 1982 zusammen instand gesetzt und wohnlich gemacht haben. Wir – die Jugendlichen (z. Z. ein Mädchen und drei Jungen), meine Partnerin mit ihren zwei eigenen Kindern und ich – leben eng zusammen, und unser Alltag gestaltet sich sehr ähnlich dem einer großen Familie.

Unsere erste Aufgabe besteht darin, den Jugendlichen einen Lebensraum zu bieten, in dem sie sich wohlfühlen können, mit dem sie sich deshalb auch als ihrem Zuhause identifizieren können. Als Grundbedingung dafür sehen wir eine kleine überschaubare Gruppe an, in der zwischen uns und den Jugendlichen echte Lebensbezüge entstehen können, in denen jeder der Jugendlichen seinen Platz und seine Anerkennung findet; u. U. müssen wir hier kompensatorisch eingreifen. Die kleine Gruppe ermöglicht uns auch das flexible Eingehen auf die je besondere Art und die besonderen

Schwierigkeiten des einzelnen Jugendlichen. Die Gruppe ist für uns also nicht ein ökonomisches Organisationsprinzip, welches die rationelle und kostengünstige professionelle Betreuung von Kindern und Jugendlichen ermöglicht, sondern Lebenszusammenhang und Lernfeld, in dem das spontane Miteinander ebenso seinen Ort hat wie die gezielte pädagogische Intervention.

Natürlich sind auch in diesem Rahmen Konflikte nicht zu vermeiden. Wir wollen und können keine problemlose Idylle produzieren. Wenn so viele, z. T. höchst unterschiedliche Personen eng zusammenleben, gibt es selbstverständlich Schwierigkeiten und auch heftige Auseinandersetzungen. Doch sie werden von uns nicht nur negativ als Störungen des Zusammenlebens betrachtet, die durch eine Perfektionierung des institutionellen Rahmens beseitigt werden müssen, sondern als Ausgangspunkt für soziales Lernen. Dieses Lernen kann nach unserer Erfahrung nur dann erfolgreich stattfinden, wenn es in einer Atmosphäre frei von Angst immer wieder neu zu Gesprächen kommt, in denen Betreuer und Betreute gegenseitig ihre Motive, Absichten und Ziele offenlegen, um gemeinsam konstruktive Lösungen zu suchen. Dazu gehört auf der Seite der Erwachsenen ein weitestgehender Verzicht auf Druck und Zwang. Zu den für uns ermutigenden Erfahrungen in unserer Arbeit zählt, daß selbst »schwierige« Jugendliche in einem solchen kommunikativen Prozeß ihr Verhalten einsichtsvoll und freiwillig verändern.

Unsere Erziehungsziele im allgemeinen lassen sich so beschreiben: Rücksichtnahme und Toleranz im Umgang mit den Partnern, Solidarität mit der Gruppe, Diskussions- und Kompromißfähigkeit in Konfliktsituationen, Selbstverantwortlichkeit im eigenen Bereich (Zimmer) und Mitverantwortung und Mitarbeit im allgemeinen Bereich (Haushalt, Grundstück). Auftretende Konflikte, notwendige Veränderungen und die Zukunftsplanung erörtern wir in unserer gemeinsamen Besprechung.

Darüber hinaus sehen wir unsere eigentlich »pädagogische« Aufgabe darin, den Jugendlichen die Kenntnisse, Fertigkeiten und Sozialtechniken zu vermitteln, die sie als Erwachsene befähigen, den Platz in unserer Gesellschaft einzunehmen, der ihren Begabungen, Neigungen und Vorstellungen entspricht und sie subjektiv zufrieden werden läßt. Als Voraussetzung dafür betrachten wir einen möglichst guten Schulabschluß und eine abgeschlossene Berufsausbildung. Aus diesem Grunde suchen wir einen engen Kontakt zu den Lehrern bzw. ausbildenden Betrieben und bieten jedem Jugendlichen dreimal wöchentlich Nachhilfeunterricht durch einen ausgebildeten Lehrer an, der uns auch an Wochenenden und während unseres »privaten« Urlaubs vertritt.

In der Freizeit bieten wir den Jugendlichen gemeinsame Unternehmungen an. In der Regel jedoch können und sollen sie ihre freie Zeit selbst planen und gestalten. Meist nutzen sie diese Zeit, um mit Freunden zusammen etwas zu unternehmen, was ihnen die Integration in Schule und die nähere soziale Umgebung erleichtert.

Die Aufgabenstellung der Interessengemeinschaft Kleine Heime – Hessen e. V.

Im Verlauf der pädagogischen Diskussion am Anfang der 70er Jahre geriet die Heimerziehung wie alle anderen pädagogischen Einrichtungen in eine breite öffentliche Kritik. Auf der Suche nach neuen Wegen der Heimerziehung kam es neben der Reform der Großeinrichtungen traditioneller Träger zur Gründung einer Vielzahl von kleinen unabhängigen Einrichtungen, in denen z. T. seit Jahren erfolgreich eine Alternative zur herkömmlichen Heimerziehung praktiziert wird.

Die wichtigste Gemeinsamkeit dieser neuen Einrichtungen sind kleine Wohneinheiten mit 3 bis 9 Plätzen. Die Gründer und Träger dieser Einrichtungen versuchen damit folgendes zu erreichen:

für die Kinder und Jugendlichen

– leichter überschaubare Beziehungen zwischen Kindern bzw. Jugendlichen und ihren Betreuern
– unkomplizierte organisatorische Strukturen bei weitgehendem Verzicht auf starre Alltagsregelungen,

für die Betreuer

– Mitbestimmung in einem relativ großen Verantwortungsbereich bei weitgehendem Verzicht auf hierarchische Organisationsformen

– dadurch ein mehr situationsbezogenes und selbständiges, an den individuellen Bedürfnissen der Kinder und Jugendlichen orientiertes pädagogisches Handeln.

Dies ermöglicht es den Heranwachsenden und Betreuern, die häufig mit in der Einrichtung leben, sich intensiver in das Gruppenleben einzubringen und sich besser mit der Einrichtung zu identifizieren, d. h. sich hier zu Hause zu fühlen und emotionale Sicherheit zu finden. Die in der Regel gute Integration in das soziale Umfeld (Nachbarschaft) und der Besuch örtlicher Schulen bietet wichtige Anreize zum Aufbau von »normalen« sozialen Beziehungen. Insgesamt zeigen die Kinder und Jugendlichen so weniger Klientenbewußtsein, dafür mehr Selbständigkeit und Vertrauen in ihre eigene soziale Kompetenz. Die Betreuer entwickeln mehr Selbständigkeit und Arbeitszufriedenheit.

Diesen »kleinen Heimen« fehlte lange die Vertretung ihrer Interessen auf der sozialpolitischen Ebene, die im Bereich der Jugendhilfe von den großen »freien Trägern« beherrscht wird. Regionale Treffen kleiner Heime machten relativ schnell die Notwendigkeit deutlich, sich in einem eigenständigen Verein zu organisieren, um die bis dahin bestehende Isolierung der kleinen Einrichtungen zu überwinden und eine konsequente Vertretung ihrer pädagogischen Konzeption und wirtschaftlichen Interessen zu erreichen. So entstand im Herbst 1981, in einer Zeit abnehmenden öffentlichen Interesses an der Reform der Heimerziehung und eines verringerten Spielraums zur Finanzierung sozialer Reformen, die Interessengemeinschaft Kleine Heime – Hessen e. V.

Die IKH-Hessen e. V. ist ein freiwilliger Zusammenschluß von z. Z. 21 freien Trägern kleiner Einrichtungen der Jugendhilfe. Diese Träger unterhalten z. Z. ca. 40 eigenständige Häuser, kleine pädagogische Einheiten, die wirtschaftlich weitgehend selbständig und demokratisch organisiert sind. Dabei werden die unterschiedlichsten pädagogischen Ansätze verwirklicht: familienorientierte Kinderhäuser, Jugendwohngemeinschaften, Wohngruppen mit externen Mitarbeitern.

Zweck des Vereins ist die Förderung, Unterstützung und Beratung seiner Mitglieder und ihre Vertretung in der Fachöffentlichkeit und der Sozialpolitik. Aufgrund dieser Aufgabenstellung wurde der Verein als gemeinnützig anerkannt. Im Mittelpunkt unserer Mitgliederversammlungen und Arbeitstagungen stehen:

– gegenseitige Beratung in rechtlichen, organisatorischen und finanziellen Fragen;
– Erfahrungsaustausch über die pädagogische Arbeit in unseren Einrichtungen und gegenseitige Hilfe bei der Entscheidungsfindung in schwierigen Fragen;
– gegenseitige Information über sozialpolitische Entscheidungen und Tendenzen der Jugendhilfebehörden (Landesjugendamt, Landeswohlfahrtsverband, Jugendämter) und der Gesetzgeber und die Erarbeitung von Stellungnahmen;
– Koordination unserer Bemühungen zur Verbesserung der Situation der Kinder und Jugendlichen im Bereich der Heimerziehung (z. B. Weihnachtsbeihilfe, Freibeträge);
– Entwicklung von Strategien zur Verbesserung der Situation der kleinen »Heime«.

Weiterhin liegt der Schwerpunkt der Arbeit des Vereins in folgenden Bereichen:

– Organisation von Tagungen und Fortbildungsveranstaltungen, die besonders die Probleme der »kleinen Heime« betreffen;
– Stellungnahme zu aktuellen Vorkommnissen und Entscheidungen, die die Belange der Mitgliedseinrichtungen und der in ihnen untergebrachten Kinder und Jugendlichen betreffen;
– Organisation von Beratung und Unterstützung von Mitgliedseinrichtungen bei Pflegesatzverhandlungen, Konflikten mit Behörden;
– Hilfestellung bei Neugründungen und der Übernahme von Einrichtungen;
– Mitarbeit in Organisationen, die auf dem Gebiet der Heimerziehung und Sozialpolitik für Kinder und Jugendliche tätig sind (z. B. IGfH, psychosozialer Arbeitskreis).

Der Verein unterhält eine Geschäftsstelle. Sie bietet:

– den Jugendämtern Unterstützung bei der Suche nach freien Plätzen in kleinen Einrichtungen, den Mitgliedseinrichtungen Hilfe bei der Wiederbelegung freier Plätze;
– Information über den Verein und seine Aktivitäten (Zusendung von Mitgliederlisten, Satzung und Arbeitsmaterialien des Vereins).

Die Geschäftsstelle der IKH kann man unter folgender Adresse erreichen:

Interessengemeinschaft Kleine Heime – Hessen e. V./Daisbach, Langgasse 27, 6209 Aarbergen-Daisbach

Monika M. Metzner

Eine Chance für die Kinder der Sternschanze
Stadtteilbezogene Heimerziehung in einem Hamburger
Altstadtviertel

*Alle Kinder kommen freiwillig in die »Sternschanze«. Sie le-
ben im gleichen Viertel wie bisher auch, brauchen nicht die
Schule zu wechseln, behalten ihren Freundeskreis – aber bei
den Erziehern der »Sternschanze« finden sie etwas, was ihnen
bisher oft fehlte: Hilfe und Verständnis.*

Wenn die Kinder aus der Schule kamen, hing die Mutter
teilnahmslos in einem Sessel. Sie war betrunken. Kam der
Vater von seinen gelegentlichen Arbeiten im Hafen nach
Hause zurück, war er nicht mehr ansprechbar. Er hatte ge-
trunken. Essen wurde selten in dieser Familie gekocht. Oft
reichte das Brot nicht für alle. Zuerst zog die minderjährige
Tochter zu einer Nachbarin. Dann ging der 13jährige Sohn
zum Sozialamt, um selbst seine Heimunterbringung zu
beantragen.
Das war vor eineinhalb Jahren. Seitdem wohnt Peter K. im
Hamburger Kinderwohnhaus Sternschanze. Seiner Schwester, inzwischen 18 Jahre alt, wurde geholfen, eine eigene
Wohnung und – trotz fehlendem Hauptschulabschluß – eine
Lehrstelle als Friseuse zu finden. Und als die alkoholkran-
ken Eltern unlängst ins Obdachlosenasyl abgeschoben werden sollten, weil das Sozialamt die Mietschulden nicht mehr
begleichen will, seit die Kinder weggegangen sind, hat Peter
seine Freunde in der Sternschanze alarmiert. Diese konnten
dann die Behörden überzeugen, den Rausschmiß der Eltern
aus ihrer Wohnung vorerst aufzuschieben.
Denn Peter hat trotz Heimunterbringung seine Familie
nicht verloren. Nach dem Unterricht in der 8. Klasse der

Sonderschule geht er oft bei den Eltern vorbei. Seit die Mutter nach einem Sturz nicht mehr gehen kann, kauft er regelmäßig ein. Für den Vater ist er eine Art seelische Krücke geworden: Peter kann ihm helfen, Probleme zu lösen, mit denen der Alte – wie beispielsweise mit Mietschulden – allein nicht mehr fertig wird. Und seit die Schwester eine eigene Wohnung hat, besucht Peter sie am Wochenende. So ist trotz Loslösung der Kinder von den Eltern diese Familie zusammengerückt.

Der Fall Peter K. ist ein gutes Beispiel, wie die öffentliche Erziehung in der Bundesrepublik neue Wege geht. Zu einer Zeit, da überall im Land Heimplätze wegen fehlender Auslastung abgebaut werden müssen, Hamburg selbst in einem Jahr mehrere städtische Kinderheime schloß, wurde Ende 1980 das Kinderwohnhaus Sternschanze mit öffentlicher Hilfe eingerichtet und eröffnet. »Es wurde deshalb gefördert«, erklärt Dorothée Bittscheidt-Peters, Leiterin des Hamburger Jugendamtes, »weil es den Trend aufgenommen hat, sich als kleine und deshalb flexible Einrichtung mitten in einem Wohnviertel niederzulassen. Bemerkenswert an diesem Konzept ist außerdem, daß es mit den Eltern und dem Stadtteil zusammenarbeitet.«

Die gleichen Probleme

Einzigartig ist das Konzept allerdings nicht. Schon seit Ende der sechziger Jahre bemühen sich Reformer, der öffentlichen Erziehung von Kindern und Jugendlichen, die nicht mehr in ihren Familien leben können, den Strafcharakter zu nehmen. Während es früher die Regel war, sie in großen, geschlossenen Heimen weitab von der vertrauten Umgebung zu »verwahren«, ist man heute bemüht, diese jungen Menschen in ihrem Herkunftsmilieu verweilen zu lassen. »Wir setzen sie in die Mitte dieser Gesellschaft, weil sie keine besonderen Jugendlichen sind, sondern weil sie dieselben Probleme wie andere Jugendliche haben«, so Ulrich Koch vom Hamburger Jugendamt.

An erster Stelle steht der Versuch, Kinder in Pflegestellen zu geben, was bis zum Alter von zehn Jahren nicht unmöglich ist. Und so wurde in Hamburg die Zahl der Kinder in öffentlicher Erziehung von 4000 vor zehn Jahren auf nun 2000 gesenkt. Da aber das durchschnittliche Alter von Jugendlichen, die in Heime eingewiesen werden, über 14 ist und man ihnen die in der Vergangenheit übliche Anstaltserziehung ersparen will, sind kleine Häuser, Wohn- und Jugendgruppen, wo die Betroffenen in familienähnlicher Umgebung leben, heute keine Einzelfälle mehr.

In Hamburg wurde die geschlossene Unterbringung in der Heimerziehung 1980 abgeschafft. Das Konzept »Menschen statt Mauern« erhielt nicht den ungeteilten öffentlichen Beifall, wie Dorothée Bittscheidt-Peters und Ulrich Koch in einem Bericht darlegen. Nicht nur reagierte ein Teil der Presse bösartig (»Wohin mit den Ausreißern? Die einzige Lösung: Zelle oder U-Bahn ... Aus der Zelle wieder auf den Kiez«), obwohl nachgewiesen werden konnte, daß die Zahl entlaufener Heimkinder gesunken war. Das Jugendamt mußte außerdem feststellen, daß auch Justiz und Polizei sich von der Idee nicht begeistern lassen wollten, straffällige Jugendliche in Heime statt in Untersuchungsgefängnisse einzuweisen, seit die Mauern gefallen waren.

Ulrich Koch erklärt das so: »Noch hat sich die Öffentlichkeit nicht von der Vorstellung frei gemacht, daß die Gesellschaft von dieser Jugend erlöst werden muß. Doch wir müssen Heimerziehung nicht mehr als Belastungsfaktor betrachten, sondern als Hilfsangebot für die jungen Menschen.« Und Dorothée Bittscheidt-Peters sagt, »daß jeder mit einem humanen Anspruch an Erziehung die Situation dieser Kinder so normal wie möglich machen muß«.

Und das versucht das Kinderwohnhaus Sternschanze. Zwei Leute haben die Idee gemeinsam ausgearbeitet und versuchen nun, sie in die Praxis umzusetzen. »Mit Axels jahrelanger Erfahrung als Sozialarbeiter in verschiedenen Heimen und meinem Interesse an gemeindenaher Psychiatrie wollen wir versuchen, die Probleme der Kinder, aufgrund der sie auffällig geworden sind, dort zu lösen, wo sie entstanden sind«, sagt Eva Maria Heins-Rueß, 33, eine Psychologin. Zusammen mit ihrem Lebensgefährten Axel Reinke, einem vierzig Jahre alten Sozialarbeiter, führt sie das Kinderwohnhaus.

Das Haus liegt im Hamburger Schanzenviertel. Und das bedeutet: wenig Grün in schmuddligen Straßen mit grauen Altbauten, die oft verwahrlost sind. Der Kiez mit seinen Kneipen, Spielhallen, Bordellen ist nah, auch das Heiligengeistfeld mit Zirkus- und anderen Wanderunternehmen. Bei Hitze verbreiten Schlachthof, Zuliefer- und Weiterverarbeitungsbetriebe bösen Gestank über ein Viertel, in dem viele Arbeitslose, Ausländer, Arme und Alte leben – eine Umgebung, in der Kinder oft in Schwierigkeiten geraten.

Doch gerade diese düster anmutende Umgebung hat »schwierigen« Kindern und Jugendlichen mehr Gutes zu bieten als eine Großanstalt fernab der Stadt. Hier gibt es eine noch funktionierende Nachbarschaft. Da ist die Schule, die nicht gewechselt werden muß. Hier lebt der Freundeskreis. Und hier wohnen die Familien nur wenige Minuten vom Kinderwohnhaus entfernt. »Denn«, so meinen Eva Maria Heins-Rueß und Axel Reinke, »wir wollen nicht die Familie ersetzen, sondern entlastend und stützend neben sie treten. Wir wollen nicht das bisherige Bezugsfeld der Kinder ersetzen, sondern ergänzend und auf Zeit neben die bisherigen Bezugspersonen in das gewohnte Umfeld der Kinder eintreten.«

Alle Kinder kommen freiwillig. Noch vor der Aufnahme versuchen die Betreuer der Sternschanze mit Eltern, Sozialarbeitern, Lehrern und dem betroffenen Kind in gemeinsamer Diskussion den Beginn einer künftigen Zusammenarbeit abzustecken. Das klappt dann nicht immer: Mal meiden Väter und Mütter die Elternabende, manchmal gibt es sogar nur telefonische Kontakte. Da sind Eltern, die dem Heim allein die Aufgabe zuweisen, ihre Söhne am Schulschwänzen zu hindern, und andere, die zu kaputt sind, als daß sie am Leben ihrer Kinder noch wirklich teilnehmen könnten. Doch trotz aller Hürden bleibt es das Ziel, »den Familien die Verantwortung für ihre Kinder nicht abzunehmen«, so Reinke.

Das hat auch Vorteile für Väter oder Mütter. So wie es Reinke unlängst verhinderte, daß die Eltern eines Jungen ins Obdachlosenasyl mußten, helfen er und alle Mitarbeiter den Eltern bei ihren Alltagsproblemen: Anträge auf Mietzuschüsse werden gestellt, zu hohe Rechnungen reklamiert,

Mahnbescheide beantwortet. Aber ebenso wird gemeinsam gefeiert – Geburtstage ebenso wie Straßenfeste. Eltern und Geschwister können an Ausflügen und Ferienreisen teilnehmen.

Das zweistöckige Altbauhaus in der Schanzenstraße bietet Platz für sechs Kinder, die ständig dort leben. Zwei Jungen kommen morgens zum Frühstück, verbringen nach der Schule hier den Nachmittag und gehen abends zurück in die Wohnungen ihrer Mütter. Eva Maria Heins-Rueß und Axel Reinke leben mit ihren beiden eigenen Kindern und einem Pflegesohn im Haus. Zwei Mitarbeiter kommen täglich zur Arbeit. Und wer an einem beliebigen Tag vorbeischaut, findet meist das friedliche Bild einer Großfamilie, in der jeder mal im Haushalt anpackt, wo Männer und Frauen abwechselnd kochen, gemeinsam Hausaufgaben und Spiele gemacht werden. Nur am Wochenende ist es still: Dann sind die meisten Kinder bei Vätern oder Müttern, Eltern oder Geschwistern.

Zu den Grundsätzen des Kinderwohnhauses gehört es, Schützlinge nicht länger als zwei Jahre zu behalten. Eva Maria Heins-Rueß: »Wir wollen die Kinder nicht so fest an das Heim, an die Gruppe und an uns binden, damit sie keine großen Schwierigkeiten haben, zurück in ihr altes Milieu zu gehen.« Und Reinke erinnert an das Beispiel eines Jungen, der – trotz größter Bedenken im Kollegenkreis der Sternschanze – nach zweijährigem Aufenthalt zurück zu Mutter und Geschwistern geschickt wurde. »Die Zeit bei uns hat bewirkt, daß diese Mutter sich wieder mit der Erziehung ihres Sohnes beschäftigt, während sie früher ein verkrampftes Verhältnis zu diesem von ihr ungewollten Kind aus der Zeit einer zerrütteten Ehe hatte.«

Und wenn es gar nicht möglich ist, Kinder in ihre Familie zurückzugeben, weiß der resolute Axel Reinke eine andere Lösung. Er sucht dann eine Pflegefamilie. Wie im Fall eines 13jährigen Mädchens, dessen Vater sein Versprechen nicht hielt, in das Schanzenviertel zu ziehen, um regelmäßig Kontakt mit der Tochter zu halten. Das Mädchen war in acht Jahren durch sieben Pflegestellen gegangen, als es auf einsamer Wanderung durch Altona aufgegriffen wurde. Die zwei Jahre in der Sternschanze halfen, daß sie von der Haupt- zur

Gesamtschule wechseln konnte und der alleinstehende Vater endlich zustimmte, das Kind in einer beständigen Pflegefamilie unterbringen zu lassen.

Wenn Eva Maria Heins-Rueß und Axel Reinke auf ihre fünfjährige Zusammenarbeit zurückblicken, dann klopfen sie sich gern einmal selbst auf die Schultern. In einem Zwischenbericht schreiben sie: »Wir haben mit viel Kraftaufwand gezeigt, daß milieunahe Heimerziehung möglich ist und daß sie Sinn hat.« Das bedeutet keineswegs, daß nun alle Fachkollegen sich selbständig machen könnten wie diese beiden. »Uns flattern jeden Tag Prospekte ins Haus. Erzieher, die beispielsweise in einem Dorf ein Haus gekauft und renoviert haben, bitten immer wieder um die Einweisung von Kindern, und wir können ihnen keine schicken«, sagt Jugendamtsleiterin Bittscheidt-Peters.

Kein leichter Start

Es war kein leichter Start für die Sternschanzen-Gründer. Zuerst mußte ein Verein als Träger her; Mitglieder kamen und gingen. Der Verein brauchte den Schutz eines Dachverbands; der erste Anlauf mißlang. Ein geeignetes Haus wurde gefunden und renoviert; es mußte umgebaut werden. Zuschüsse und Darlehen wurden gewährt; Ärger mit der Rückzahlung folgte. Was das Jugendamt nüchtern das »Risiko eines Trägers« nennt, war für den kleinen »Verein für stadtteilbezogene milieunahe Heimerziehung« eine finanzielle Durststrecke, die sich nur mit dem privaten Sparkonto und einer Witwenrente durchstehen ließ. Hinzu kamen Schwierigkeiten mit Kollegen, Kündigungen und das ständige Schachern mit Behörden um Gehälter und die Höhe von Pflegesätzen, seit im Dezember 1980 die ersten Kinder eingewiesen wurden.

Noch ist das Paar Heins-Rueß/Reinke voller Schwung. Zwar gesteht Eva Maria, »daß ich mich manchmal kaputt und ausgelaugt fühle«, und Axel nickt ihr zu. Auch haben die beiden sich vorgenommen, in etwa zwei Jahren ihren Platz den Nachfolgern zu räumen. Doch im Augenblick sind sie dabei zu erweitern. Sie wollen mit ihren Schützlingen in ein Mietshaus in der Nachbarschaft umziehen, wo sie geeignete Wohnräume für zehn Kinder und alle Mitarbeiter fanden. Das Haus an der Schanzenstraße aber soll für eine Wohngruppe für Jungens über 15 Jahre freigemacht werden, damit die dort – jeder im eigenen Zimmer unter der Obhut eines Erziehers – unabhängig wirtschaften und so normal wie möglich leben können.

Dazu ein letzter Satz von Eva Maria und Axel: »Wir glauben, dazu beitragen zu können, daß diese Heimkinder eine größere Chance haben, sich im Leben zurechtzufinden.«

Kontaktadresse: Verein für stadtteilbezogene milieunahe Heimerziehung e. V., Schanzenstraße 39, 2000 Hamburg 6

Irmgard Piorkowski-Wühr

Das Sozial-integrative Zentrum –
Ein Modellprojekt und sein vorzeitiges Ende

Im Oktober 1979 wurde das »Sozial-integrative Zentrum«
gegründet, das eine Wohngruppe als Alternative zur »Geschlossenen Unterbringung (GU)« zum Ziele hatte. In der
Wohngruppe sollten – und wurden ab April 1980 – nur solche
Jugendliche aufgenommen und unter *offenen* Bedingungen
betreut, von denen die zuständigen Behörden (Jugendämter /
Landeswohlfahrtsverband Hessen) behaupteten, sie seien
nirgendwo anders mehr unterzubringen bzw. zu betreuen als
in einem *(ab-)geschlossenen* Heim.
Die Jugendlichen, die im »Sozial-integrativen Zentrum«
(SIZ) zur Aufnahme kamen, konnten großteils auf eine
lange Heimkarriere zurückblicken, hatten vorher meist
auch schon Erfahrungen mit der Kinder- und Jugendpsychiatrie gemacht und waren überwiegend als sogenannte
Trebegänger »klassifiziert« worden. Sie ließen sich in her-
kömmliche Heime nicht mehr integrieren. Meist lehnten
diese Heime aber auch eine weitere Betreuung oder Aufnahme der Jugendlichen ab.
Im folgenden werde ich darüber berichten, wie es zu diesem
Projekt und zu seinem vorzeitigen Ende kam.

Die »geschlossenen Heime« sind in Hessen 1970 abgeschafft
worden. Doch bereits kurze Zeit später wurde von den Unterbringungsbehörden der Ruf nach ihnen wieder laut. Die
Diskussion um das Für und Wider von GU-Heimen entzün-
dete sich nicht zuletzt auch an den §§ 46 und 47 des Referen-
tenentwurfes zum neuen Jugendhilfegesetz (vgl. S. 141), in
dem die Gegner der GU deren Legalisierung sahen. Ich
selbst war und bin ein vehementer Gegner der geschlossenen Heimerziehung und war von Anfang an an der Diskus-

sion um die GU in der Fachöffentlichkeit beteiligt; u. a. Mitverfasser der schon fast legendär gewordenen »Beutelsbacher Zukunftsperspektiven« zusammen mit dem inzwischen verstorbenen Wolfgang Bäuerle, einem resoluten Verfechter von allem, was Liberalisierung und Demokratisierung der Heimerziehung bedeutete.

Während dieser Diskussion um das Pro und Kontra von GU mußte ich feststellen, daß sich die Befürworter von GU auch durch noch so einleuchtende theoretische Argumente von deren Unsinnigkeit und Schädlichkeit nicht überzeugen ließen, schon gar nicht von deren Unnötigkeit. Ich entschloß mich daher, die Befürworter von GU durch praktisches Handeln zu überzeugen. Aus diesem Entschluß entstand das Sozial-integrative Zentrum (SIZ).

Ich suchte und fand Menschen, die bereit waren, mit mir zusammen ein solches Projekt zu starten. Sie waren ebenfalls Gegner der Verknastung junger Menschen, und mit ihnen bestand hinsichtlich der pädagogischen Inhalte dieser alternativen Arbeit ein Grundkonsens. Unsere Vorstellungen über die pädagogischen Inhalte liefen darauf hinaus, eine Wohngruppe aufzubauen, frei von den herkömmlichen Heimstrukturen, frei von herkömmlich starren Reglementierungen im Heim.

Nachdem wir in langen, ernsthaften, tiefen Gesprächen eine auch schriftlich fixierte Konzeption entworfen hatten, begann ein nicht enden wollender, schwieriger Weg zu und über alle möglichen Behörden und Institutionen. Stellvertretend seien einige genannt: Landesjugendamt (Heimaufsicht); Landeswohlfahrtsverband Hessen (LWVH) als Kosten- und teilweise auch Erziehungsträger; Hessisches Sozialministerium (HSM); Institut für Sozialarbeit und Sozialpädagogik (ISS) als wissenschaftliche Begleitung.

Geklärt werden mußte natürlich auch, wie das Ganze finanziert werden sollte. Mehrfach fuhren wir die mehr als 300 km nach Kassel, dem Sitz der Hauptverwaltung des LWVH – ein Weg, den wir auch später noch oft antreten mußten. Der LWVH sagte erst einmal: »So nicht!«. Unsere Konzeption müßte sich in die Rahmenbedingungen zur »Heilpädagogischen Intensivbetreuung (HPIB«) des HSM eingliedern lassen. Darin war u. a. von drei Erziehungsphasen (Beziehungsaufnahme, Beziehungsstabilisierung und Ablösung) die Rede; von Patenbeziehung; besonderen therapeutischen Maßnahmen; in besonderem Maße: von Erlebnispädagogik. Dies alles in einem Formalismus und Institutionalismus, der sich eigentlich mit unserem Erziehungskonzept – das nichts »Besonderes«, sondern »nur« formalienarme, menschliche, familiäre, mit einem Wort: »gute« Heimerziehung vorsah – kaum vereinbaren ließ. Schließlich teilte uns der LWVH mit, daß er erst, wenn das HSM uns als »Modelleinrichtung« anerkennen würde, mit uns über die Kostenfrage sprechen wolle. Inzwischen hatten wir bereits soviel Kraft und Zeit in dieses Vorhaben investiert, daß jede Hürde nur sportlichen Ehrgeiz hervorrief, »die auch noch« zu nehmen. Nach fast einem Jahr der Verhandlungen erhielten wir schließlich im Oktober 1979 die Anerkennung als »Modellprojekt des Landes Hessen« vom HSM. Eine der daran geknüpften Bedingungen war, daß »unser Modell« wissenschaftlich begleitet wird. Notwendig war darüber hinaus die Einrichtung eines »Fachbeirates (FB)«, dem Vertreter der zuständigen Insitutionen angehören sollten. Den Vorsitz hatte das Landesjugendamt (LJA) inne. Vertreten waren außerdem das HSM und der LWVH, letzterer als Kostenträger mit seiner Hauptverwaltung und der zuständigen Zweigverwaltung. Auf unser Drängen wurden noch in den FB berufen: das ISS und das Jugendamt des Kreises, in dem wir – nach über einjähriger mühevoller Suche in ganz Südhessen – ein den Vorschriften und unseren Vorstellungen entsprechendes Gebäude gefunden hatten. Die Einbeziehung dieser »Praktiker vor Ort« sollte sich später als äußerst sinnvoll für »unsere« jungen Leute und unser Modellprojekt erweisen.

Als alle Bemühungen, ein den Vorschriften und unseren Vorstellungen entsprechendes Gebäude zu mieten oder zu pachten, vergebens geblieben waren (potentielle Vermieter/ Hauseigentümer: »Kinder? Jugendliche? Vielleicht schwer Erziehbare? Nein!«), kauften wir ohne jegliche finanzielle Unterstützung durch die Behörden ein Haus, nachdem wir zwar mühsam, aber erfolgreich dessen Finanzierung nach vielen Gesprächen und Papierkrieg mit Kreditinstituten auf die Beine gestellt hatten. Zum Vergleich: Außer uns gab es nur noch eine weitere Alternative Einrichtung zur GU in Hessen, die »Pädagogisch-therapeutische Intensivbetreuung (PTI)« in Nordhessen. Nach Agenturmeldungen Anfang Dezember 1979 erhielt PTI als Zuschuß der Landesregierung vom HSM 500 000,- DM, vom Bund ebenfalls 500 000,- DM, Investitionszuschüsse zur Starterleichterung. Das SIZ erhielt nichts.

Beim SIZ stand nun die Frage der Trägerschaft an. Gemeinnützig sollte der Träger sein, um unser »Non-profit-Denken« und unsere Seriosität auch nach außen hin darzustellen, auch zur Absicherung der Arbeit, um sich später einem der Dachverbände der freien Wohlfahrtspflege anschließen und dessen Rat und Unterstützung in die Arbeit einfließen lassen zu können. Am sinnvollsten erschien uns und unseren Beratern damals die Form einer gemeinnützigen GmbH. Diese wurde dann später tatsächlich Mitglied der »Internationalen Gesellschaft für Heimerziehung, Sektion BRD«, einer Mitgliedsorganisation des »Deutschen Paritätischen Wohlfahrtsverbandes (DPWV)«. Außerdem wurde die »SIZ gemeinnützige GmbH« vom »Deutschen Verein für öffentliche und private Fürsorge« als Mitglied aufgenommen.

Ein weiterer Grund, uns für die Form der GmbH zu entscheiden, lag in den von uns bisher gemachten Erfahrungen in der Heimerziehung. Jeder Mitarbeiter sollte die Möglichkeit haben, sich so einzubringen, wie er es kann und will. Es sollte möglichst vermieden werden, hierarchische Strukturen aufkommen zu lassen. Die *gemeinsame* Verantwortung für das Ganze sollte auch durch entsprechende Einflußmöglichkeit gesichert sein: Wir gründeten eine »Mitarbeiter-GmbH«, in der jeder Mitarbeiter auch gleichzeitig »Mitträger« sein sollte.

Bevor wir jedoch die Einrichtung eröffnen konnten, war in der örtlichen Zeitung ein Bericht über die Entstehung von PTI in Nordhessen erschienen. Wie schon erwähnt, wurden hierbei auch die Investitionszuschüsse zur Starterleichterung in Höhe von 1 Mio. DM durch Land und Bund erwähnt. »Problemfälle« würden von den Jugendämtern ausgewählt und in dieser neuen Heimform vor dem »Abgleiten in die Kriminalität bewahrt« werden, hieß es in der Zeitung.

Die Anwohner der Straße, in der wir das Haus für die Einrichtung gekauft hatten, initiierten eine Bürgerinitiative. Sie machten umgehend eine Eingabe bei der Stadtverwaltung mit dem Ziel, unsere Einrichtung zu verhindern. Die beigefügte Unterschriftenliste war jedoch nicht nur von Anwohnern der Straße, sondern auch von weiter entfernt Wohnenden – und sogar Kindern – unterschrieben. Hierüber erfuhren wir erst am 3. Weihnachtstag (!) durch eine Pressemeldung in der örtlichen Zeitung, in der von »Angst der Anwohner am Hl. Abend« vor unserer Einrichtung, genauer: vor den noch nicht anwesenden Jugendlichen, »Schwererziehbaren«, die Rede war. Schließlich berichteten alle drei Zeitungen des Ortes wochenlang, nahezu täglich, über unser Vorhaben. Pro und Kontra wurden in Leserbriefen der Bürger ausgetauscht. Die Parteien bemächtigten sich des Themas. Anfang Januar 1980 luden wir alle Anwohner in unser Haus zur Aussprache. Über hundert Menschen rückten geschlossen (!) an, verschmähten demonstrativ den angebotenen Kuchen, Kaffee, Limonade. Der mitanwesende Bürgermeister (im Stadtparlament ohne Mehrheit!) versuchte zu vermitteln. Gleiches versuchten die von uns eingeladenen Mitglieder des Fachbeirates. Der Vertreter des Landesjugendamtes war sichtlich erschüttert über den Grad der Ablehnung, der eisigen Atmosphäre, der körperlich spürbaren Ablehnung. Wir hatten außerdem den »grand old man« der Heimerziehung, Andreas Mehringer (München), und den exzellenten Praktiker Martin Bonhoefer (Tübingen; »Kinder in Ersatzfamilien« u. a.) hinzugeladen in der Hoffnung, sie als »Überparteiliche« – parteilich »nur« in bezug auf »Unsere Jugend« – könnten Vorurteile der Anwohner hinsichtlich der künftigen Hausbewohner abbauen, Verständnis wecken, den Weg vom »Gegen uns« zum »Mit uns« öffnen helfen. Dennoch war alle Mühe vergebens. Unsere Situation wurde noch schwerer. Die Situation läßt sich am besten mit den Worten Martin Bonhoefers beschreiben, mit denen er die »Aussprache« beendete: »Lassen Sie mich noch drei Sätze sagen. Nein. Ich sage es lieber in Worten: Kambodscha, Vietnam, W . . . . . . straße«.

Es verging in der Folgezeit kein Tag, an dem nicht unsere Einrichtung in den drei Presseorganen Gegenstand des »öffentlichen Interesses« war. Die Anwohner verbreiteten ihre Ängste. »Unsere« noch gar nicht existenten Jugendlichen könnten in ihre Wohnungen einbrechen, ihre Kinder sittlich und moralisch gefährden. Die Eltern verboten ihren Kindern, uns weiterhin zu besuchen, mit uns zu sprechen.

Unser Eindruck, gerade auch nach vielen, vergeblich versuchten Einzelgesprächen mit nahezu allen Anwohnern: was wir wollten, konnten sie nicht begreifen. Ich glaube, sie setzten sich schon allein deshalb zur Wehr, weil wir als Ortsfremde ein Haus in »ihrer Stadt«, in »ihrer Straße« kauften und damit etwas vorhatten, was ihnen »fremd«, nicht nachvollziehbar, »unbegreiflich« war. Sie empfanden uns als »Eindringlinge« in ihre vorgeblich heile Welt, als Fremdkörper. Wer in der Straße für uns sprach, wurde geächtet. Mieter berichteten uns, daß sie unter Druck gesetzt würden; sie zogen zum Teil aus der Straße weg.

Der damalige Stellvertreter des Bürgermeisters (mit einer Parlamentsmehrheit) wurde nicht vermittelnd tätig. Im Gegenteil: Es entstand der Eindruck, als würde er die Bürgerinitiative für seine Zwecke nutzen. Inzwischen ist er Bürgermeister, zumindest im sozialen Bereich aber politisch umstritten.

Bis zur Aufnahme der ersten Jugendlichen wurden wir ständig von den Nachbarn beobachtet. Diese trafen sich regelmäßig, wohl um ihr Vorgehen gegen uns zu besprechen. Dies hielt auch nach Einzug der ersten Jugendlichen an, die sich – zu Recht – ständig beobachtet und hierdurch provoziert fühlten.

Dennoch wurde – in Kenntnis dieser schwierigen Situation – der Standort der Einrichtung sowohl im Fachbeirat als auch von den zuständigen Fachbehörden genehmigt und die Inbetriebnahme der Einrichtung auf April 1980 festgesetzt.

Im Februar 1981 kam es zu einer erneuten Beschwerdeführung der Bürgerinitiative. Eine entsprechende Pressekampagne mit ganz massiven Vorwürfen setzte erst im Sommer ein. Es wurde behauptet, das SIZ sei ein Puff. GI's aus den an der Stadtgrenze liegenden amerikanischen Kasernen würden vor unserer Tür »Schlange stehen«. Um die »sittlich-moralische Gefährdung« zu untermauern, die man von »unseren« Jugendlichen erwartete, hieß es, daß »unsere«

Mädchen »mit nacktem Oberkörper Männer empfangen« und »im Nachthemd auf der Straße herumlaufen« würden.

Anfang 1981 hatten wir vier 16- bis 17jährige Mädchen und zwei Jungen. In unser Haus konnte nicht jeder rein, aber jeder raus. Stadtbekannte Mitglieder des »Milieus« hatten, sicherlich nicht zuletzt durch die öffentliche Diskussion um unsere Einrichtung 1979/1980, wohl ihre eigenen Schlußfolgerungen gezogen und bedrängten uns auf ihre Art in unserer Arbeit: Wurde ihnen der Zugang zum Haus verwehrt, »stiegen sie halt ein«. Entsprechende Konsequenz: Diese Ortsansässigen nötigten uns, die Hilfe der Polizei in Anspruch zu nehmen. Ruhestörungen der Nachbarschaft waren dann nicht mehr zu vermeiden. So mancher Jugendliche mit »ellenlanger Heimkarriere« flippte dann zusätzlich beim Anblick der Polizei auf dem Grundstück oder im Hause aus. In diesem Zusammenhang muß generell den Streifenbeamten Anerkennung gezollt werden. Von Ausnahmen abgesehen waren die Beamten sichtlich bemüht, kritische Situationen in erster Linie pädagogisch, dann erst polizeilich, zu meistern.

Unser Kampf gegen die örtlich bereits vorhandene »Szene« wurde jedoch erschwert durch das Verhalten der meisten Anwohner. Diese »brauchten« ja Krach und Stunk, um ihre ständige Beschwerdeführung untermauern zu können und ihrem erklärten Ziel, unsere Einrichtung endlich aus dieser Straße verschwinden zu lassen, näher zu kommen.

Um ein Anheizen der feindseligen Atmosphäre in der Nachbarschaft zu vermeiden, waren wir schließlich genötigt, auch dann noch »gewaltfrei« (d. h., ohne Polizei) unter erheblichem Kraft- und Zeitaufwand »Situationen zu klären«, die letztlich effektiver und schneller unter Zuhilfenahme der Polizei – aber mit entsprechendem Aufsehen und Lärm, Störung der Nachbarn usf. – hätten geklärt, nicht: gelöst werden können. Erschwert wurde unser Kampf gegen das örtlich bereits vorhandene Milieu auch dadurch, daß wir oftmals in Beweisnot gerieten. Beispiel: Verkauf von Branntwein an einzelne »unserer« Jugendlichen durch Milieu-Kneipen. Unseren Wahrnehmungen standen weit mehr gegenteilige Zeugenaussagen durch die »Milieu-Kundschaft« und des »Milieuwirtes« entgegen. *Im* Haus konnten wir zwar das Alkoholverbot durchsetzen, gegen bereits alkoholisierte, heimwärts strebende, stets zu »Streichen« aufgelegte Jugendliche nutzte natürlich das beste alkoholfreie Heim nicht.

Wie die Kinder der Nachbarschaft hatten auch alle »unsere« Jugendlichen Freunde, männliche und weibliche. Diese sollten sie mit »nach Hause« bringen dürfen und können, was jedoch offensichtlich kleinbürgerliche Phantasien in der Nachbarschaft nicht nur beflügelte, sondern auch in falsche Bahnen lenkte ...

Individuell unterschiedlich fingen schließlich auch »unsere« Jugendlichen an, sich gegen die von ihnen als feindselig erlebte Anwohnerschaft zu wehren. Sie fühlten sich durch ständige Beobachtungen, Blicke und Tuscheleien in ihrer Freiheit und Individualität zu Recht bedroht. Allerdings: In dieser Situation war von den Jugendlichen auch kein differenziertes Verhalten mehr zu erwarten. Das Verhalten der meisten Anwohner strafte unsere ständigen Versuche Lügen, bei »unseren« Jugendlichen um Verständnis für die Sorgen und Ängste der Anwohner zu werben, diese besser zu verstehen, sich nicht von ihnen provozieren zu lassen. So kam es, daß gelegentlich auch zu Unrecht Passanten von »unseren« Jugendlichen verdächtigt und beschimpft wurden. Natürlich in dem ihnen, vor allem bei Erregung, eigenen »Jargon« ...

Jede Neuaufnahme bewirkte eine Destabilisierung, regressives Verhalten der bereits länger bei uns befindlichen jungen Menschen. Eine »Neuaufnahme« beging mit einer stadtansässigen Jugendlichen einen Handtaschenraub. Der Versuch mißlang. Die Täter wurden festgenommen. Presse und Rundfunk hatten »ihr Thema« im Sommerloch 1981 gefunden. Der inzwischen zum Bürgermeister avancierte ehemalige 1. Stadtrat lud Bürgerinitiative und Fachbehörden in den Sitzungssaal des Rathauses. Wir waren hierzu nicht geladen, weder als Personen noch in unserer Eigenschaft als freigemeinnütziger Träger der Wohlfahrtspflege. Wir nahmen dennoch, nachdem wir »Wind von der Veranstaltung« bekommen hatten, daran teil. Die Stadt räumte uns zuerst kein Rederecht ein. Dies konnten wir schließlich abblocken. In mehreren Beziehungen kam der Veranstaltung jedoch eine Katharsis-Funktion zu. *Ab* dieser Bürgerversammlung hatten wir ein zunehmend besseres Verhältnis, sogar mit unseren direkten Hausnachbarn! Plötzlich nahm man uns auf der Straße wahr, aber nicht mehr abweisend, abwehrend. Unser Gruß wurde erwidert. Nachbarn halfen uns plötzlich in kleinen Dingen des Alltags, so wie es unter Nachbarn eigentlich selbstverständlich sein sollte. »Unsere« Jugendlichen wurden über den Zaun hinweg vom Nachbargrundstück aus eingeladen, rüber zu kommen und für sich, die jungen Leute, reife Früchte abzuernten. Gab es Probleme »im kleinen Grenzverkehr«, wurden diese *sofort*, *direkt*, in ruhigem, vernünftigem Gespräch mit dem Verursacher bereinigt (statt eine Anzeige oder sonstiges »Tamtam« zu machen). Hinüber und herüber kam man endlich ins Gespräch, gerade auch die jungen Leute mit den – erwachsenen – Nachbarn. Beidseits wurde man umgänglicher. »Unsere« jungen Leute bauten ihre Aggressionen stark ab. Gelegentliche »Ausrutscher« wurden seitens der Nachbarschaft auch nur noch als »Ausrutscher« gewertet. Ab September 1981 bis zur Schließung der Einrichtung im Frühjahr 1983 gab es keine Probleme mit den Nachbarn mehr, die diese zu einer Reaktivierung der Bürgerinitiative veranlaßt hätten.

Ganz gegensätzlich verlief die Entwicklung jedoch hinsichtlich der Behörden. Die bei der vorerwähnten Veranstaltung im Sitzungssaal des Rathauses im Sommer 1981 anwesenden Behördenvertreter, identisch mit den Mitgliedern »unseres« *Fach*beirates, zeigten sich nach der Aussprache mit der Bürgerinitiative bestürzt. Bestürzt über *uns*, bestürzt über »unsere« Jugendlichen. Diese *Fach*leute aus dem Bereich Jugendhilfe konnten das »auffällige Verhalten«, die »asoziale Wortwahl« der Jugendlichen nicht fassen – oder vielleicht nicht *er*fassen? Fassungslos standen wir Praktiker den Theoretikern gegenüber. Ganz subjektiv: es ist schlimm zu erleben, wie weit in Theorie und Bürokratie tätige Fachleute sich offensichtlich von *realen* Bedingungen sozialer Arbeit, von der realen Artikulation des sozialen Feldes, das sie doch zu »beackern« vorgeben, entfernen (können). Alle Beteiligten gingen auf Distanz zu uns. Die Behörden – und auch das »Institut *für* Sozialarbeit und Sozialpädagogik«, welches sich nach eigenen Aussagen immer als »parteilich mit den Jugendlichen« erklärt hatte. Behörden und ISS standen plötzlich – nach unserem Eindruck – auf der Seite der Stadt und einer Bürgerinitiative, die – wie vorher erläutert –, sich bereits im Auflösen befand, sich ab diesem Zeitpunkt nie mehr rührte. Unsere positiven Erfahrungen mit den Anwohnern nach dieser Aussprache im Rathaus-Sitzungssaal wurden vom Fachbeirat als Zweckpropaganda und irreal gewertet. Besonders das ISS, das ja ständig in unserer Einrichtung ein- und ausging, war nicht fähig, diesen Einstellungswandel bei den Anwohnern zu realisieren.

Im Fachbeirat wurden jetzt unsere Kompetenz und Autorität angezweifelt. Man warf uns vor, nicht autoritär genug mit den jungen Menschen umzugehen. Wir aber strebten durch »geduldiges Dickbrett-bohren« natürliche Autorität an. Nur diese – nicht autoritär antrainierte Unterwürfigkeit – schien uns Gewähr zu bieten, daß die jungen Leute auf lange Sicht zu einsichtigem, eigenverantwortlichen, selbständigen Handeln im Sinne unauffälliger sozialer Integration in diese unsere Gesellschaft befähigt würden. Die Entwicklung der bei uns bis zum Schluß verbliebenen Jugendlichen hat uns diesbezüglich recht gegeben. Zwang hatten diese jungen Menschen genug erlebt. Dem Zwang waren sie durch »abweichendes Verhalten« ausgewichen. Erst als sie – bei uns – nicht mehr ausweichen mußten, aber auch nicht ausweichen konnten: wir waren stets präsent! – konnten sie konsolidiert und behutsam, einfühlsam, mit neu erlebter »Nestwärme« (und damit Sicherheit!) ausgestattet, in neue Bahnen gelenkt werden.

Ein solcher Prozeß braucht nicht nur viel Zeit, sondern viel Geduld, Stehvermögen und Selbstkontrolle bis an den Rand physischer und psychischer Erschöpfung der »Scheiß-Erzieher«. Er braucht auch deren Befähigung, äußerst sensibel Zwischentöne, oftmals ganz leise, zu *hören*. Er bedarf aber auch der Fähigkeit, selbst *schweigen* zu können, um leise Töne der zu Erziehenden überhaupt zu hören. Nur dann können vorsichtige Kurskorrekturen der jungen Menschen, hin zu neuen, unbekannten, sie verunsichernden, sie ängstigenden Ufern erkannt, gehört und *behutsam*, sehr geduldig unterstützt und verstärkt werden. Und noch eines hat sich gezeigt. Unabhängig von dem bereits erwähnten physischen und psychischen Stehvermögen der Erziehenden ist deren

Präsenz wichtig, wenn sie von den jungen Menschen gebraucht werden: bei Kummer den Erzieher auch in der Freizeit anrufen zu können, auch nachts; ihn als Menschen zu erfahren, nicht nur als »Erzieher«. Hineingenommen zu werden in seine eigene Freizeitgestaltung, seine Freundes-/Bekanntenkreise kennenzulernen; Privatheit – nicht nur dienstlichen Umgang – zu erfahren, zu erleben, Vergleiche anstellen zu können, damit überhaupt erst die Möglichkeit der Entscheidung für die Gestaltung des eigenen Lebens eröffnet zu bekommen. Hierzu gehört auch, daß sich der zu Erziehende nahezu absolut auf den »Erzieher« verlassen kann; daß der Erzieher glaubhaft vorzuleben versucht, was er den zu Erziehenden »predigt«. Vorbilder, nicht Fassaden, sind gefragt.

Unsere Stärke war sicherlich, daß wir dies einigermaßen durchzuhalten vermochten, daß über die Jahre hinweg wir als Bezugspersonen *nicht* wechselten, verfügbar blieben. Unsere Stärke war es sicherlich auch, eigene Fehler, eigene Enttäuschungen, eigene Aggressionen nicht »therapeutisch zu verbrämen«, sondern dazu zu stehen und deren Hintergründe dem einzelnen jungen Menschen zu vermitteln, somit als »Menschen«, nicht als »Berufstätige« erfahrbar zu werden. Wir wollten keinen »Knast ohne Gitter«, keine Militärsprache, keine Angst, keine Unterwürfigkeit. Wir wollten vermitteln, was sie in der Realität erwartet und wie sie mit dieser individuell unterschiedlichen Realität sinnvoll umgehen könnten. Mit zunehmender Fähigkeit, mit Realitäten sinnvoll, situationsadäquat umgehen zu können, entwickelte sich, mühsam zwar, ein vorher nie gekanntes Selbstwertgefühl bei den jungen Menschen. Dies dem *Fach*beirat zu vermitteln, stellte sich aber als fast unmögliche Aufgabe dar.

Für die vorzeitige Beendigung des Projektes tragen meines Erachtens die Vertreter des Fachbeirates einen Großteil der Verantwortung. Der erste Schritt dazu war wohl das Verhalten dieses Gremiums nach der erwähnten Bürgeraussprache im Sommer 1981. Hätte sich der Fachbeirat bei dieser Aussprache mit den Bürgern und der Stadt gemäß seinem Auftrag, uns bei den zu *erwartenden* Schwierigkeiten zu unterstützen, verhalten, wäre eine kompromißbereite und vermittelnde Haltung der Stadt letztlich wohl doch noch im Bereich des Möglichen gewesen. Daß wir aber letztlich vorzeitig unseren jungen Menschen »ihr Zuhause« (ihnen war aus dem »Scheiß-Puff«, dem »kotzigen Heim« schließlich in ihren eigenen Äußerungen ein »Zuhause« geworden – Sprache ist verräterisch!) nehmen mußten, lag bereits auch darin begründet, daß sich der Fachbeirat von der Stadt negativ beeinflussen ließ und sich deren Druck beugte. Der Fachbeirat beschloß eine Standortverlegung und einen vorläufigen Aufnahmestopp. Zusammen mit dem Verhalten des LWVH führte uns dies und damit die »Mitarbeiter-Gesellschafter« auch als Privatpersonen in den finanziellen Ruin. Daß von uns gleichzeitig eine neue Konzeption für später wieder aufzunehmende Jugendliche gefordert wurde, erwies sich schließlich als Ablenkungsmanöver. Als wir diese erarbeitet hatten und vorlegten, wurde sie mit vielen Vorwänden abgelehnt. In verschiedener subtiler Weise wurde uns verdeutlicht, daß Neuaufnahmen und damit eine Weiterführung bis zum Ende der ursprünglich veranschlagten Projektdauer seitens des Fachbeirates nicht mehr angestrebt wurde.

Hinzu kamen Schwierigkeiten mit dem LWVH als ausschließlichem Kostenträger für die Jugendlichen. Der LWVH hatte bereits im Herbst 1981 mehrere Millionen DM Defizit, ein Defizit, das »sich Ende 1983 zu insgesamt 280 Millionen DM addiert haben wird« (Frankfurter Rundschau vom 1.12.83). Durch die Kommunalwahlen 1981 hatten sich die Mehrheitsverhältnisse im sog. Hessischen Sozialparlament, der »Verbandsversammlung des LWVH« verändert. Der Weg für »Sparmaßnahmen« im Sinne der veränderten politischen Zielrichtung war damit offen. Diesen »Sparmaßnahmen« fallen in der Regel als erstes »ungeliebte Modelle« zum Opfer; das SIZ gehörte dazu. Eine Rolle spielte aber auch die allgemeine politische Tendenzwende in Hessen. In Vorbereitung auf die Landtagswahlen 1982 wurde in Hessen das Ende der bestehenden sozial-liberalen Koalition prognostiziert und von einer betont konservativen Regierung die große »Wende« erwartet. Es entbehrt nicht der Ironie, daß just an dem Tag, an dem im Vorfeld der Landtagswahl offiziell das Ende der sozialliberalen Koalition beschlossen wurde, das Ereignis eingeleitet wurde, das im Herbst 1983 – kurz nach einer weiteren Hessischen

Landtagswahl – zu einem vom LWVH gegen mich ange-
strengten Strafprozeß führte. Hierzu später mehr.

Daß unser Modellprojekt bereits 1981 nicht mehr in die politische Richtung paßte, bekamen wir von verschiedenen Seiten zu spüren. Einzig der LWVH als Kostenträger war in der
Lage, vor allen anderen Behörden die Funktion des »Vorrei-
ters« und »Schicksalsbestimmers« zu übernehmen. Eine angeblich verspätete Vorlage der Bilanz nahm der LWVH zum
Anlaß, ab Frühjahr 1981 die jährlich üblichen Pflegesatzverhandlungen zu verweigern. Darüber hinaus belegte er uns
mit einem totalen Zahlungsstopp. In dieser Zeit liefen Gehälter, Sachkosten und die finanzielle Versorgung der Jugendlichen weiter: mit Hilfe eines Dispositionskredites. Immer
wieder neue »Argumente« – man möchte fast meinen: Vor-
wände – kamen hinzu, mit denen seitens des LWVH Pflegesatzverhandlungen abgeblockt wurden. Aufgrund von »Ge-
rüchten« wurde unsere Buchhaltung mehrfach geprüft. Ein
Wechsel des Steuerberaters ließ Zweifel über die »Seriosität
unseres Finanzgebarens« aufkommen. Auch hier gab es statt
Verhandlungen wieder umfangreiche Prüfverfahren durch
das Rechnungsprüfungsamt. Schließlich – als offensichtlich
nirgendwo ein Haar in der Suppe zu finden war (ich kann dies
nur vermuten: ein schriftlicher Prüfbericht liegt dem Träger
bis heute – zwei Jahre danach – noch nicht vor!) – sollte erst
die neue Konzeption vorgelegt und genehmigt werden, ehe
man über – wohlgemerkt – zurückliegende Pflegesätze aus
1980 und 1981 mit uns in Verhandlung treten könne.

Hier wird deutlich, wie man eine Einrichtung eines kleinen,
also finanzschwachen Trägers vielleicht auch durch das ständige Einfahren von finanziellen Defiziten, durch Unterdek-
kung des Pflegesatzes und gleichzeitige Unterbelegung
(keine Neuaufnahmen!) bei gleichbleibenden, unabweisbar
vom Träger zu erbringenden Aufwendungen (Versorgung
der Jugendlichen, Personal- und Sachkosten etc.) zum Aufgeben »zwingen« kann. Wie »unsere« Jugendlichen sagten:
»ohne Moos nichts los . . .«. Durch hartnäckige Interventionen bei allen möglichen (und »unmöglichen«) Institutionen
ist es uns dann doch gelungen, im *Mai* 1982 den LWVH an
den Verhandlungstisch zu bewegen. Ergebnis: Der Pflegesatz 1982 wurde erhöht, wenn auch nicht kostendeckend.

Aber immerhin: Es war wenigstens eine geringfügige Nachzahlung und Geld für die Zukunft in Sicht, um den fünf noch bei uns verbliebenen Jugendlichen eine einigermaßen dem Anspruch der Heilpädagogischen Intensivbetreuung gerechtwerdende Begleitung angedeihen zu lassen.

Doch wenn wir zunächst den Eindruck hatten, wir seien »über den Berg«, so hatten wir weit gefehlt. Kaum war die Nachzahlung aus der Pflegesatzerhöhung vom Mai 1982 unserem Konto gutgeschrieben, wurde fast exakt derselbe Betrag »mit den laufenden Pflegesatzzahlungen« verrechnet, d. h., wieder kam erst mal kein Geld. Grund: Eine seit zwei Jahren bei uns untergebrachte, gerade siebzehn Jahre altgewordene Jugendliche wurde auf ihr Bestreben anläßlich eines pädagogischen Konflikts durch den LWVH aus unserer Einrichtung entlassen, ohne mit uns oder ihren Eltern Rücksprache zu nehmen. Die Eltern wurden von uns über die Entlassung der Jugendlichen informiert, vom LWVH bekamen sie erst Wochen später Nachricht. Wie wir später erfuhren, wurde die Fürsorgeerziehung dann unter Zuhilfenahme eines Jugendhelfers in einer Obdachlosensiedlung durchgeführt. Erst Monate später holte der LWVH das umfangreiche, mit unserer Hilfe durch die Jugendliche angesammelte persönliche Eigentum ab. Bis dahin war dieses Zimmer total blockiert und durch die verbliebenen Jugendlichen nicht zu nutzen. Die neue Adresse der Jugendlichen wurde uns nicht mitgeteilt, so daß wir keinen Kontakt halten konnten.

Der LWVH entschied einen pädagogischen Konflikt, ohne uns anzuhören, zu seinen (finanziellen) Gunsten, aber, langfristig gesehen, nicht zugunsten dieser Jugendlichen. Unsere Fachaufsichtsbeschwerde gegen den LWVH in seiner Eigenschaft als Erziehungsträger wurde bis jetzt (November 1983) vom Sozialministerium nicht beantwortet.

Der LWVH begründete sein Vorgehen mit der Aussage dieser Jugendlichen, daß sie sich über längere Zeit hinweg nicht in unserer Einrichtung befunden habe. Nach Auffassung des LWVH sei er hiervon nicht informiert gewesen, wir hätten unberechtigt Pflegegelder in Empfang genommen: Der LWVH stellte gegen mich und meinen Mann Strafanzeige wegen Betruges. Die Staatsanwaltschaft übernahm die Anzeige des LWVH offensichtlich ohne tiefgehende Überprü-

fung und ohne Durchführung eigener Ermittlungen und formulierte hieraus eine Anklage, mit der wir ein Jahr später konfrontiert wurden. Rundfunk und Fernsehen – und natürlich der Blätterwald – reagierten prompt. Im November 1983 kam es zur Hauptverhandlung. Ergebnis: Der Staatsanwalt selbst plädierte auf Freispruch. Das Gericht sprach uns frei. Der LWVH mußte sich vorwerfen lassen, möglicherweise das Interesse dieses Mädchens – nämlich aufgrund des oben erwähnten pädagogischen Konfliktes die Einrichtung verlassen und zu ihrem Freund ziehen zu wollen – zum Eigeninteresse gemacht zu haben. Ferner sei der LWVH über den tatsächlichen Sachverhalt informiert gewesen. Unsere Abrechnungen gegenüber dem LWVH »seien ohne Makel und Kritik« gewesen. Der LWVH sah sich genötigt, unmittelbar im Anschluß an den Prozeß (Presse-Echo: »Vor Gericht stand eigentlich der LWVH«) eine Pressekonferenz zu geben, in der er – lt. Presseberichterstattung, wir waren weder informiert noch anwesend – uns »unzweifelhaft fachliche Kompetenz und Erziehungserfolge« bescheinigte. Dennoch fiel während des zweitägigen Prozesses und danach das Presseecho nicht gerade schmeichelhaft für den LWVH aus. Auch eine weitere, von ihm kurzfristig anberaumte Pressekonferenz in unserem Wohnort (auch von dieser erfuhren wir später aus der Presse) brachte ihm keine positive Berichterstattung: Man druckte entweder seine Presseverlautbarung ab, ohne Kommentar, oder kommentierte sie recht bissig. Uns verblieb das, was eine Zeitung in ihrer Headline so formulierte: »Irmgard Piorkowski-Wühr vor einem Scherbenhaufen – aber unschuldig.«
Wir haben – trotz aller Widerstände und Widrigkeiten – durchgehalten, um »unseren« Jugendlichen, denen wir immer noch mit Rat und Tat zur Seite stehen, »Boden unter den Füßen« zu verschaffen. Ich glaube, dies ist uns – alles in allem – gelungen. Die jungen Leute haben ihre Chance, frei – nicht »geschlossen« – der Volljährigkeit entgegenzugehen, natürlich recht unterschiedlich wahrgenommen. Aber: sie haben letztendlich diese Chance genutzt. Sie leben inzwischen in eigenen Wohnungen, können – endlich! – allein existieren, gehen arbeiten oder holen – endlich! – Schulabschlüsse nach. Sie haben – dies sei sachlich und ohne jegliche

Überheblichkeit festgestellt – einen »ruhenden Pol«: uns, die sich nicht aufdrängen, aber zur Stelle sind, wenn sie gebraucht werden. Innerhalb von drei Jahren mußten sich unselbständige, »verkorkste« Jugendliche in einem Alter, in dem man sich normalerweise »abnabelt«, im »Eilverfahren« binden, dann geordnet vielfältige Defizite weitgehendst eliminieren, um sich »abzunabeln« und eigenständig, selbstbestimmt zu leben. Dies war der Sinn. Nicht unser finanzieller Ruin, mit dem wir allein fertig werden müssen. Daß sich unser Einsatz aber für die jungen Menschen gelohnt hat, tröstet uns über die eigene Malaise hinweg.

Natürlich würden wir heute manches anders machen: nicht so sehr pädagogisch, aber im Umgang mit Behörden, Institutionen. Doch: Wer ist *hinterher* nicht klüger?

Das Verhalten des LWVH und so manch anderer Institutionen war nicht gerade hilfreich hinsichtlich des vor allem in jüngster Zeit wieder verstärkt zu hörenden Rufes nach mehr »Mitmenschlichkeit«, »Sorge für den anderen«, »sozialem Engagement des einzelnen Bürgers in noch verstärktem Maße«.

Auf der Strecke bleibt bei *solchem* behördlich/institutionellen »Engagement« der sog. Klient, und mit ihm der vor Ort sozial tätige Mitmensch.

Oftmals kann man sich des Eindrucks nicht erwehren, nicht der einzelne Mensch, nicht das Einzelschicksal, nur das Papier, die Akte, der »Vorgang«, der »Fall« interessieren. Muß man sich über das übliche Maß hinaus engagieren, strebt man möglichst das Ziel an, den »Vorgang« zu schließen. In einer verrechtlichten Welt könnte sonst zu leicht für die eigene Karriere Hinderliches die Folge sein.

Und noch eines: Es ist keineswegs leicht, genügend »Deppen« für die praktische Sozialarbeit zu finden; Mitmenschen, die nicht nur qualifiziert in Theorie, sondern qualifiziert auch als *Mit*mensch sind – und dennoch frei vom »Helfersyndrom«. Sie müssen das auffangen, was anderswo durch verkrustete Strukturen sowie »In-Schablonen-Denken« an Menschen angerichtet wurde. Und da sie durch ihre Tätigkeit Schwachstellen aufdecken, scheint es, gehören sie auch »fertiggemacht«.

Oder sollte ich mich da irren?

Anhang

Peter H. Clausen

Wie gründet man ein Kleinstheim?

Alternativen zur Heimerziehung sind ein beliebtes Thema für Hochschulseminare und Abschlußarbeiten; die bestehenden Kleinstheime werden oft förmlich überflutet von Studenten und Berufsanfängern, die sich über deren Arbeit informieren wollen, um eventuell später selbst ein derartiges Projekt zu starten.
So ist es an dieser Stelle angebracht, in Kürze einiges zu der Fragestellung anzumerken.

Die notwendigen Voraussetzungen

Die erste Frage, die jeder für sich klären muß, ist die der Trägerschaft, wobei grundsätzlich die Wahl zwischen dem Anschluß an einen bestehenden Träger und der Gründung einer eigenen Trägerinstitution besteht. Der Anschluß an einen bestehenden Träger ist natürlich von dessen Bereitschaft, Möglichkeit und Bedingungen abhängig (so ist die Mehrzahl der Träger konfessionell ausgerichtet).
Wahrscheinlich muß man sich dabei darauf einstellen, zunächst längere Zeit in einer bestehenden Einrichtung zu arbeiten, um aus dieser Arbeit heraus nach Möglichkeiten zu streben, eine Außenwohngruppe o. ä. aufzubauen. Das erfordert eine gute Portion Ausdauer und Zielstrebigkeit, gibt aber einiges an sozialer Sicherheit und Erleichterung in Bezug auf Bedingungen, die man ansonsten erfüllen müßte. Der Träger wird einem viel Verwaltungsarbeit, finanzielles Risiko und sonstige Belastungen, zugleich aber auch Eigeninitiative und Unabhängigkeit abnehmen.
Die andere Alternative ist die eigenständige Trägerschaft, die eine der vielen Varianten des »e. V.«, eine GmbH (dafür braucht man DM 50000 Stammkapital, das dann aber der Arbeit zur Verfügung steht) oder eine private Form (als Gesellschaft bürgerlichen Rechts, Privatperson o. ä.) als Rahmen haben kann. Die eigene Trägerschaft erfordert betriebswirtschaftliche und verwaltungstechnische Kenntnisse (bzw. gute Beratung darin) und einige Risikobereitschaft.
Eine notwendige Bedingung ist eine ausreichende Berufserfahrung. Die Person, die offiziell die Heimleitung darstellt und nach außen die

Verantwortung übernimmt, muß mindestens drei Jahre im Heim gearbeitet haben. Für die übrigen Mitarbeiter ist eine Berufserfahrung auch ratsam; sinnvoll wäre auch, wenn jemand dabei ist, der zusätzlich über eine handwerkliche Berufsausbildung verfügt. Letzteres sind aber keine notwendigen Voraussetzungen.

Eine weitere Voraussetzung sind die Räumlichkeiten, die vorhanden sein und den jeweilig landesüblichen Richtlinien entsprechen müssen; mit dem renovierungsbedürftigen Hof, den man so langsam nebenbei aus- und zurechtbauen will, wird es sicher Probleme geben.

Was die Heimaufsicht begutachtet, sind vornehmlich sanitäre Anlagen, Sicherheitsvorschriften, Zimmergröße – und deren Verhältnis zur Fensterfläche, Deckenhöhe u. ä.; dabei kann es einen Ermessensspielraum geben, der dann nach Laune des Mitarbeiters der Heimaufsicht angewandt wird. Für die Initiatoren der Institution ist natürlich auch die Vereinbarkeit der Lage der Räume mit konzeptionellen Gesichtspunkten sowie die Finanzierbarkeit des Hauses bzw. die Bedingungen eines Mietvertrages wichtig.

Schließlich ist ein ausreichendes Finanzpolster (auch Kredit) notwendig, um die laufenden Kosten der Einrichtung drei Monate vorfinanzieren zu können; denn man muß damit rechnen, daß es so lange dauert, bis die ersten Zahlungen der Kostenträger eingehen. Konkret bedeutet das ca. 9000 DM pro geplantem Platz, was einer Summe von 50000 bis 80000 DM (je nach Größe des Kleinstheimes) entspricht.

Neben diesen organisatorischen Voraussetzungen ist natürlich eine Konzeption für die Arbeit notwendig, die fachlichen pädagogischen Standards angemessen ist, aber vor allem dem aktuellen Bedarf öffentlicher Jugendhilfe gerecht wird. Gegebenenfalls muß man diesen Bedarf nachweisen können mittels konkreter Anfragen oder Interessebekundungen einweisender Jugendämter.

Sind diese Voraussetzungen erfüllt, hat das zuständige Landesjugendamt keine juristische Handhabe, die Anerkennung der Einrichtung zu verweigern, was aber nicht heißt, daß es dieses nicht trotzdem tut und es auf eine gerichtliche Auseinandersetzung ankommen läßt.

Um von den Jugendämtern belegt werden zu können, muß man in der Regel schließlich noch anerkannte (vorläufige) Pflegesätze aushandeln. Diese Pflegesätze sind mit der zuständigen Landesbehörde zu vereinbaren, wenn man primär FEH und FE aufnehmen will, oder mit dem für den Standort des Heimes zuständigen Kreis- oder Stadtjugendamt, wenn man primär örtliche Unterbringungen (§ 5/6 JWG) aufnehmen will. Hierbei ist man natürlich auf die Bereitschaft der entsprechenden Behörde angewiesen.

Damit wäre der kritische Punkt der ganzen Fragestellung erreicht: Das Vorstehende ist im Grunde Makulatur, da ein solches Projekt im Moment kaum oder gar nicht realisierbar ist – da gibt es nichts zu machen.

Für neue Heimplätze besteht prinzipiell kein Bedarf; diese Aussage hört man bundesweit aus den Sozialadministrationen – unter rein bürokratischen Gesichtspunkten ist sie auch absolut richtig. Es gibt immer weniger Heimeinweisungen, da mehr präventiv gearbeitet wird, andere Formen der Ersatzerziehung gefördert und weniger Kinder geboren werden. Die bestehende Heimkapazität ist nur zu 80 Prozent ausgelastet; das verursacht Kosten; warum also neue Kapazitäten schaffen, anstatt die bestehenden auszuschöpfen?

Nun kann man »Bedarf« auch nach anderen Kriterien definieren; dann deckt das Heimangebot den Bedarf erst ab, wenn es für alle Kinder und Jugendlichen die angemessene Hilfe anbieten kann.

Wenn man sich vor Augen hält, daß Hunderte Kinder und Jugendlicher in den Psychiatrien sitzen, die sich für sie gar nicht zuständig fühlen, weil man keinen adäquaten Heimplatz für sie findet, und daß ebensoviele Jugendliche in Geschlossenen Heimen untergebracht sind oder in U-Haft und im Jugendstrafvollzug sitzen, muß die Aussage, es bestehe kein Bedarf an neuen Heimplätzen, als blanker Zynismus erscheinen. Schließlich gibt es auch immer noch tradierte Großheime, die die sozialpädagogische Entwicklung der letzten Jahrzehnte ohne große äußere oder innere Strukturveränderungen »überstanden« haben.

Aber wer noch fragt, warum denn nicht einige große Heime zugunsten kleiner alternativer Projekte geschlossen werden, der verkennt offenbar die politischen Realitäten unserer bürokratischen, lobbyregierten Gesellschaft.

Wer also trotz allem versuchen will, sein Vorhaben, ein Kleinstheim aufzubauen, durchzuziehen (und er hat nicht zufällig eine starke Lobby), kann damit rechnen, daß auf der informellen Ebene (das ist die, auf der nichts beweisbar ist) dafür gesorgt wird, daß die Einrichtung nicht belegt bzw. ausgetrocknet wird.

Alexander M. Homes/Manfred Rabatsch

Dokumentation

Heimskandale sind nicht die Ausnahme, sondern der ausnahmsweise öffentlich gewordene Normalzustand.

Heimerziehung wird überwiegend hinter verschlossenen Türen und Toren praktiziert. Die Öffentlichkeit erhält selten durch Heimträger oder Heime das Besuchsrecht und den gewünschten Einblick. Öffentlicher Druck ist notwendig, um die öffentlichen Träger der Heimaufsicht zur Wahrnehmung ihrer gesetzlichen Aufgaben zu zwingen. Dieser Zustand ist nicht nur beklagenswert, er ist ein Skandal; denn wenn öffentliche Pflichtaufgaben vom Staat nicht wahrgenommen werden, schützt der Staat wissentlich und vorsätzlich in Heimen Erziehungsverhältnisse, die allzuoft Straftatbestände der Körperverletzung, Nötigung, Erpressung und des Verstoßes gegen eine Reihe anderer Rechte erfüllen oder ihnen sehr nahekommen. Die öffentlich zugänglichen Informationen über die tatsächlichen Verhältnisse in Heimen sind jedoch sehr spärlich. Aufschlußreich sind allerdings zahlreiche Presseberichte, die gewiß nur die Spitze des Eisbergs darstellen. Dafür einige Beispiele:

– Im März 1973 wiesen ehemalige oder noch tätige Erzieher aus dem Jugendhof Holzolling im Landkreis Miesbach/Bayern die Öffentlichkeit darauf hin, daß die dort untergebrachten »lern- und geistig behinderten Kinder« immer wieder geprügelt wurden. »Häufige Schulausfälle, Prügel, Läuse, verwahrloste Gruppenwohnungen, unqualifizierte Erziehungskräfte, Ersatzdienstleistende, Köchin und Putzfrau als Lehr- und Erziehungskräfte und einen garantierten sonntäglichen Pflichtgottesdienst« deckten die Kritiker als Erziehungsprinzipien auf. Der Trägerverein Jugendsozialwerk hatte diese Vorwürfe abgestritten.[1]
– Im April 1974 machten in Berlin mehrere Mädchen im Aufnahme- und Durchgangsheim Ollenhauerstraße Bambule. Durch den Polizeieinsatz wurde der Konflikt öffentlich. Die Senatsjugendverwaltung mußte zugeben: »Die Lage im Hauptpflegeheim sei wegen der Überfüllung und der Personalsituation sehr schlecht, zumal die Aufenthaltsdauer der Mädchen in dem als Durchgangsheim konzipierten Haus mehrere Monate betrage. Die Heimsituation müsse ... kurzfristig verändert werden.«[2] Angeboten wurde dann von den Verantwortlichen die

Einstellung eines zusätzlichen Sozialarbeiters, die Überweisung von zwei Mädchen zur medizinischen Behandlung in Kliniken und die Einrichtung von zwei geschlossenen Mädchengruppen in einem anderen Heim.

– Im September 1974 wurde der Selbstmordversuch von vier Mädchen im Alter zwischen 17 und 21 Jahren im evangelischen Fürsorgeerziehungsheim der Mitternachtsmission an der Steintorfeldstraße in Hannover bekannt. Er sollte auf die unhaltbaren Zustände in diesem Heim hinweisen, in dem die 36 Mädchen von nur zwei hauptamtlichen Kräften versorgt wurden, da die Heimleiterin erkrankt war und zwei andere Kräfte ausgeschieden waren.[3]

– Im Mai 1975 richteten Erzieher des Hamburger Erziehungsheimes für Jungen in Wulsdorf eine Dienstaufsichtsbeschwerde gegen die Verantwortlichen im Landesjugendamt. Sie versuchten, sich mit diesem Schritt gegen unhaltbare Zustände im Heim zu wehren: »Planstellen sind unbesetzt, für Urlaubs- und Krankenvertretungen fehlen Personal und Geld ... bei zusätzlicher mangelhafter Ausstattung des Heimes – eine Dusche für 14 Jugendliche –, ein Gemeinschaftsraum je Gruppe zum Essen, Fernsehen, Werken und zu sonstiger Freizeitgestaltung, kein Sportplatz – sind die Arbeitsbedingungen für die Erzieher fast unzumutbar.«[4]

Wulsdorf hat Gitter vor den Fenstern und geschlossene Räume. Daß Springers Bild in den Jugendlichen Kriminelle, Verwahrloste, Rumtreiber und Arbeitsscheue sieht und damit die Vorurteile der Öffentlichkeit gegenüber »Heimzöglingen« schürt, um von den Jugendbehörden ein schärferes Durchgreifen zu fordern, deutet auf die Widersprüchlichkeit der Presseberichterstattung hin. Sie ist ein Indiz für die enorme Schwierigkeit jedes Außenstehenden, einen realistischen Bezug zu den Problemen der Heimerziehung zu erlangen.

– Im Februar 1976 wurden »katastrophale Zustände« im »Johannes-Petersen-Heim« der Hamburger Jugendbehörde gemeldet. 96 Kinder und Jugendliche mußten in Zimmern leben, von deren Decken der Putz runterfiel, an deren Wänden der Dreck klebte, deren Möbel aussahen wie Sperrmüll und deren zerbrochene Fensterscheiben mit Brettern vernagelt waren. Der Vater eines dort untergebrachten 14jährigen Jungen: »Wenn Familien in solchen Rattenlöchern hausen, holt das Jugendamt die Kinder da weg, und das mit Recht.« Die Jugendbehörde dazu: »Uns gefallen die Zustände auch nicht, aber mehr Geld – als die in drei Jahren investierten 750000.– DM – haben wir nicht zur Verfügung.«[5]

– 1975 machte der Kölner Verein sozialpädagogischer Sondermaßnahmen zum wiederholten Mal in sechs Jahren auf die Zustände im Mädchenaufnahmeheim Reichensberger Haus aufmerksam. Dem Träger des Heimes, dem Sozialdienst katholischer Frauen, und der Heimaufsicht des Landschaftsverbandes Rheinland machte der SSK zum Vorwurf, für folgende Zustände verantwortlich zu sein:

»Nachts wird die Kleidung der Mädchen eingeschlossen, ebenso die

Mädchen selbst. Auf den Zimmern standen bis vor kurzem Eimer, die nachts als Toiletten dienten. Jetzt muß man klopfen und wird dann auf das Klo geführt. Manchmal dauert es sehr lange, bis das Klopfen gehört wird, dann bleibt den Mädchen nichts anderes übrig, als ihre Notdurft auf dem Fußboden zu verrichten. Das kleine ›Sperrkämmerchen‹ ist eine Zelle, in die die Insassen als Strafmaßnahme eingesperrt werden, von einem Tag bis zu fünf Wochen. Seit sechs Jahren arbeiten die Mädchen für die Firma Schlüsser KG ... sie drähten Friedhofskerzen ein – ihr Lohn: ein paar Pfennig und drei Zigaretten am Tag. Die Mädchen haben keinen Ausgang.«[6]

– 1976 versuchte der Verein Dortmunder Selbsthilfe durch eine öffentliche Aktion auf die Verhältnisse im Vincenz-Heim, einem Erziehungsheim für 140 Mädchen des Caritas-Verbandes, die Heimaufsicht des Landschaftsverbandes Westfalen-Lippe zu einer Überprüfung des Heimes zu veranlassen. Die Kritik stützte sich auf Aussagen von Mädchen aus dem Heim:

»... Mit Zigarettenentzug, Ausgangssperre, Zwang zum Gottesdienst und Religionsunterricht, Briefzensur, Verweigerung ärztlicher Versorgung und totaler Isolierung (wird erzogen). Wer sich dann noch nicht dem Terror beugt, wer sich wehrt, wird bis zu einer Woche in einer Einzelzelle – Bett, Kommode, vergittertes Fenster – eingeschlossen oder in ein anderes Heim strafversetzt.«[7]

– Im April 1977 kamen in einem Gerichtsverfahren die Erziehungspraktiken des Heimleiters im Kinderheim Jungnau der Südwürttembergischen Arbeiterwohlfahrt zur Sprache. »Wegen eines Betrugs und einer Rauschtat sowie wegen zweier Fälle vorsätzlicher Körperverletzung« wurde er zu einer Geldstrafe verurteilt.[8]

Stock und Schläge gehörten zu seinen Erziehungsmitteln. Er ohrfeigte Jungen derart, daß sie zu Boden fielen. »So wollte der Heimleiter ... einem Jungen das Stehlen austreiben, indem er mit ihm zusammen einen Stock schnitzte und diesen über das Bett des Jungen hängte, als Mahnmal zur Erinnerung an die Drohung, daß die Zahl der Schläge mit diesem Stock sich von Diebstahl zu Diebstahl verdoppeln würde.«[9]

– Im Mai 1977 mußte die Arbeiterwohlfahrt nach wiederholten öffentlichen Vorwürfen den Heimleiter des Diabetiker-Kinderheimes bei Tuttlingen beurlauben. Sie wurde dazu gezwungen, nachdem der Heimleiter wegen einer Reihe von Kindesmißhandlungen angezeigt worden war.[10]

– Im August 1977 wurden die Zustände im Isenbergheim, einem Erziehungsheim für 50 Mädchen der Inneren Mission in Bremen, von dem dort arbeitenden Sozialarbeiter Peter Brosch als menschenverachtend bezeichnet.

»Alle Fenster des Heimes sind verschlossen ... die Belüftungsklappen sind vergittert. Ob die Mädchen Ausgang bekommen oder nicht, ist ganz von der Willkür der Heimleiterin abhängig. Ausgangssperren, die häufig über vier Wochen verhängt werden, sind die beliebteste Strafe.

Die Mädchen werden ... auch mit Schlägen bestraft. Ein Mädchen wurde derart geschlagen, daß sie blutete. Sie durfte daraufhin nicht zur Schule, sondern bekam vier Wochen Hausarrest. Briefe an die Mädchen werden geöffnet. Es besteht Essenszwang, d. h. es darf erst aufgestanden werden, wenn jede zu Ende gegessen hat. Am Tisch muß gebetet werden. Die Teilnahme am Gottesdienst war Pflicht. Neu eingelieferte Mädchen ... müssen erst eine Zeit putzen oder in der Küche oder Waschküche arbeiten.«[11]

Durch unterlassene Hilfeleistung starben in diesem Heim die 17 Jahre alte Susanne Blanke und ihr Kind sowie das Kind der ebenfalls 17 Jahre alten Claudia Gonsch.

– Im November 1977 hatte ein 17 Jahre alter Jugendlicher im Don-Bosco-Haus – einer Jugendschutzstelle für männliche Jugendliche des Sozialdienstes katholischer Männer – Heimaufsicht Landesjugendamt des Landschaftsverbandes Rheinland – nach 48stündiger Einsperrung in »einer der drei winzigen, wenig belüfteten, nicht heizbaren und kaum beleuchteten Zellen im Keller die Matratze angezündet, weil er sich nicht mehr anders zu helfen wußte«[12]. Die Verantwortlichen des Landesjugendamtes und des Stadtjugendamtes Düsseldorf waren über diese Zustände informiert und bezeichneten das Heim als »unzulängliches Provisorium«. Dieses Provisorium hatte folgendes Aussehen:

»In dieser totalen Isolation, dreimal am Tag kurz unterbrochen, wenn durch eine Klappe in der Tür Essen hereingeschoben wurde, gerieten die Jugendlichen oft in wilde Verzweiflung. Manche weinten stundenlang, andere wurden aggressiv und schlugen kaputt, was noch kaputtzumachen war. Ein ungefähr 14jähriger rannte immer wieder mit dem Kopf gegen die Wand, so daß er ins Krankenhaus gebracht werden mußte.«[13]

– 1977 wurde über das St.-Josefs-Haus – ein Erziehungsheim für 67 »verhaltensgestörte« Jungen – in Klein-Zimmern folgendes bekannt:

»Brutale Züchtigungen und fragwürdige Erziehungsmethoden hat eine kleine ›Initiativgruppe Heimerziehung‹ dem Leiter des St.-Josefs-Hauses ... vorgeworfen. Die Gruppe ... spricht von schweren Mißständen in dem von der katholischen Kirche – Bischöflicher Stuhl von Mainz, Bischöfliches Ordinariat – getragenen Heim. Der Leiter des Heimes ... soll Zöglinge mehrfach mehrmals so hart geschlagen haben, daß sie bluteten und ihr Gesicht anschwoll. Mehrere Jugendliche hätten sich vor dem Heimleiter ausziehen und sich von ihm waschen lassen müssen. Wer den Rasen betrat, wurde angeblich gezwungen, ein Bein zu heben und wie ein Hund zu bellen.«[14]

– Im Juni 1978 enthüllte eine Dokumentation ehemaliger Erzieherpraktikantinnen, die sich in einer Heiminitiative zusammengeschlossen hatten, die unglaublichen Verhältnisse im geschlossenen Mädchenheim Birkenhof in Hannover-Kirchrode. Träger ist wieder eine evangelische Einrichtung – diesmal der Fürsorge- und Krankenanstalten e. V. des Diakonischen Werks.

»Das sichtbarste Zeichen für die Isolierung ist der doppelte, etwa 2½ m hohe und mit Stacheldraht gesicherte Zaun ... die eingehende und ausgehende Post wird von den Erzieherinnen kontrolliert ... die ... Heimleitung ... kontrolliert die Briefe nochmals ... in der Regel dürfen die Mädchen ausschließlich von ihren Verwandten alle 6 Wochen Besuch bekommen ... frühestens 4 Wochen nach der Ankunft oder einer Entweichung dürfen die Mädchen an einem Ausgang der jeweiligen Gruppe und einer oder 2 Erzieherinnen zur Bewachung teilnehmen ... Nach 21.30 Uhr werden die Schellen angestellt, d. h. an den Zimmern der Mädchen befinden sich Vorrichtungen, durch die im Dienstzimmer eine Klingel ertönt, wenn die Tür aufgemacht wird ... Machen die Mädchen einen Aufstand, der mit den üblichen Mitteln nicht unter Kontrolle zu halten ist, bietet man ihnen Brote oder Getränke an, die man vorher heimlich mit Beruhigungsmitteln betropft hat.«[15]

– Im Mai 1978 wurden aus dem Kölner Mädchenheim Tempelstraße des ev. Fürsorgevereins sechs Mädchen fristlos auf die Straße gesetzt. Sie gehörten zu einer Gruppe Mädchen dieses Heimes, die sich gegen die Entlassung von drei Erzieherinnen gewehrt hatten. Diese wiederum versuchten nichts Geringeres, als ihr Mitarbeitervertreterrecht wahrzunehmen, verstießen damit jedoch gegen den Allmachtsanspruch der Heimleiterin. Der Konflikt deckte einen Heimalltag auf, in dem jede Menschenwürde verlorengeht. Das Heim besteht aus zwei Bereichen: einem geschlossenen Bereich für 15 Mädchen und einem Wohnheim für 30 Mädchen. Im Aufnahmeheim – dem geschlossenen Bereich – ist der Alltag grau:

»Von morgens 9.00 Uhr bis abends 22.00 Uhr vegetieren sie hinter geschlossenen Türen und Fenstern in zwei Räumen von insgesamt ca. 45 qm dahin. Um 22.00 Uhr werden sie zu dritt oder viert in ihre Schlafzimmer eingeschlossen. Morgens taumeln die Mädchen oft wie betäubt da heraus. In den ersten 14 Tagen seines Aufenthaltes hat jedes Mädchen Ausgangssperre – ohne richterlichen Befehl, d. h. gesetzwidrig ... Mit Freunden oder Freundinnen telefonieren ist deshalb auch verboten ... Fühlt sich ein Mädchen krank, so wird erst mal angenommen, daß es den Erziehern etwas vormacht ... Der alternde Hausarzt ... zeigt sich mitunter großzügig in der Diagnose: Einem 13jährigen Mädchen, das an Kopfschmerzen litt, gab er starke Migräne-Tabletten, die das seit einiger Zeit als extrem nierenschädigend bekannte Phenacetin enthalten. Kurz darauf stellte sich heraus, daß das Mädchen einen Augenschaden hatte ...«[16]

– Im Dezember 1982 und März 1983 wurde bekannt, daß die Rummelsberger Anstalten bei Nürnberg eine geschlossene Abteilung haben. Dort befinden sich auch Zellen mit Türen aus Stahl, Fenstern aus Panzerglas; die Einrichtung besteht lediglich aus einer Bettcouch und einer Toilette. Heimleitung, Träger des Heimes, auch das Bayerische Ministerium für Sozialordnung meinen übereinstimmend: Die Zellen seien aus pädagogischen und psychologischen Gründen einfach notwendig und legitim.[17]

Die Vorwürfe, Anklagen, Mißstände und Skandale sind herausgegriffen aus einer endlosen Kette unhaltbarer Zustände. Nicht allen Heimen müssen diese Vorwürfe gemacht werden. Dennoch sind viele derartige Heime nicht genannt worden. Wenn auch nicht alle Kinder und Jugendlichen solch schwerwiegende Schäden an ihrer Psyche und körperlichen Unversehrtheit davontragen, so sind die Beispiele doch keine Ausnahme, sondern die auffälligen Konturen eines Systems, das dem öffentlichen Blick verborgen bleiben will. Das System der Heimerziehung ist eingebettet in erzieherische Verhältnisse eines Gesellschaftssystems, das nicht am Wohl des Kindes – schon gar nicht der Arbeiterkinder und -jugendlichen – interessiert ist.

Aus den genannten Fällen wird deutlich, daß sich die Heimerziehung nicht grundlegend verändert hat. Das Grundprinzip der Unterdrückung, Ausbeutung, Gefangenschaft, Repressionen, Unterwerfung und Kriechertum in der Heimerziehung besteht nach wie vor. Die vielbeschworene Erneuerungs- und Veränderungsbewegung in der Heimerziehung von oben gibt es nicht. Im Gegenteil: Die Träger der Heime tun alles, um die Prinzipien einer Erziehung hinter verschlossenen Türen aufrechtzuerhalten. Mit dem Ende der Auseinandersetzungen um eine totale Reform der Heimerziehung ging auch die Diskussion um eine Reform der Heime in der BRD zu Ende. Alles blieb somit beim alten.

Was (Heim-)Erziehung ist, beschreibt Otto Rühle sehr eindrucksvoll: »Kinder, die solche Erziehung durchmachen, werden niemals Klassenkämpfer, sondern Drückeberger und Ängstlinge, sie stehen niemals in den Reihen des klassenbewußten Proletariats, sondern sind Schoßkinder der Unternehmer, Streikbrecher, Arbeitswillige, Mitläufer der Reaktion, Stimmvieh, Kanonenfutter, Dünger für den Kapitalismus!«[18]

Was Rühle so treffend beschreibt, ist das Ziel jeder Erziehung, jeder Heimerziehung! Und deshalb kann es nur die eine Forderung letztendlich geben: Schafft die Heime ab!

Anmerkungen

[1] Süddeutsche Zeitung, 17. 3. 1973.
[2] Berliner Tagesspiegel, 24. 4. 1974.
[3] Frankfurter Allgemeine Zeitung, 4. 9. 1974 und Hannoversche Allgemeine, 5. 9. 1974.
[4] Welt, 23. 5. 1975.
[5] Hamburger Morgenpost, 18. 2. 1976.
[6] SSK (Köln): Die Aussonderung der Entarteten. Dokumentation über den Landschaftsverband Rheinland, 2. erweiterte Neuauflage 1976, S. 12.

[7] Dortmunder Selbsthilfe e. V., »Wir packen aus«; Dokumentation zum Vincenz-Heim: Fürsorge-Knast mitten in Dortmund, 1977, S. 65, zu bestellen: DHS, Dorstfelder Hellweg 13, 46 Dortmund.

[8] Süddeutsche Zeitung, 12. 4. 1977.

[9] Ebenda.

[10] Süddeutsche Zeitung, 12. 5. 1977.

[11] Dokumentation zum Isenbergheim: Mädchengefängnis, Nov. 1977, hergestellt von der Frauenaktionseinheit, c/o Brigitte Möller, Helgolandstr. 70, 28 Bremen.

[12] Praline, 15. 12. 1977.

[13] Ebenda.

[14] Frankfurter Rundschau, 2. 1. 1977.

[15] »Hinter den grauen Mauern«. Dokumentation über den Birkenhof, c/o Michael Laube, Fössestr. 51, 3 Hannover 91.

[16] ». . . wir wollen's anders drehn!«, Dokumentation über die Zustände und die Auseinandersetzungen in den Mädchenheimen des Evangelischen Fürsorgevereins Tempelstraße in Köln Deutz, c/o Lehrer- und Sozialarbeiterzentrum, Turiner Str. 7, 5 Köln 1.

[17] Sozialmagazin, Dezember 1982 und März 1983.

[18] Zitiert nach Jürgen Roth, Heimkinder, Köln 1972, S. 64.

Ausgewählte Literatur

Aich, P. (Hg.), Da weitere Verwahrlosung droht – Fürsorgeerziehung und Verwaltung. Reinbek 1973

Almstedt, M./Munkwitz, B., Ortsbestimmung der Heimerziehung. Weinheim 1982

Braunmühl, E. von, Zeit für Kinder. Frankfurt 1978

Braunmühl, E. von, Antipädagogik, Weinheim 1975

Braunmühl, E. von/Kupffer, H./Ostermeyer, H., Die Gleichberechtigung des Kindes. Frankfurt 1976

Brosch, P., Fürsorgeerziehung. Heimterror, Gegenwehr, Alternativen. Frankfurt 1975

Driest, B., Die Verrohung des Franz Blum. Bericht. Reinbek 1974

Gothe, L./Kippe, R., Ausschuß. Protokolle und Berichte aus der Arbeit mit entflohenen Fürsorgezöglingen. Köln 1970

Holt, J., Zum Teufel mit der Kindheit! Über Bedürfnisse und Rechte der Kinder. Wetzlar 1977

Holzner, M., Treibjagd. Die Geschichte des Benjamin Holberg. Reinbek 1980

Homes, A. M., Prügel vom lieben Gott. Bensheim 1981

Internationale Gesellschaft für Heimerziehung (IfGH), Zwischenbericht Kommission Heimerziehung. Frankfurt 1977

Klee, E., Behindert. Über die Enteignung von Körper und Bewußtsein. Ein kritisches Handbuch. Frankfurt 1981

Lampel, P., Verratene Jungen. Bensheim 1979

Meinhof, U. M., Bambule – Fürsorge – Sorge – für wen? Berlin 1971

Miller, A., Am Anfang war Erziehung. Frankfurt 1980

Miller, A., Du sollst nicht merken. Variationen über das Paradies-Thema. Frankfurt 1981

Möbius, E., Die Kinderrepublik. Bemposta und die Muchachos. Reinbek 1981

Pilgrim, V. E., Dressur des Bösen. München 1974

Reinacher, J., Befreiung von der Kindheit. Berlin 1979

Schérer, R., Das dressierte Kind. Sexualität und Erziehung: Über die Einführung der Unschuld. Berlin 1974

Schink, H. D., Bürokratenterror. Grauzonen zwischen Wohlfahrt und Unterdrückung. Trier 1978

Seibt, R., Ich möchte in eurer Liebe baden. Eine Knast- und Heroin-Biografie. Bensheim 1981

Staub, U./Schröder, G., Kinder in WG's. Herford 1978

Die Autoren

PETER H. CLAUSEN, geb. 1951, Pädagogik-Studium in Kiel, 1976 Diplom. Seit 1976 in Kleinstheimen tätig; Mitarbeit im Vorstand der Bundesarbeitsgemeinschaft der Dipl.-Pädagogen; Mitbegründer und Vorstandsmitglied der Interessengemeinschaft »Kleine Heime Hessen e. V.«.

GUNTER HERZOG, geb. 1941, Studium der Germanistik und Publizistik, Zweitstudium der Psychologie in Berlin. Tätigkeit als wissenschaftlicher Mitarbeiter des Psychologischen Instituts der Freien Universität Berlin; Arbeit im Strafvollzug und in einer Langzeiteinrichtung für geistig behinderte Kinder und Jugendliche; Aufbau einer Ambulanz für Familien mit behinderten Kindern in Bremen; 1981 Promotion zum Dr. phil mit einer Arbeit über Logik und Geschichte der psychiatrischen Krankheitslehre.

ALMUT HIELSCHER, geboren 1943, Kindheit in Ost-Berlin. Seit 1958 in der Bundesrepublik. Abitur im Ruhrgebiet, Deutsche Journalistenschule in München, danach sechseinhalb Jahre in der Lokalredaktion der »Münchner Abendzeitung«. Vier Jahre bei den Zeitschriften »Schule« und »Eltern«. Nach dreijährigem Aufenthalt in Sambia (Afrika) seit 1980 Redakteurin beim »stern« in Hamburg.

JÖRG JONAS, geb. 1946, in der DDR aufgewachsen; Chemielaborant, Sozialarbeiter, Diplom-Pädagoge; war sechs Jahre als Lektor und Hersteller im päd. extra Buchverlag tätig; lebt als freier Journalist in Frankfurt.

MONIKA M. METZNER, geb. 1942, war von 1967–1977 Amerika-Korrespondentin für die Frankfurter Rundschau in New York und Washington; lebt heute als freie Journalistin in Schleswig-Holstein und befaßte sich wiederholt mit dem Thema »Öffentliche Erziehung«.

IRMGARD PIORKOWSKI-WÜHR, geb. 1950, Studium der Psychologie, Diplom; arbeitete als Dozentin im sozialpädagogischen Bereich, in der Beratung und Fortbildung von Adoptiv- und Pflegeeltern, in der Ehe- und Familienberatung und mit Mitbürgern im ländlichen Raum.

DIETER N. SCHUÉ, geb. 1940, studierte Germanistik und Byzantinistik, kein erlernter Beruf, Arbeit als Internatserzieher und Schriftsteller, lebt in Aachen und San Francisco.

LEONA SIEBENSCHÖN, drei Kinder, studierte Germanistik, Psychologie und Pädagogik; war Redakteurin, lebt jetzt als freie Publizistin in Hamburg. Veröffentlichungen u. a.: Ehe zwischen Trieb und Trott; Die Unfähigkeit zu lieben; Im Kreidekreis; nacht leben, Roman; Der Mama-Mann, Mutter und Sohn.

JÜRGEN VOGT, geb. 1960, Studium der Sozialpädagogik; seit März 1983 Tätigkeit als Sozialpädagoge/-arbeiter. Seit vier Jahren in der Behindertenarbeit tätig, derzeit an einem Projekt »Wohngruppe« von pflegeabhängigen und nichtbehinderten Menschen.